U0919246

全 球 最 杰 出 汽 车 制 造 商 的 精 益 生 产 方 式 与 运 营 管 理 手 法

丰田汽车攻略

杨 柳/著

TOYOTA STRATEGIES

点击

行业巨头·第二辑

DIANJI HANGYE JUTOU

南方日报出版社

图书在版编目（CIP）数据

丰田汽车攻略 / 杨柳著. —广州：南方日报出版社，2004
ISBN 7-80652-386-3

Ⅰ. 丰…　Ⅱ. 杨…　Ⅲ. 汽车工业—工业企业管理—经验—日本
Ⅳ. F431. 364

中国版本图书馆 CIP 数据核字（2004）第 141984 号

丰田汽车攻略　杨柳 著

出版发行：南方日报出版社
地　　址：广州市广州大道中 289 号
电　　话：（020）87373998-8502
经　　销：全国新华书店
印　　刷：湛江日报社印刷厂
开　　本：787mm×1092mm　1/16
印　　张：17. 75
字　　数：280 千字
版　　次：2005 年 1 月第 1 版第 1 次印刷
定　　价：35. 00 元

投稿热线：（020）87373998-8503　读者热线：（020）87373998-8502

网址：http://www.nanfangdaily.com.cn/press　http://www.southcn.com/ebook

前　言

一个新兴行业开始时都会有数以百计的竞争者，然后经历激烈的市场竞争和多次重组，最终将由少数几个巨头公司主导整个行业。

如果一个行业全球化，或者当一个行业开始全球化的时候，随之而来的就是动荡，全球市场将势不可挡地最终形成巨无霸般的行业巨头公司，比如全球快餐业巨头麦当劳公司，全球零售业巨头沃尔玛、家乐福，等等。

美国著名管理学者杰格迪斯和拉金德拉在长期观察产业发展之后发现，在绝大多数行业，总会有几个最强大而且最有效率的标杆企业，他们控制着70％～90％的市场份额。

对这些可以称得上行业先锋的标杆企业进行长期观察和专门研究，并不仅仅是因为他们作为单个企业在商业上取得的巨大成功，而是要站在行业发展与企业成长的双重背景下，探讨这些巨头在特定行业中如何一步步从小到大，如何在特定领域内进行创新，如何获得比竞争对手更大的优势，等等。

在20世纪70年代之前，汽车世纪就是美国世纪，底特律汽车的标准一度代表全球的标准。其中，福特汽车公司和通用汽车公司是当时鼎鼎有名的汽车行业楷模，前者创造了“大规模生产模式”，而后者更是以规模扩张见长的典范。那个时候，出生于弹丸之国日本的丰田无论是在技术上还是规模上根本无法与福特及通用相提并论。

然而正如中国有句俗语叫“风水轮流转”，今天的丰田光芒四射，其市值目前已升至1 370亿美元，是通用、福特、戴姆勒-克莱斯勒、雷诺和大众的总和，已晋升为世界第二大汽车制造商，并被誉为“全球最成功的汽车制造商”。汽车业分析师预估，若现在的趋势持续下去，丰田汽车终将在生产规模、整体盈利额与品牌价值上全面超越通用汽车，成为全世界最大的汽车制造商。

如果要剖析丰田耀眼光芒背后的真正原因，至少不能忽略以下这几个

方面：

1. 持续改进

“持续改进”是丰田公司最基本的经营方法，其精髓不仅在于个人贡献的实际增加，更重要的是持续学习的精神：谦恭、虚心好学（同时也愿意与他人分享自己的经历）以及解决问题时的无穷毅力。丰田的每一次飞跃——品质管理、成本控制、精益生产等基本上都得益于其这种不断学习、不断改进的精神。丰田的管理者们坚持生产线上的问题必须彻底分析并予以解决，而不是追求快速方便的对付办法。正是这种执着态度一直推动着丰田公司的发展。

丰田公司不仅善于向同行学习，而且还善于向自己的员工学习，其“提建议制度”就颇具代表性。丰田积极鼓励每位员工提出生产、经营与管理等方面的合理化建议，然后对每项建议进行认真研究，这项制度极大地发挥了员工的积极性和能动性，每年公司员工提出的合理化建议方案达数十万条，被采纳后，为公司节省了大量开支。

2. 以产品取胜

丰田是世界上唯一一个全系列汽车制造商，而且它将继续成为行业的产品和质量的领头羊。从最初的 AA 型轿车开始，丰田秉承一条依托先进技术、依靠领先产品制胜的发展道路。例如，皇冠是丰田车系中历史最长的畅销车，花冠是丰田当之无愧的当家花旦，佳美直到现在都是丰田的骄傲，塞尔西奥被称为划时代的丰田车，而凌志则是丰田的豪华轿车代表，锋芒直逼奔驰和宝马。在产品武器上，丰田推陈出新。2001 年，丰田卖出了 3.6 万台混合动力车。预计到 2005 年，要增加到 30 万台，在 2003 年，丰田导入 10 个应用此技术的新车型。此外，丰田正在成为预防性、安全性和车载远程信息处理方面的急先锋。

3. 精益生产

过去数十年来，丰田所发明的 JIT 生产方式，带动了全球几乎所有的产业转型，它们竞相采用丰田的制造与供应链管理理念与方法；丰田的产品发展流程是全世界最快速的，新客车与卡车的设计费时不到12个月，而其他竞争者通常得花上两到三年；它在全球各地被合作伙伴与竞争者视为是高品质、高生产力、制造速度与灵活弹性的标杆；其卓越的品质声誉，让消费者知道丰田汽车值得信赖。

4. 成功促销

20世纪50年代，丰田公司为了促进销售，建立了“责任区制度”。该制度就是在全丰田系统成立特约经销店，并根据汽车的类型把经销店分为丰田店、小丰田店、花冠牌店等。每个经销店下设若干营业所，从而形成了庞大的销售网络和推销员队伍。在此基础上，丰田明确划分出每一个经销店所属营业所的责任区域和每个推销员所负责的经销地段，使公司流通网点星罗棋布。为了控制自己的责任区域，公司制定了“责任区访问法”，要求挨家挨户访问，并重点访问购车大主顾，同时收集各行业购车情报资料。为了保证责任区最大限度地销售汽车，公司还给推销员制定了销售汽车的定额，并要求必须完成。这种科学的分工、严格的管理，使丰田汽车长销不衰。

5. 国际化与本土化

在国际化和本土化方面，丰田公司无疑是个成功者。它在海外分公司生产的车辆中，有许多都是当地员工帮助改进的，从而生产出适合当地消费者口味的车型。丰田在泰国、印度尼西亚、菲律宾生产的多用途丰田车都与在日本本土的同等车型有所不同，充分照顾了当地消费者的需求。这也是丰田牌汽车在上述国家热销的重要原因之一。

本书以简洁、生动的文字，详细地剖析了丰田半个多世纪以来如何崛起、发展成为今天受世人推崇的著名跨国品牌的经过，重点展示了丰田公司在生产方式、产品开发、营销策略、成本控制、管理模式、人才策略、创新方式及全球扩张等诸多方面独具特色的成功经验。为了让读者更加真实地贴近、了解丰田的运营管理，本书还大量采用了我们专为培训而设计的大量的幻灯片，结合丰田在不同时期的发展状况，生动地讲述了其迅速发展、获取

巨大成功的详细经过。

写作过程中，李光煜、刘海舟、吴坤威、徐陆云、王凌霄、王东阳、王辑林、郭海岩、张容益、张想引、符熠、任建生、陈传武、陈明华、许教芬、倪德云、倪德君、翟静一、耿冬艳、王宗晖、梁海珍、许凌云、裴云峰、刘方远、黄莉、黄丹、华广兰、查华良、梁瑞华等参与本书资料收集和担任企业采访工作，本书最终得以顺利成书，离不开他们的辛勤付出；南方日报出版社的周山丹编辑以她的敬业和专业精神，使本书得以成功出版，在此一并深表感谢！

最后，要感谢众多读者朋友对此套“点击行业巨头”丛书一如既往的关注与厚爱，我们将不懈追求、精益求精，奉献出更多更好的研究成果。

目 录

第一章 丰田崛起于世界

关键词点击

三椭圆标志 丰田家族 汽车研究室 AA型轿车 公司改进方针 统计品质管理 改写竞争规则 陆地巡洋舰 汽车普及狂潮 TQC 精益生产方式 出口美国 戴明质量奖 开拓国际市场 世界销售冠军 世界第二大汽车公司

第二章 丰田的精益生产方式

关键词点击

Just In Time MRP系统 彻底合理化 二次浪费 缩减工时 三及时 提高附加价值 削减设备 定货生产 智能“自动化” 目视管理 标准作业 看板 不良产品 生产均衡化 工程安定化

第三章　丰田的生产运营体系

关键词点击

生产运营体系　生产效能　持续改进　极端重视细节　竞合模式　世界的丰田　美国通用汽车　纯血统主义　“G-BOOK”服务　远程信息服务　“MONET”三菱　顾客第一　售后服务　丰田金融公司生物与绿化部　二手车市场

第四章　丰田的产品开发策略

关键词点击

定位小型　计划调查部　丰田市场指数表　销售店情报化　花冠系列　车历卡片　挖掘需求　日本汽车学校　细分产品线　皇冠系列　当家花旦　塞尔西奥　平衡装置　汽车安静性能　凌志汽车　豪华轿车系列　普利维斯　混合动力车

第五章 丰田的汽车营销

关键词点击

价格策略 进攻性低价渗透法 价格调整 特约销售 复数销售制度 系列专销 销售网络 海外分销 选择性分销 责任区制 共存共荣 丰田小姐 破坏性试验 丰田杯 丰田驻中国大使 促销工具

第六章 丰田的成本控制

关键词点击

核心竞争力 成本改善活动 产前管理与监督 产中管理与监督 质量管理小组 全面质量把关 盈利计划 丰田成本控制法 削减成本 资源投入量 目标成本 按车种改善成本 成本会议 省人化 少人化

第七章 丰田的管理模式

关键词点击

管理目标 优先处理项目 管理循环 QCD “球队型”组织 提案制度 审查提案程序 创造性思考 挑战计划 终身雇用制 自我启迪支援计划 V-TIME制度 裁量劳动制 全球人事制度 全球职位 培养全球人才继承人委员会

第八章 丰田的用人典范

关键词点击

择优录取 强调高效忠 创造性 全面招聘体系 员工价值观念 团队精神 职业态度心理测试 模拟考核 双向选择 工作轮换制 员工专业化 职业发展路线 张富士夫 不搞学阀 职业生涯规划

第九章　丰田式的人才培育

关键词点击

丰田工业大学　一对一教育　宁缺毋滥原则　国际经济研究所　丰田学院　自己申报制度　非正式教育　团队协作精神　亲睦团体　个人接触(PT)　丰田俱乐部　个人接触恳谈制　销售精英　丰田汽车销售公司进修中心　推销工作三原则　自我管理

第十章　不朽的丰田缔造者

关键词点击

丰田佐吉　84项专利　丰田式汽动织机　丰田喜一郎　廉价汽车　丰田JIT生产方式　神谷正太郎　“定价销售”制度　石田退三　消极的积极政策　四个主义　合理的赚钱主义　丰田英二　汽车用螺丝规格　丰田财团　奥田硕　企业文化改造

第十一章 丰田的企业文化

关键词点击

追求创新 改进生产体制 动脑筋创新 项目重叠开发方式 奖励创新 丰田宪法 追求附加价值 全球性企业 关注人性“终身”计划 重视性格差异 越级提拔 非正式活动 愈战愈勇

第十二章 丰田的产业革新

关键词点击

技术创新 “人优我新”战略 汽车IT化 智能多模式交通系统 信息系统高度化项目 办公无纸化运动 PAL 看板制度 作业者多能化 按月付款 GAZOO事业部 精简组织结构 未来21世纪计划 改革年功序列制

第十三章 丰田的国际扩张

关键词点击

海外转移 最热销汽车 上市 起源计划 优惠关税协议 加强成本竞争力 当地采购率 当地生产比率 新型国际商业计划 多元市场 汽车型号认证 价格战略 亚洲战略 销售流程合理化改造

第十四章 丰田的美国征程

关键词点击

日本制造 对美出口业务 小型汽车市场 美国丰田汽车公司 全线溃败 愈战愈勇 背水之战 RT40 型光冠轿车 美国营销网 NUMMI 组装线 经销商关系网络体系 豪华车开发项目 里程碑

第十五章 丰田的中国策略

关键词点击

三级发展战略 综合实力 危机感 新全球市场开拓计划 收购大发 10%市场占有率 四川丰田汽车有限公司 100%特别关税 VIOS 轿车 中国

经销点　广汽丰田　丰田汽车北京维修中心　考斯特　Hiace　威驰　陆地巡洋舰　霸道　特锐

第十六章　丰田的未来发展

关键词点击

第二次创业期　2010 年规划　全球规模汽车普及　现地实物主义　新一代智能交通系统　蜡笔系统　丰田环境委员会　生物之梦　环保技术　Prius　防侧滑系统(VSC)　防抱死刹车系统(ABS)　“辅助刹车”系统　改进生产线

第一章　丰田崛起于世界

有人曾统计过美国金门大桥的车流情况，发现在川流不息的汽车当中，每十辆车中就有一辆以上的丰田车，其中有凌志、佳美、Rav4、Prius、Platz 等款式。这还只是 2001 年的统计数据，那时的丰田虽然长达数十年在日本汽车制造商中排名第一，但在北美地区却远远落后于美国三大巨头，排名第四。而据 2003 年数据，丰田汽车公司在世界各地销售的各类汽车达到 678 万辆，比 2002 年增长 10%，高于福特，位居世界第二。

现在，没有人敢小觑丰田汽车公司！这家从日本这个弹丸之国起家的公司，被誉为"全球最成功的汽车制造商"，其市值目前已升至1 370亿美元，是通用、福特、戴姆勒-克莱斯勒、雷诺和大众的总和。近来，丰田还开始生产时尚车型。在 2004 年巴黎车展上，丰田汽车公司展出了最新款的 Prius 混合动力车。在好莱坞，注重环保的名流们所开的就是这款车。

丰田汽车公司综合多年的经验创造了一套与众不同的生产模式——JIT 生产方式。这种被美国人称为"精益生产"的经营管理模式，不但促进了丰田汽车公司的发展，甚至影响到全日本和全世界。不但福特、通用汽车和戴姆勒-克莱斯勒等世界著名汽车公司仔细研究过它，其他领域如航天、金属加工、电子、消费品制造等行业也都纷纷效仿。然而，令人惊异的是，很少

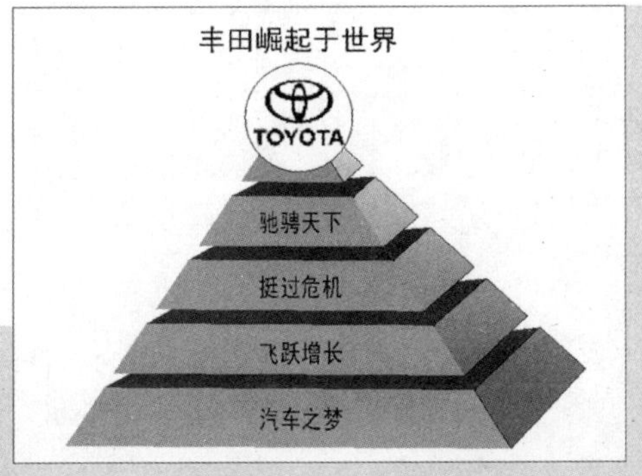

■ 据 2003 年数据，丰田汽车公司在世界各地销售的各类汽车达到 678 万辆，比 2002 年增长 10%，高于福特，位居世界第二。

有制造商通过模仿获得成功——尽管丰田的对外开放程度非常之高。

正如丰田汽车公司的三椭圆标志所体现的雄心壮志：大椭圆代表地球，中间由两个椭圆垂直组合成一个“T”字，代表丰田汽车公司。今天的丰田汽车公司立足于世界，对未来充满信心！

1.1 汽车之梦

作为一种从代步工具演化而来的代表着最新科技技术的交通工具，汽车的发展历史堪称跌宕起伏。世界上第一辆蒸汽车驱动三轮汽车由法国人N.J. 居纽在1769年制造出来，这是最早的汽车。100年后，德国工程师卡尔·本茨首先试验成功台二冲程试验性发动机，这是第一辆性能比较完善的汽车。1886年，国际汽车产业界推举德国戴姆勒-奔驰汽车公司主办国际汽车百年圣诞庆贺的盛典，并公认国际汽车产业界汽车发明家是创办奔驰汽车公司的卡尔·本茨先生。1886年因此被称为“汽车元年”。不过，在20世纪30年代之前，汽车的发展历史一直在欧美大陆精彩上演，而沉睡的亚洲好像被遗忘了。

直到1933年，汽车制造行业法正式在日本国内开始实施，从此揭开了日本国产汽车生产的序幕。而这个揭幕的人，就是后来被称为“丰田汽车生产之父”的丰田喜一郎。

“丰田”这个词源自丰田喜一郎的家族名称，它在日文中有“速度”的含义，既与产品特性十分吻合，又不会与其他品牌相混淆，于是就被选用了。有谁会料到，日后的“丰田”会成为闻名于世界的汽车品牌。

■ 正如丰田汽车公司的三椭圆标志所体现的雄心壮志：大椭圆代表地球，中间由两个椭圆垂直组合成一个“T”字，代表丰田汽车公司。今天的丰田汽车公司立足于世界，对未来充满信心！

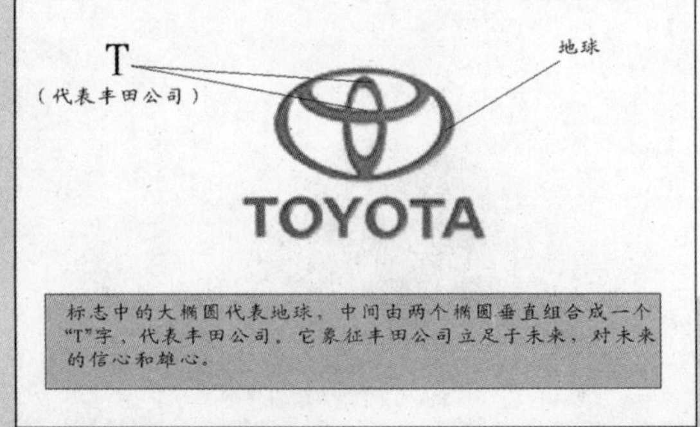

标志中的大椭圆代表地球，中间由两个椭圆垂直组合成一个“T”字，代表丰田公司。它象征丰田公司立足于未来，对未来的信心和雄心。

丰田汽车公司的起源可追溯到丰田佐吉。这位发明家曾发明织布机，并且在日本信托公司三井财团的支持下，创建了丰田纺织公司。公司早期主要制造纺织机械。1910 年，受到长期经济萧条的余震影响，公司经营状况恶化。丰田佐吉被迫离开了自己的公司。由于对自己国家和本人命运极度失望，丰田佐吉决定到美国去旅行。在美国看到如梭穿行的汽车，佐吉内心产生极为深刻的变化。他认为只有依靠汽车的发展才能实现他振兴日本的愿望，后来他把实现这一愿望的希望寄托在儿子丰田喜一郎的身上。这可以说是丰田汽车梦的缘起。

1930 年夏天，喜一郎在丰田纺织厂一旁设立了汽车研究室，为丰田汽车公司的发展迈出了不平凡的第一步。

1935 年 10 月，丰田完成了搭载 A 型引擎的“A1 型”轿车的试制工作。在“A1 型”试制车基础上，AA 型轿车于 1935 年开始投产。这一年的 9 月，日本商工省设立了喜一郎汽车制造委员会，并在东京丸内商工奖励馆中举办了“国产丰田大众车建成纪念展览会”。展示车辆共计 15 辆，包括 4 辆 AA 型轿车和两辆 AB 型汽车。丰田汽车在日本国内崭露头角。

就在丰田的汽车事业逐渐走上正轨时，二战爆发，日本随之加强了战时管制，丰田汽车生产被迫服从于国家的战时政策。喜一郎在努力完成国家的增产命令和克服材料限制配给所带来的困难的同时，还是做出进行新产品的设计、试制，提高工厂的效率和产品的品质等指示。就这样，即便是在战争时期，丰田汽车公司仍然在继续进行轿车的试制与开发研究。

1945 年 10 月，喜一郎制定了“公司改进方针”，对经营体制进行根本性的改革。“公司改进方针”是喜一郎继承丰田佐吉的精神，在“丰田纲领”

丰田佐吉

■ 1930 年夏天，喜一郎在丰田纺织厂一旁设立了汽车研究室，为丰田汽车公司的发展迈出了不平凡的第一步。

的基础上产生出来的经营理念，可以说喜一郎的经营方式与今天丰田的发展是紧密联系在一起的。其主要内容是下定决心要在战后自由经济的大潮中，让丰田汽车工业继续乘风破浪，向前“航行”。在丰田汽车公司创立初期，丰田始终保持和继承着重视技术和品质的基本理念。1949 年 2 月，丰田汽车公司设立了以丰田英二为委员长的发明公安委员会。另外，丰田还从美国引入了品质管理方法，并在此基础上引入统计品质管理方法。

此后数年，丰田汽车公司在汽车开发、生产与销售等方面均取得了不俗的成就，丰田佐吉的汽车梦经由丰田喜一郎以及后来的一代又一代的创新家，变成了现实，并不断延伸，走出日本，走向世界。

1.2 飞跃增长

在 20 世纪 70 年代以前，日本企业的制造技术远远落后于美国。包括丰田汽车公司在内的日本汽车制造商根本无法与美国人竞争。那时候丰田汽车公司几十年的产量还不及福特公司一天的生产量，正是在如此恶劣的条件下，丰田汽车公司开始了改写竞争规则的征程。

丰田在全面开发新型汽车的同时不断扩充自身的生产装备。1951 年，丰田推出了第一辆四轮驱动车——陆地巡洋舰（Land Cruiser）。另外，趁着出租车需求急剧上升的机会，丰田加速轿车生产，到 1953 年就已经将此前每月 50 辆左右的产量提高到了月产 250 辆以上。

20 世纪 50 年代中期，日本国内经济逐步向着稳定、增长的方向发展，汽车的普及化也初现端倪。针对这种形势，丰田采取了一系列的对策。首

■ 丰田在全面开发新型汽车的同时不断扩充自身的生产装备。1951 年，丰田推出了第一辆四轮驱动车——陆地巡洋舰（Land Cruiser）。

1951 陆地巡洋舰（LAND CRUISER）

先，丰田动员汽车行业的各家公司于1954年举办了第一届全日本汽车展，通过这项活动提高了一般民众对汽车的关心程度。接着，为使更多的人取得驾驶执照，丰田在1957年从当时10亿日元的资本金中拿出4亿日元投资建设了一所机动车驾驶学校。随着汽车社会化的迅猛发展，以及丰田汽车公司的不懈努力，日本于1965年掀起了爆炸性的汽车普及狂潮，丰田也迅速地发展壮大起来。

到了1958年，丰田首次尝试将轿车出口到美国。然而，问世才不过3年的早期皇冠轿车因不适应美国那种在日本难以想象的长距离高速行驶的道路条件，没过多久就被淘汰出了美国市场。从那次进军美国受挫到研制出适合美国道路条件的新一代丰田光冠轿车，重新打入美国市场，整整耗费了丰田6年的时间。

针对自己的弱点，丰田汽车公司仔细研究了竞争对手福特汽车的大批量生产方式，最后得出一个结论：尽管大规模生产方式能够显著地降低生产成本，但是仍有进一步改进的空间。与此同时，丰田考虑运用一种更能适应市场需求的生产方式，以改变大批量生产所带来的僵化问题。正是在这样的判断之下，丰田汽车公司开始着手设计自己全新的生产方式，追求的是生产上的“零储备、零库存”，并在需要的时候，按照需要的数量，生产出顾客需要的产品。这就是现在人们所熟知的“丰田生产方式”。这套生产方式的主要内容是，通过消除生产环节的所有浪费来缩短产品从生产到顾客手中的时间。

1965年名神高速公路的开通揭开了日本公路交通高速时代的序幕。经历了战争、战后空白年代的日本汽车产业，可以说是当时日本所有的工业产

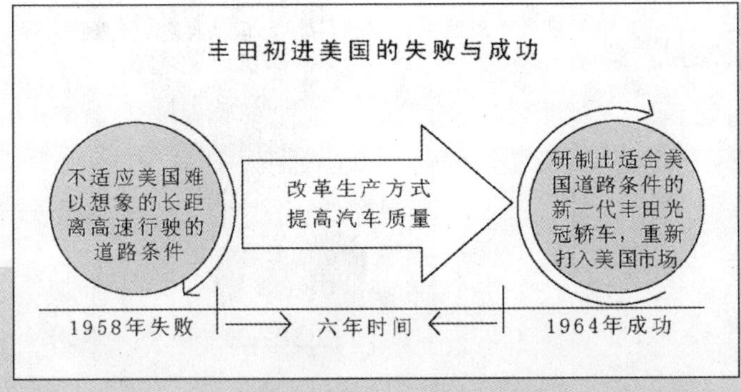

■ 到了1958年，丰田首次尝试将轿车出口到美国。然而，问世才不过3年的早期皇冠轿车因不适应美国那种在日本难以想象的长距离高速行驶的道路条件，没过多久就被淘汰出了美国市场。从那次进军美国受挫到研制出适合美国道路条件的新一代丰田光冠轿车，重新打入美国市场，整整耗费了丰田6年的时间。

业中最不具备国际竞争力的领域。但是，丰田却预见到了大规模的国际贸易和资本的自由化不久必将席卷日本。为迎接新时期的到来，丰田一方面加紧开发性能更高的新车，另一方面为增强生产能力、提高质量水平而付出了极大的努力。所有这些努力终于结出了丰硕的果实，丰田汽车在1965年荣获了戴明质量奖。同年，日本政府取消了对进口汽车的关税壁垒，从此丰田在性能和价格两方面与国外汽车厂家开始了真正的较量。

其后数年，随着日本的国民生产总值急速攀升，丰田汽车的销售额也随之飞跃增长。1966年上市的花冠轿车作为家用轿车深受广大消费者青睐，从而掀起了一场汽车热。后来于1968年出口北美又博得一片赞誉，带动销售量直线上升。

20世纪70年代是丰田汽车公司飞速发展的黄金期。从1972年到1976年仅四年时间，丰田汽车公司就生产了1 000万辆汽车，年产汽车达到200多万辆。进入80年代，丰田汽车公司的产销量仍然直线上升，到90年代初，它年产汽车已经超过了400万辆，接近500万辆，击败福特汽车公司，汽车产量名列世界第二。

2002年度，丰田汽车在全球的产、销量分别为630万和620万辆，稳居世界第三，集团员工人数达到26万，营业收入高达16万亿日元。也就在这一年，丰田社长张富士夫提出了丰田“2010规划”，即到2010年，丰田汽车的世界占有率要达到15%。这是一个雄心勃勃的目标，如果能实现，则意味着丰田坐上世界汽车销售市场的冠军宝座。此后，虽然汽车市场风云变幻，但是丰田无论是在日本本土还是美国、欧洲等其他市场，均获得了喜人的销售业绩，实现“世界销售冠军”不再是遥远的梦想。

■ 1966年上市的花冠轿车作为家用轿车深受广大消费者青睐，从而掀起了一场汽车热。后来于1968年出口北美又博得一片赞誉，带动销售量直线上升。

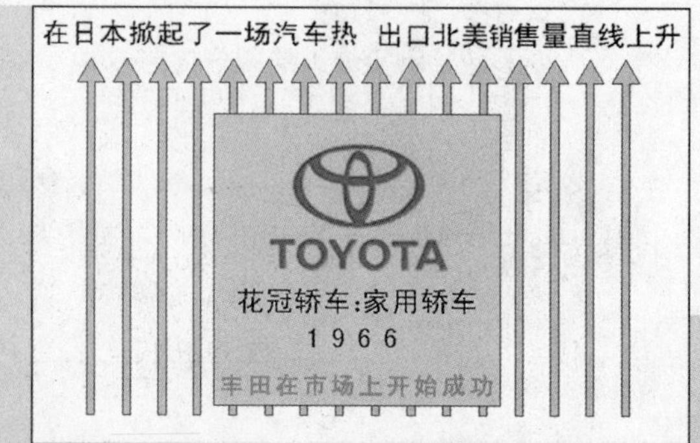

1.3 挺过危机

许多企业的发展轨迹表明，任何企业成长都不是一帆风顺的，在不同的阶段总会出现不同的危机，面临不同的问题。即使是今天备受业界推崇的丰田汽车公司也不例外。但丰田公司之所以能笑在最后，也是由于该公司应对危机时灵活的应变策略，即能够根据不同时期的市场现状采取相应的应对策略，变劣势为优势，不仅安然挺过危机，还为公司赢得了更大的发展机会。

1973 年，伴随着第四次中东战争的爆发，世界经济遇到了第一次石油危机。油价不断上涨，工业生产受到极大影响。对于石油资源几乎百分之百依赖进口的日本来说，整个经济活动因此也随之震荡，陷入了极大的混乱之中。战后初期曾经出现的那种恶性通货膨胀再度席卷日本，消费者对汽车的需求一落千丈。在这种形势下，丰田将新的起点瞄准在资源的有限性上，生产能节省资源、节省能源、降低成本的汽车。

为了研制燃耗性能更加优越的汽车，研究开发部门在开发汽车轻量化技术方面倾注了全部精力。与此同时，为了提高各种燃烧炉的热效率，生产技术部门对厂区所有供汽供暖设施进行了彻底检修以杜绝滴漏现象的发生。TQC（综合品质管理）周期活动也开始普及，以最少经费争取最佳效果的意识已不仅局限于生产环节，还进一步扩大到了丰田汽车公司的各个部门。在生产车间，冲压部件用钢板卷材的最前面一段和最后一段以前都是作为废料扔掉，现在则作为加工小件部品的材料加以利用，仅此一项每个月即可节约 2.5 吨钢板；将喷涂机的胶管缩短可以使每次更换涂料时减少涂料残留在

■ 丰田将新的起点瞄准在资源的有限性上，生产能节省资源、节省能源、降低成本的汽车。

胶管内造成的浪费；生产准备车间将外购部件上附带的防尘胶垫退回给原厂家以便重复使用；改变螺栓型号也使得成本大幅度降低；事务部门在使用暖气空调时尽可能注意节约能源；同时，为了削减办公经费，凡是公司内部文件都尽可能使用档次较低的纸张，并且尽量正反两面打印。通过全体员工的集思广益，丰田汽车公司使节约活动深入贯彻到了每一个细微的环节。

丰田英二始终坚信汽车绝不是什么“奢侈品”，对于整个社会而言，汽车绝对是真正的必需品。面对笼罩日本社会的一片悲观情绪，丰田恪守一个“忍”字，蓄势待发，准备迎接重振雄风之日的到来。

1974年，日本的物价上涨率为24%。伴随着国民意识由“增长”向“福利”的转变，丰田一方面缩短了员工的工作时间，一方面开展了以TQC为代表的多项活动，终于打破了石油危机造成的困难局面。其后，丰田又迎合各层次客户与日俱增的多样化嗜好，一次又一次地对产品进行了改型。改型后的新款皇冠、光冠、花冠等轿车一经投放市场即深受欢迎，丰田也因此率先摆脱了衰退期的市场低迷，在众多汽车厂家当中脱颖而出。

经历了这场石油危机之后，丰田深感有必要建立起一个能够迅速对市场变化做出灵活反应的生产体制。为此，丰田废弃了原有的专用型设备，将其转变成为按车种划分，并能够灵活地随着市场变化而调整的泛用型设备。丰田的生产方式又得到更进一步的发展。

在这次让世界汽车行业普遍受到威胁的石油危机中，丰田凭着耗油量少的经济型车一举战胜了汽车行业的“巨无霸”福特和通用，占领了当时的美国市场。借着石油危机的契机，丰田汽车一步一步地走向成功。

■ 经历了这场石油危机之后，丰田深感有必要建立起一个能够迅速对市场变化做出灵活反应的生产体制。为此，丰田废弃了原有的专用型设备，将其转变成为按车种划分，并能够灵活地随着市场变化而调整的泛用型设备。丰田的生产方式又得到更进一步的发展。

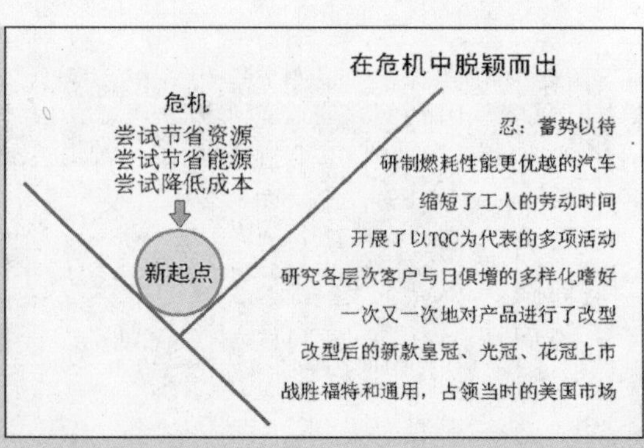

1.4 驰骋天下

20 世纪 70 年代之前，汽车世纪就是美国世纪。底特律汽车的标准一度代表全球的标准，也只有这里才是世界汽车的神经中枢，庞大的财团、先进的设计、复杂的信息系统等都汇聚于此，这已经流淌在美国人的血液中，它代表着美国生活方式最物质的一面。

亨利·福特创造了汽车制造史上著名的“大规模生产模式”，并以这一模式大批量生产 T 型车，使得大街上都是这种车的身影，也使得“T 型车”几乎成为汽车的代名词；而阿尔弗雷得·斯隆重新架构通用汽车公司以后，这个以规模扩张见长的公司，成为汽车行业业务经营理念的楷模。在 20 世纪 50 年代，初生牛犊的丰田将两辆皇冠轿车运抵加利福尼亚，以失败而告终。底特律处于如此的空前盛世之中，没有人想到丰田们制造的汽车可以大量行驶在华盛顿、纽约的大街上。

但是世事难料，到了 20 世纪 80 年代，丰田汽车公司开始引起世界的关注。各国消费者逐渐认识到，日本企业及其产品的品质和效率确实有过人之处，日本制造的汽车比美国汽车耐用，需要维修的次数明显较少。到了 90 年代，随着丰田汽车公司的制造经营分散化（Decentralization）模式得到进一步确立，丰田汽车的各种新款车型百花齐放，争奇斗艳。相对于其他日本汽车制造商，丰田汽车公司显得更特别、突出。

丰田汽车的工程与制造模式实现了令人难以置信的流程与产品的一致性。丰田的汽车设计更快速，可靠性更高，同时，即使在日本汽车业人力资

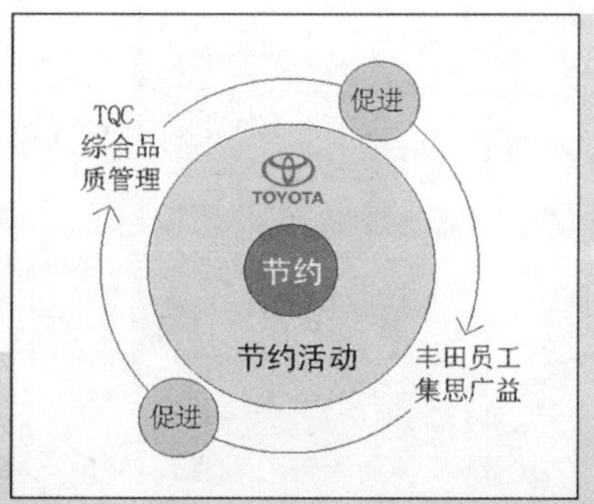

■ 各国消费者逐渐认识到，日本企业及其产品的品质和效率确实有过人之处，日本制造的汽车比美国汽车耐用，需要维修的次数明显较少。

本水准相对较高的情况下，丰田仍然得以维持其极具竞争力的汽车制造成本。而令人印象深刻的另一点是，每当丰田出现明显弱点、似乎将不敌对手时，它总是能奇迹般地解决问题，并且以更强之势卷土重来。因此，虽然美国汽车制造商以开拓者的身份成为美国市场霸主，但丰田汽车公司以后浪推前浪的架势，打入两个新兴市场：微型面包车和运动型多功能车。在国际上，丰田汽车公司 1994 年海外产量比五年前翻一番，从而减轻日元上扬的不利影响。1996 年，丰田汽车公司第9 000万辆汽车正式下线。

在 1994 年的全球 500 家最大公司排名中，丰田汽车公司居第十五位，销售额达 881 亿美元。丰田的成功可用 8 个字来概括：管理有道，营销有方。尤其是在开拓国际市场方面，丰田表现出来的战略上的坚定性和策略上的灵活性，使它能够在世界市场上立于不败之地。丰田能在较短的时间内，成功地迅速打开国际市场，也在于其自始至终坚持了战略上的坚定性和策略上的灵活性，从生产到销售都有成套的战略和策略。在丰田生产系统中，独特的“精益生产方式”生产出了价廉物美的产品，灵活的营销策略又为丰田在产品和用户之间架起了桥梁。同时，在处理眼前利益和长远利益时，丰田以长期占领市场为目标而不以一时的盈利为目的的做法更是为世人称道。

在打开国际市场的同时，丰田也注重推进当地化生产过程，它所制定的新型国际商业计划就体现了这一点。该计划要求非常重视加强和海外供应商的合作关系，并遵循“开放、公平的加入机会”的方针，在建立和海外供应商的合作关系时也取得了很大的成绩。

为了在今后能够加强这种合作关系，丰田汽车公司还在该计划中制作了详细载明购买方针、采购程序、评价标准以及推销的接续方法等内容的“海

■ 丰田的成功可用 8 个字来概括：管理有道，营销有方。尤其是在开拓国际市场中，丰田表现出来的战略上的坚定性和策略上的灵活性，使它能够在世界市场上立于不败之地。

丰田：驰骋天下

外供应商综合指南”。毋庸置疑，丰田汽车公司所制定的计划为日美汽车贸易协定的签订提供了巨大的机会，这无疑是丰田汽车公司实现驰骋天下梦想的必要措施。

2003 年，丰田汽车公司在全球市场上的销量首次超过了福特公司，晋升为世界第二大汽车公司。在美国市场，丰田的市场份额已经达到 11.8%，与克莱斯勒只差 1 个百分点。这家进入美国市场只有 30 多年的日本公司逼得具有百年历史的美国三大公司节节败退。

案例 1：“巨无霸”通用汽车公司

通用汽车公司是世界上最大的汽车公司，年工业总产值达1 000多亿美元。它的标志 GM 取自其英文名称 General Motro Corporation 的前两个单词的第一个字母。通用汽车公司成立于美国的汽车城底特律，至今总部仍设在底特律。

1904 年，美国最大的马车制造商威廉姆·C. 杜兰特买下了 1907 年由戴维·别克创办的别克汽车公司，并成为该公司的总经理，同时推出 C 型车。为了推销这种汽车，杜兰特迅速建立了一个经销网并吸引了大笔订单，其订货量远远超出了公司的生产能力。

到 1908 年，别克汽车公司已经成为全美主要汽车生产商，杜兰特很想结束当时汽车工业数百家公司并存的局面，因而大力支持本杰明·克里斯科有关将别克、福特、马克斯韦尔·布里斯科、奥兹等几家主要汽车公司合并的建议，但协商因福特公司要价达 800 万美元之巨而以失败告终。同年，杜

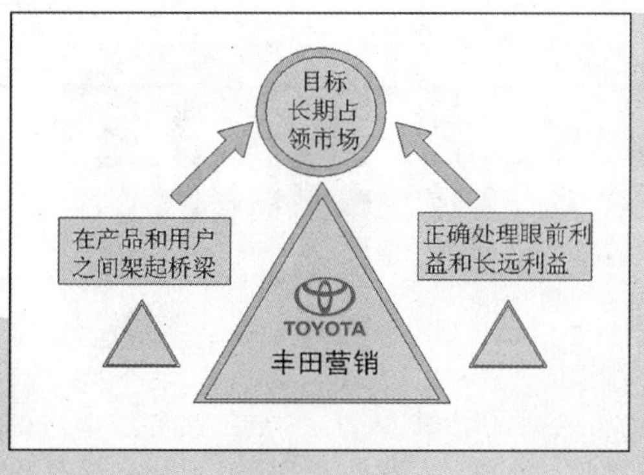

■ 2003 年，丰田汽车公司在全球市场上首次超过了福特公司，晋升为世界第二大汽车公司。

兰特以别克汽车公司和奥兹汽车公司为基础成立了一家汽车控股公司——通用汽车公司（GM），1909年又合并了另外两家小汽车公司奥克兰汽车公司（现在的庞迪亚克分部）和卡迪拉克汽车公司。从一开始，杜兰特就指出了公司的三维战略，即生产适合各种不同口味和购买能力人群的不同品牌的汽车，在汽车工程领域内尽可能地多样化。到1910年，公司已经先后购进了17家小汽车公司。

第二次世界大战以后，通用汽车公司决策者认识到将会有一场汽车热销期，因而推出了更大型、更有盈利潜力的小汽车，并巩固了在汽车市场上的主导地位，在其他产品市场上也获得了主导地位，成为美国最大的军用品承包商。1952年艾森豪威尔当选总统后，公司总裁查理·威尔逊成为国防部长。1955年，通用汽车公司成为世界上第一个年利润超过10亿美元的公司。

通用汽车公司的产品主要分为三大类：

（1）汽车产品，包括制造、装配、销售汽车、卡车、公共汽车和相关零配件。1993年，公司销售各式车辆4 300万辆，占美国市场的35%，世界市场的7%，其中小汽车和轻型卡车745.1万辆（1990年）。公司主要的汽车品牌为雪夫龙、别克、美迪亚克、奥兹莫比尔、卡迪拉克和Saturn，由分布于美国各地的30家汽车装配厂、29家分销中心和包储设施生产，并由全国10 000多家经销商分销经营。1991年，公司收入的79%来自汽车部门。

（2）金融和保险业，主要业务单位是通用汽车承兑公司，它资助购买通用汽车公司产品。此外，公司也为经销商和消费者提供保险，并从事抵押银行业务、海上金融和投资服务业务。1991年，公司收入的9%来自该部门。

■ 1955年，通用汽车公司成为世界上第一个年利润超过10亿美元的公司。

通用汽车公司Logo

（3）其他产品，主要是电子数据系统公司从事的数据加工、电讯服务和GM休斯电子公司从事的军火生意，特别是导弹系统。1991年，通用汽车公司休斯电子公司成为美国第四大军火承包商，同时还是美国主要的商用卫星供应商，产品包括军用车辆、雷达、武器控制系统、制导导弹系统、军用卫星等。此外，这两家公司还从事商用信息和电讯系统的设计、安装和经营，火车头的研究开发和制造，同时生产压缩机、发电机和海船用汽轮发动机等。

近年来，海外制造商带来的激烈竞争对通用汽车公司的优势构成了威胁。面对主要竞争对手 Daimler Chylser、Ford 及 Honda 的挑战，通用汽车公司开始着眼于向全球市场扩张，包括聘请前丰田汽车顾问帮助他们进军日本市场。（公司还持有 Suzuki 及 Isuzu 的大量股份；1999年，GM将持有的 Isuzu 股份提高到49%并购入 Suzuki 公司10%的股份。）1998年下半年，通用汽车公司与SAIC合资生产出第一批针对中国市场的别克汽车（Buick）。通过进入巴西及俄罗斯的廉价车辆市场，通用汽车公司正拓宽海外市场，建立客户基地并确立其品牌效应，而这些都领先了其竞争者一大步。目前，通用汽车公司在全球170多个国家和地区制造或销售轿车、卡车、汽车系统、零部件和火车机车，在50多个国家和地区有汽车装配线，在五大洲设有地区工程设计中心。

案例2：T型车之王——福特

福特公司创立的时候，美国正处于大变革的时代，科学界、技术领域、产业界纷纷涌现出无数的杰出人物。仅在产业界，就有石油巨头洛克菲勒、

通用汽车公司Logo

■ 目前，通用汽车公司在全球170多个国家和地区制造或销售轿车、卡车、汽车系统、零部件和火车机车，在50多个国家和地区有汽车装配线，在五大洲设有地区工程设计中心。

化学大王杜邦、银行新贵摩根等众多人物活跃在美国社会。许多人把汽车产业看成是发财致富的一块宝地。一个小小的底特律市就雨后春笋般地冒出几十家汽车制造公司，生产着各式各样的汽车。福特就是其中之一。

在公司成立之初，福特就分别设计了高、中、低三种级别的汽车以期能够占领市场。其中高档车主要为富人服务，虽然生产高档车可以带来很大的利润，但顾客数量却十分有限。

销售汽车的头一年，福特的汽车就成了底特律人的抢手货，它生产出的汽车很快就销售一空了。福特公司也因此而赚取了可观的利润，仅第一年的股息就分发了10万美元，股东一下子就相当于收回了所有投资。在这种情况下，创始人亨利·福特并没有陷入巨大的成功中而不能自拔，他清醒地认识到这只是表面的辉煌，现在人们只是对汽车这个新东西感到好奇，一旦人们习惯了使用汽车，难免会变得更加挑剔。所以，汽车的质量和价格就成了福特公司最应该抓的本质问题。

在不能占据全部汽车市场的情况下，小小的福特公司靠什么来取胜呢？很明显，必须突出重点。就在这个时候，福特为主要生产什么车型而与合伙人毛肯森产生了严重的分歧。

毛肯森的观点是：公司应该迅速放弃中低档汽车的市场，集中全力于高档汽车。高档车不但利润十分丰厚，还可以为公司创造一个良好的形象。当时对于他们的对手而言，福特公司虽具有技术的优势，可实力毕竟还很有限。

而福特想得更远：汽车作为一种交通工具不应成为一种奢侈品而停留在上层社会，迟早会进入千家万户。高档车大家都想坐，但会有多少人买呢？

■ 销售汽车的头一年，福特的汽车就成了底特律人的抢手货，它生产出的汽车很快就销售一空了。

福特公司Logo

低档车尽管单车利润很低，可如果大批量生产恐怕就不同了。当然这很冒险，如果预测不准，福特公司将在汽车市场上消失。

福特最终说服了各位股东同意他的想法，但毛肯森仍然怀疑这一战略，他觉得这太冒险了。福特也清楚这个冒险决策的意义，这无疑是在釜底抽薪，如果不成功只好结束自己的汽车生涯，但如果成功那将会是另一番情景。

全面投入低档车生产，着实使福特费了一番脑筋，尽管低档车对技术的要求不高，却面临许多新的问题。为了让家家户户都用上这种车，他的车必须简单，轻便，耐用，容易修理；而且还必须能在崎岖不平的乡间路上奔驰。这些都对零件提出了新的要求。还有更重要的一点，这种车必须便宜，以便使每个家庭都能够买得起。为此，福特不得不在设计时更多地考虑经济因素。

这么多的要求简直让人无所适从，许多种设计方案被一次次否定了，福特也被搞得筋疲力尽。也许是某些基本的思想没明确？怎样才能提纲挈领地满足所有的要求呢？突然，他想通了，必须使汽车构造简单化，只有简单，汽车才可能轻便，才会容易修理，一旦哪部分有问题，换个标准零件就够了。而且，简单的设计更易于大批量生产。当生产量增大时，生产成本就会降低，汽车价格就可以更加低廉！福特把以前的设计图纸全部扔在一旁，重新开始设计。“标准化，简单化”，设计中福特不时提醒自己。

经过几次修改，福特新的设计定型了。它被命名为福特牌 T 型汽车，后来成为汽车历史上最著名的车型，几乎成为汽车的代名词。

但当时毛肯森始终不同意福特的设计，他搞出了一个装空调的豪华车准备生产。福特又不得不和他进行一番争论。最后，毛肯森决定卖掉他在福特

福特公司Logo

■ 经过几次修改，福特新的设计定型了。它被命名为福特牌 T 型汽车，后来成为汽车历史上最著名的车型，几乎成为汽车的代名词。

公司的股票另找出路。这正中福特的下怀。随着毛肯森一起离开福特的还有四位股东，福特求之不得，买下了他们的股票，一下子对公司有了绝对的支配权。

控制了公司管理权后，福特终于可以干自己想干的事了。他决定福特汽车公司从今以后将停产所有其他汽车而只生产一种汽车——福特牌 T 型汽车。他大举投资，在底特律高地公园购买了近 400 亩土地来建工厂，要把高地公园变成世界最大的汽车制造公司。1908 年 10 月，新的工厂还未竣工，福特已经迫不及待地生产出了第一辆 T 型车。

终于，一座新的汽车制造厂房矗立在底特律。T 型车的生产也步入了正轨。社会对 T 型车的需求量极大，很快福特汽车公司的新工厂就开始连夜生产，这样仍然供不应求。为了应急，只好把装配工作放在厂房外进行。为了保证质量，福特又急忙扩大了 60 亩厂房作装配车间。

福特追求大批量，低成本，很快迎合了社会的需要。T 型车获得了前所未有的成功，19 年内生产了1 500多万辆。在其顶峰时期，世界汽车市场的 68%都属于福特牌 T 型车。随着产量的增加，价格也在不断下降，无数美国人拥有了自己的汽车。

案例 3：车中贵族劳斯莱斯

“世界汽车中可称为贵族的，唯有劳斯莱斯。”劳斯莱斯成为英国王室专用车已有数十年历史，爱德华八世、女王伊丽莎白二世、玛格丽特公主、肯特公爵等众多英王室成员的座驾都是劳斯莱斯。沙特国王、日本皇太子都对

■ 在其顶峰时期，世界汽车市场的 68%都属于福特牌 T 型车。随着产量的增加，价格也在不断下降，无数美国人拥有了自己的汽车。

福特公司Logo

劳斯莱斯情有独钟。

劳斯莱斯高贵的品质来自它高超的质量。令人难以置信的是，自1904年到现在，超过60%的劳斯莱斯仍然性能良好。20世纪90年代中期，在劳斯莱斯汽车家族中，最便宜的车型售价约19万美元，最豪华的车型售价则约39万美元。劳斯莱斯的大部分部件都是由专家级的技师手工制作、装配完成，车内的地毯均用手工剪下的羊毛织成，仪表盘的木料也都编号，一旦有所损伤便可用同一段木料修补。而一台散热器需要一个工人一整天时间才能制造出来，然后还需要5个小时对它进行加工打磨。每辆劳斯莱斯车头上的那个吉祥物——带翅膀的欢乐女神的产生与制造过程，更是劳斯莱斯追求完美的一个绝好的例证。劳斯莱斯车标的设计者萨科斯这样来描述他的设计理念："风姿绰约的女神以登上劳斯莱斯车首为愉悦之泉，沿途微风轻送，摇曳生姿。"这一理念与女神的造型正是劳斯莱斯追求卓越精神的绝佳体现。这尊女神像的制作过程也极为复杂。它采用传统的蜡模工艺，完全用手工倒模压制成型，然后再经过至少8遍的手工打磨，再将打磨好的神像置于一个装有混合打磨物质的机器里研磨64分钟。做好的女神像还要经过严格的检验。这种贵族式的独特魅力限制了它走入大众市场。它的创始人亨利·罗依斯就曾说过："车的价格会被人忘记，而车的质量却长久存在。"劳斯莱斯的成功得益于它一直秉承了英国传统的造车艺术：精练、恒久、巨细无遗。

象征财富地位的劳斯莱斯，是由两个家境截然不同的英国人共同创立的。1904年，任职电机厂工人、家境贫穷的亨利·罗依斯，运用丰富的机械学知识，将一辆几乎要报废的旧车改成一辆有看头的汽车。1904年12月，第一辆劳斯莱斯汽车在巴黎展览会上展出，引起巨大轰动。伦敦贵族汽

车中贵族劳斯莱斯

■ 20世纪90年代中期，在劳斯莱斯汽车家族中，最便宜的车型售价约19万美元，最豪华的车型售价则约39万美元。

车商人查理斯·罗尔斯闻讯后登门造访，提出合组公司建议，各自负责生产设计及推销宣传。两年后公司正式成立，基地设于曼彻斯特。

亨利是个技术狂，他制作的每一部车都俨如艺术品般精致。凭实力与口碑，劳斯莱斯公司渐渐打响名号。然而，当公司走上成功轨道之时，两人的遭遇却步入蹇途。喜欢冒险的查理斯于1910年一次飞行竞赛中失事坠机丧生；亨利亦因长年过于劳累，两年后半身不遂，但他仍然卧床继续设计工作。

不过，根基扎实的劳斯莱斯没有因此倒下。1914年，公司开始发展飞机引擎，至二战时，所生产的“隼式”引擎，装配在多种战斗机上，为保家卫国立下大功。1931年又成功收购宾利汽车公司，将劲敌收归旗下。

然而在20世纪70年代初，劳斯莱斯在发展RB211型飞机引擎的过程中出现严重技术过失兼超支，现金周转不灵，幸好英国政府及时注资才不致倒闭。根据挽救协议，劳斯莱斯被国有化后，唯有汽车业务可独立运作，直至1987年才重获营运主导权。

1998年，在德国宝马和大众两家公司展开了一场充满戏剧性的争夺后，宝马公司最终夺得了劳斯莱斯的品牌权。即使被宝马公司收购也难掩劳斯莱斯的贵族气质。宝马公司生产的最为昂贵的汽车，只能冠名为“劳斯莱斯”。也就是说，任何型号的宝马牌汽车，售价都不得超过劳斯莱斯。

■ 宝马公司生产的最为昂贵的汽车，只能冠名为“劳斯莱斯”。也就是说，任何型号的宝马牌汽车，售价都不得超过劳斯莱斯。

车中贵族劳斯莱斯

第二章

丰田的精益生产方式

精益生产（Lean Production）是美国麻省理工学院国际汽车项目组的研究者 John Krafoik 给丰田生产方式起的名称。在丰田生产方式普及之前，世界上的汽车生产公司大都采取福特式的“大规模生产方式”，即“总动员生产方式”：一半时间人员和设备、流水线等待零件，另一半时间等零件一运到，全体人员总动员，紧急生产产品。这种方式下，产生了库存的积压或短缺，生产线或者不开机，或者开机后就大量生产，导致了严重的资源浪费。而精益生产只需要一半的人员、一半的生产场地、一半的投资、一半的生产周期时间、一半的产品开发时间和少得多的库存，就能生产品质更高、品种更多的产品。

精益生产的基本思想可用一句话来概括，即 Just In Time（JIT），意为“只在需要的时候，按需要的量，生产所需的产品”。作为一种生产管理技术，精益生产能够大幅度减少闲置时间、作业切换时间、库存、低劣品质、不合格的供应商、产品开发设计周期以及不及格的绩效。

丰田汽车公司凭借着精益生产方式，以低成本、高品质的产品享誉世界，获得了巨大成功。而日本其他企业也于 20 世纪六七十年代广泛实施精益，到 80 年代，欧美及中国台湾、韩国等制造业也开始引入精益生产。特

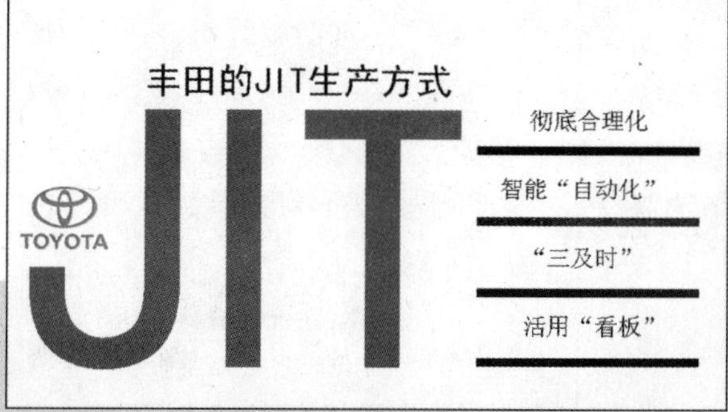

■ 精益生产的基本思想可用一句话来概括，即 Just In Time (JIT)，意为“只在需要的时候，按需要的量，生产所需的产品”。

别是美国制造业不仅仅引入，还基于自身电脑技术发达，将精益生产的许多思想应用于 MRP 系统中，使其 MRP 系统在 80 年代中后期开始领先世界。

可以说，精益生产方式是继亨利·福特发明的大规模生产方式后，第二次改进企业流程效率的重大变革，亦是丰田汽车公司崛起于世界的强有力的“推进器”。

2.1 彻底合理化

丰田素以“小气”而闻名。它信奉“毛巾干了还要挤”，而这恰恰体现了丰田彻底合理化的精神。

丰田汽车公司一开始生产汽车就坚持生产合理化原则。早在 1948 年，丰田汽车公司就专门设置了“经营合理化委员会”，专门负责杜绝浪费和改进质量工作。丰田汽车公司内部使用的信封都是旧信封，他们在用过的信封上贴一张白纸，在上面填写收件人的地址和姓名，重复利用。丰田所有部门都严格遵守这种做法，从不浪费。

丰田汽车公司认为，浪费主要来自两种情况：一种是生产现场的浪费；另一种是生产过剩的浪费。

所谓生产现场的浪费主要是指生产上的“只会提高成本”的各种因素。像过多的人员，过多的库存，过多的设备，它们一旦超出需求量，就只能提高生产成本，并且还会因为这种浪费派生出二次浪费。

所谓生产过剩的浪费就是指由产品的库存而消耗的人力、财力、设备。当这种生产过剩的浪费产生另一种新的浪费或二次浪费后，就会产生恶性循

■ 丰田素以“小气”而闻名。它信奉“毛巾干了还要挤”，而这恰恰体现了丰田彻底合理化的精神。丰田汽车公司认为，浪费主要来自两种情况：一种是生产现场的浪费；另一种是生产过剩的浪费。

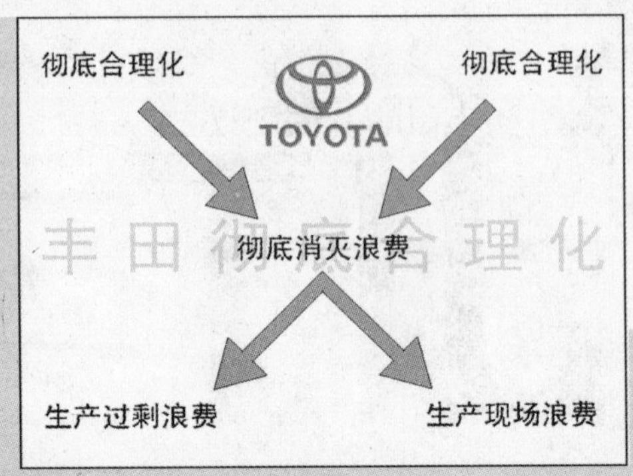

环，严重影响企业的生存和发展。

丰田汽车公司意识到，要实现杜绝浪费的目标，就必须设法消除过剩的库存品和过剩人员，使各种产品的生产量能灵活地适应市场需求的变化。也就是说，如果能做到“能卖出去多少就生产多少”，以销售量定生产量，就可以避免出现多余的库存；如果能根据生产人员的能力随时调整、改编生产线，就不会出现多余人员。

在丰田汽车公司看来，最大的浪费是由于库存过多造成的。假设库存超过需要，如果车间容纳不了，就得盖仓库。并且，还必须雇用搬运工把它搬到这些仓库里去，进而还要为每一个搬运工买一辆升降式搬运车。在仓库里，为了防锈和管理库存，就要配备若干保管员。尽管这样，库存物品也还是会生锈和受到损伤，在从仓库取出使用之前，还需要有人修理。这里所列举的人员、升降式搬运车、托盘（搬运用箱）、建筑物、电子计算机、设备等，全是浪费。

在生产现场，丰田主要通过缩减工时来减少浪费，即通过对生产作业现场的仔细观察，区分作业人员的动作中，哪些是属于浪费，哪些是属于作业。然后去掉操作上完全不必要的动作，例如，待料、码齐半成品、两次搬运、倒换等。

生产作业分为两种情况：一种是没有附加价值的作业；一种是创造附加价值的真正作业。

为省去第一类没有附加价值的作业，例如，为取工件而走动、打开外来零件的包装、操纵电钮等，丰田汽车公司对作业现场的条件进行部分的修改。创造附加价值的真正作业是指改变形状、改变质量以及组装等某种形式

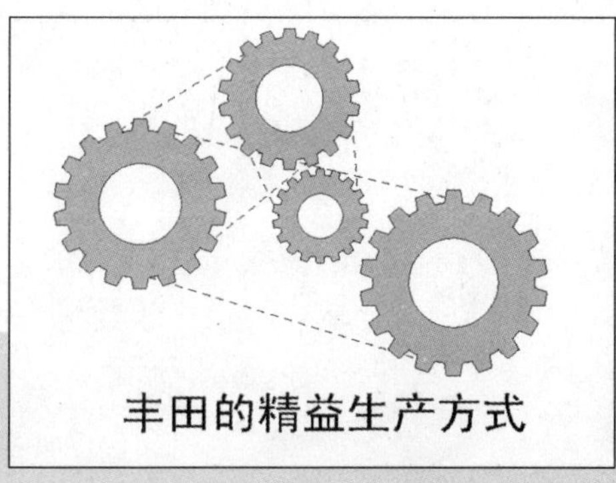

■ 丰田汽车公司意识到，要实现杜绝浪费的目标，就必须设法消除过剩的库存品和过剩人员，使各种产品的生产量能灵活地适应市场需求的变化。

的“加工”。这些加工在于赋予价值，创造出附加价值。这种附加价值占的比率越大，作业效率也就越好。在生产现场中，除此之外，不符合标准操作的例外动作还有：机器设备及其附件的小修、次品返修等。

2.2 “三及时”

“及时”是精益生产方式的核心。所谓“三及时”，就是“将需要的零件，在需要的时刻，按需要的数量供给每一道工序，保证要什么及时给什么，需要时及时送到，要多少及时给多少”。它以提高附加价值为目标，把连续的各工序用这种管理方法统一起来，从而保证产品的高质量。对于制造系统来说，这肯定是一种苛刻的要求，但这正是丰田生产方式追求的目标。具体则体现在公司的“三及时”目标上。

为了实现“三及时”的目标，丰田汽车公司最大限度地削减过剩设备和中间库存，极力节省劳动力，设法降低成本。常规的生产顺序是前一道工序向后一道工序供应工件，即材料经过加工成为零件，然后再将零件组装成一个部件，再向最后的组装组移动。在前一道工序向后一道工序移动的过程中，通常不管后一道工序的生产情况如何，都会源源不断地把大量加工完毕的工件传送过去，造成下一道工序处零件堆积如山，使得工作人员忙于安排存放的地点，使用时还得花费很多时间去找，而不能进行主要的生产。由于汽车这类产品是由数以千计的零件组成的，若将所有工序加在一起，便是一个庞大的数字。

要使所有这些工序的生产计划都能有条不紊地达到“三及时”，其实

■ 所谓“三及时”，就是“将需要的零件，在需要的时刻，按需要的数量供给每一道工序，保证要什么及时给什么，需要时及时送到，要多少及时给多少”。

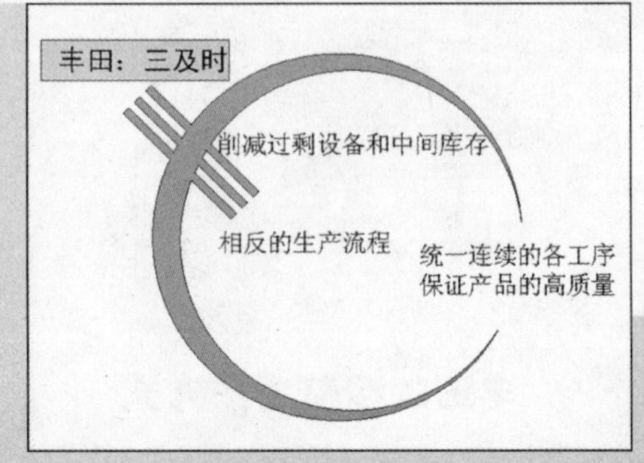

是一件相当不容易的事情。另外，造成生产计划出现变化的因素是很多的，其中有估计上的错误、业务管理上的差错、出次品和返工以及设备故障、出勤变化，等等。如果上述一些因素导致前一道工序发生问题，那么，必然会引起后一道工序出现停工待料的连锁反应。这时，不管主观上是否愿意，这种连锁反应势必造成生产线的停工或改变生产计划。如果再对这种状况置之不理，各道工序仍按照生产计划进行，必然会造成生产线上各道工序之间的脱节。这样一方面会发生某些零件短缺，而另一方面仓库中却堆放着用不上或不急需的零件。这样一来，生产效率就会降低，最终导致企业效益下降。

更为糟糕的是，在生产现场的各条生产线上，区别不出生产情况是处于正常状态还是处于异常状态。常常出现对异常状态处理不及时，或某一生产线因人手太多生产过量而无法及时改进的局面。解决这一问题需要另辟蹊径，需要一种超越常规的思维方式。

为了满足“三及时”的条件，丰田采取了与以往完全相反的生产流程，克服了那些在常规生产工序的基础上建立的常规生产管理方式存在的弊病。在丰田汽车公司的生产过程中，由前一道工序根据后一道工序的“订货”进行“定货生产”，并由后一道工序向前一道工序领取物品，并且在各道工序之间通过轮流传递的“看板”来控制生产量。

在这种新的生产方式下，以生产工序的最后一条组装线为起点，后一道工序在需要的时候去前一道工序领出正好需要的那一部分工件，前一道工序只生产被领取的那部分工件就可以，并且要求达到“三及时”，控制了前一道工序向下一道工序的盲目传送工件。

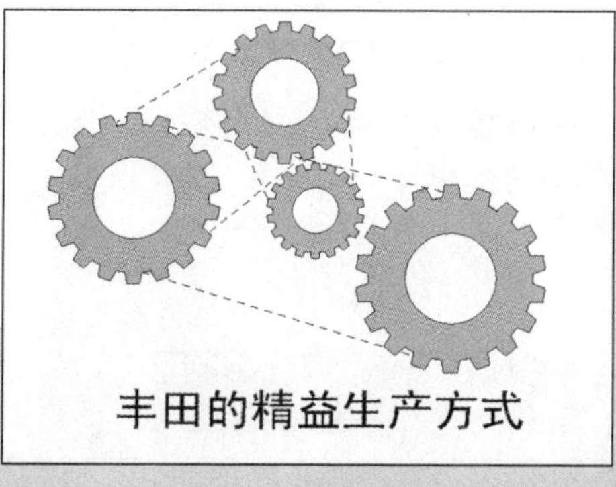

■ 为了满足“三及时”的条件，丰田采取了与以往完全相反的生产流程，克服了那些在常规生产工序的基础上建立的常规生产管理方式存在的弊病。

按照这样一种思路，生产计划就不是下达给最前面的组装线，而是下达给最后的组装线，指示它什么时间生产多少什么类型的车。然后，从最后一道组装线开始依次向前一道工序领取所需要的各种原材料、零配件，用这种倒过来的运送方法一步步逆着生产工序向上推进，最终上溯到原材料供应部门，并给予连锁性的同步衔接，这样一来就满足了“三及时”所需要的条件，使得管理工作量得以减少到最低程度。

丰田认为，在汽车生产过程中，如果能做到“三及时”，是最理想的情况。也就是说，在通过流水作业组装汽车的过程中，能够把所需要的零件在需要的时候不多不少正好送到生产线旁边，那么，就可以使生产过程中物质的“库存”和财务方面的负担接近于零。

2.3 智能“自动化”

智能“自动化”特别强调人对自动化机器的调节，认为只有赋予机器以人的智能，才能充分发挥机器在生产中的作用。它不是单纯的机器“自动化”，而是包括人的因素在内的“自动化”。这种赋予机器以人的智能的做法大大改变了“管理”一词的含义。

丰田汽车公司的这种智能“自动化”的主要含义，是指“带自动停车装置的机器”。在丰田汽车公司的任何一个工厂，几乎所有的机器设备都装有这种自动停车装置。例如，“定位停车方式”、“全面运转系统”、“质量保险装置”之类的安全装置，当机器正常运转时用不到人，机器遇到异常情况而停车时，工作人员过去排除故障就行了。因此，一个人可以管理几台机器并

■ 丰田汽车公司的这种智能“自动化”的主要含义，是指“带自动停车装置的机器”。

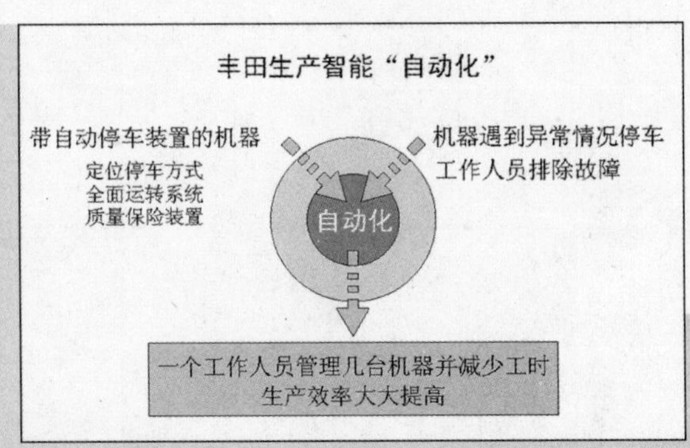

减少工时，从而大大提高了生产效率。

这种做法的好处很大，以前很多机器只要按一下电钮就会转动。再加上很多机器的性能很高，或者已经高速化了，稍微发生一点异常事故就要出问题。譬如，有什么其他东西混进机器里或者被废屑卡住了，设备和模具就要损坏；丝锥一旦折断或损坏，就开始出现无螺纹残品，转眼之间堆起几十件或几百件。这种自动化机器，既不能防止产生大批残品，也不具备自动检验机器故障的功能。同时，人总不离开机器，每当发生异常情况时，就取代机器进行操作，这样，有些毛病恐怕就不会被及时改进；而当机器被赋予人的智能之后，不论任何一工厂的任何一条生产线或任何一台机器，一看就能知道情况是正常还是异常，并能够及时针对异常情况采取改进措施以防再度发生。包含了人的因素的智能“自动化”，是一种保证质量的生产体制，当生产过程出现不良状况时，机械和生产线自动停止动作，以减少损失，节省人力，提高生产效率。这样，通过“自动化”就能彻底实行“目视管理”，发现生产现场的弱点，并立即找出改善解决的对策。

在生产过程中，“自动化”和“三及时”的关系究竟如何呢？可以这样说，如果“三及时”是棒球比赛中的集体配合协作精神的话，那么“自动化”就是每一个棒球选手的个人技术水平。棒球比赛中一个队要获得胜利，关键在于个人技术和协作配合精神的有机协调，而要做到这一点，教练的作用是巨大的。同理，一个企业要生产出质优、价廉、有竞争力的产品，也需要英明的领导者把各位员工的个人技术与整个生产线，乃至企业的集体协作结合起来，由此可以说，“自动化”和“三及时”的有机结合十分重要。

生产线上的各道工序相当于棒球场上的每个棒球选手，只有及时密切地

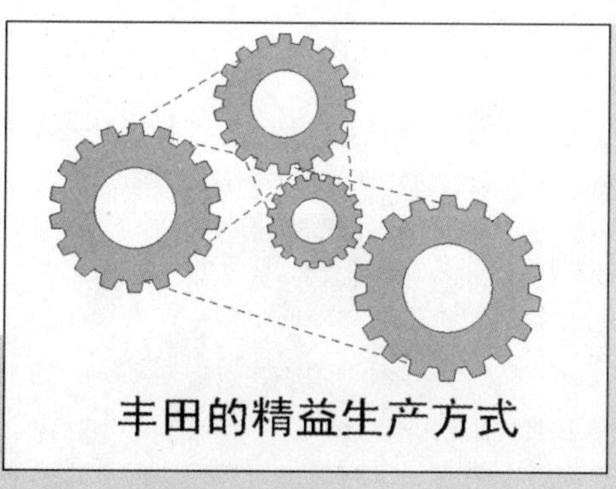

■ 包含了人的因素的智能“自动化”，是一种保证质量的生产体制，当生产过程出现不良状况时，机械和生产线自动停止动作，以减少损失，节省人力，提高生产效率。

配合，才能有条不紊地做到出色的集体协作。

生产现场的管理、监督人员，相当于棒球队中的教练，也就是击球、守卫和跑垒的指挥者。生产现场和管理监督员平时就要掌握适于每个选手能力的“标准作业”。在出现不符合这种标准的异常情况时，正如选手不能发挥自己的能力时，就要通过特别训练，恢复那个选手原有的技术水平。这是教练的重要职责。一个强有力的棒球队，总是掌握着能够应付任何局面的协作技巧，对全局控制得非常好。“三及时”和“自动化”并存的生产现场，则相当于一组配合较好的棒球队，比其他任何地方的组织都更加坚强有力。生产实践表明，能够很好地协调“三及时”和“自动化”之间的关系，是丰田汽车公司在激烈的市场竞争中立于不败之地的法宝之一。

2.4 活用“看板”

看板，是一种传递信号的载体，指各现场的负责人将各自的作业内容写在现成的纸张上面，挂在工作场地，使每一个作业者都能够一目了然。

运用看板组织生产和管理，就是按照“看板”控制生产系统中物料流的大小和速度，来实现成本的降低和后工程部门的供给保证。当然，丰田的这种“看板”也在随时代的变化而改变，现在，正在向使用IT技术的数字化信息转变。这虽然被称为“电子看板”，但原则上和原来的卡片式看板是一致的。

■ 运用看板组织生产和管理，就是按照“看板”控制生产系统中物料流的大小和速度，来实现成本的降低和后工程部门的供给保证。

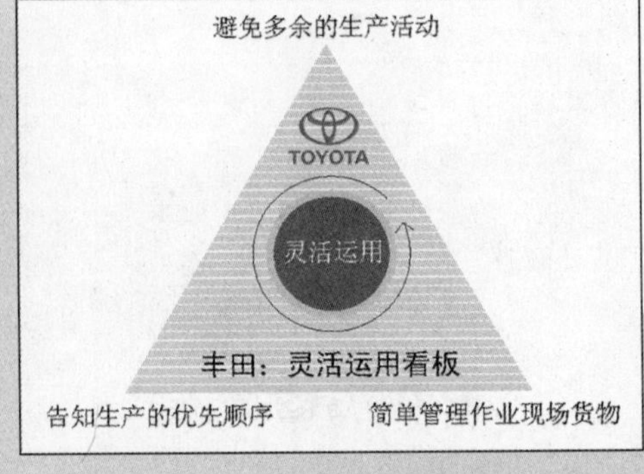

2.4.1　看板的功能

看板的第一个功能是提示作业的情况，即自动提示“什么时候以某种方法生产，搬运某种东西至某种数量”的情况。

对于“何时、何物、何种数量”等相关内容的情报，一般的企业都以装置计划表、搬运计划表、生产指示量、交货指示票等账票方式传送到生产现场。如：生产方法、搬运的地方、放置的场所等情报，几乎都是以流程操作说明书的方式被放置于生产现场的桌角，然而工作人员很难遵守，以致于变成了操作不规范的一个原因。因此，看板的产生就是为了无论何时都可以展示标准操作，指示根据现场的实际状况可以自动出来，防止有关单位多余的工作及非资料性的纸张泛滥，等等。

看板的第二个功能是与生产设备一起操作。为了具体体现看板是“用眼睛看的管理工具”，丰田汽车公司统一操作生产设备和看板，使之实现以下几点：

不必从事多余的生产活动；

可获知生产的优先顺序；

对作业现场货物的管理会变得很简单。

2.4.2　看板的六个规则

所有工具只要能够灵活使用，都会成为达到目的的有力武器，但如果使用错误的话，反而会变成阻碍达到目的的拦路石。看板对于提高管理作业现场的工作效率是很好的工具，但如果使用不当的话，也会变成“阻碍达到目

■ 丰田汽车公司统一操作生产设备和看板，使之实现以下几点：不必从事多余的生产活动；可获知生产的优先顺序；对作业现场货物的管理会变得很简单。

的的拦路石”。因此，丰田汽车公司制定了使用看板的前提条件，即使用看板的规则。

▲ 规则之一：不将不良产品送到后工程部门

在丰田汽车公司看来，制造不良产品，就意味着要为了卖不出去的东西投入资材、设备以及劳力，这极为浪费，严重地违反了企业减低成本的目的。

为了彻底防止不良产品的产生，丰田汽车公司要求管理者及监督者必须遵守如下要求：

及时发现不良产品及防止再次出现；

必须认真地对工程问题进行检讨，统一采取防止再度发生的对策。

也就是说，一旦生产出不良产品时，必须使机械自动停止或者叫停作业，于是人工智能化的自动作业想法就产生了。如果承包工厂送来的货品中有不良产品，那就不必重写交货卡片，而是让他们在下一次交货时将不良产品的数目补充上即可。

▲ 规则之二：由后工程部门来领取

在必要的时候，由后工程部门的人员来领取必要量的生产资料。若在非必要的时候，制造必要量以上的东西，就会产生种种的损失。例如，由于库存品太多而招致的损失，多余作业员加班而招致的损失，在设备本来就有余裕的情况下而增设的损失。反过来说就是，由于不能及时地抓住明显已经成为瓶颈的设备，而导致制定对策太迟所招致的损失。而最大的损失是为了制造不必要的产品，以致无法制造必要的产品。

规则之二对于避免这种损失是极为重要的。为了确保遵守这一规则，管

■ 在丰田汽车公司看来，制造不良产品，就意味着要为了卖不出去的东西投入资材、设备以及劳力，这是极为浪费的一件事，严重地违反了企业减低成本的目的。

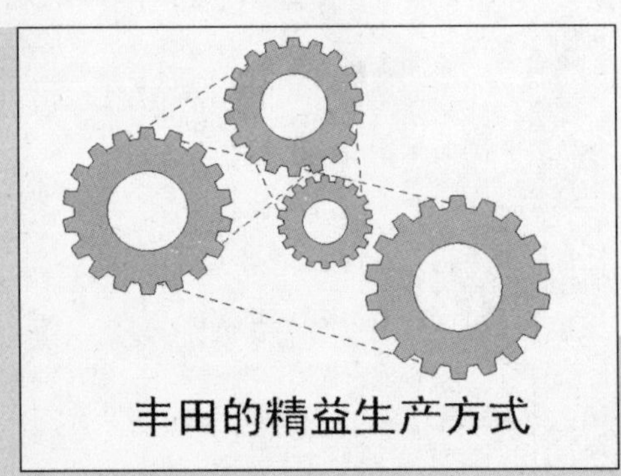

丰田的精益生产方式

理人员只要遵守规则之一，避免不良产品流入后工程部门，就可以做到一旦本工程部门生产了不良产品就能发现。因此，不必从其他的部门获取情报，就可以供给必要的物资。

因此，遇到必要的时期，不妨将“供给”后工程部门的思想，改为由工程部门来“领取”。从最后工程部门的车辆装配，到最初工程的材料出库为止，假若都能够做到必要时期去领取必要量的话，那么每个工程部门对于何时必须提供给后工程部门多少量的情报，就根本不必从其他处获得。

只要将供给的想法改变为“领取”，就可以找到解决难题的方法。到了这一步就可以使“后工程部门来领取”的规则之二确定下来。同时，为了防止后工程部门没有节制地领取，必须把规则具体化，即要求：

没有看板的指示不能来领取；

不能领取超过看板上规定的数量；

作业现场的东西，一定要挂上看板。

▲ 规则之三：只生产后工程部门领走的量

要对“只生产后工程部门领走的量”有准确充分的理解，就必须参照规则之二。将本工程部门的库存量控制在最小限度。为此，必须遵守以下的原则：

不能生产看板张数以上的东西；

依照看板出来的顺序生产。

只有如此，规则之三才能够收到一定成效。更重要的是，只要遵守规则之二、之三，所有的生产工程就会联结成一条传送带，发挥出最佳的效果，即可以形成所谓的同期化。

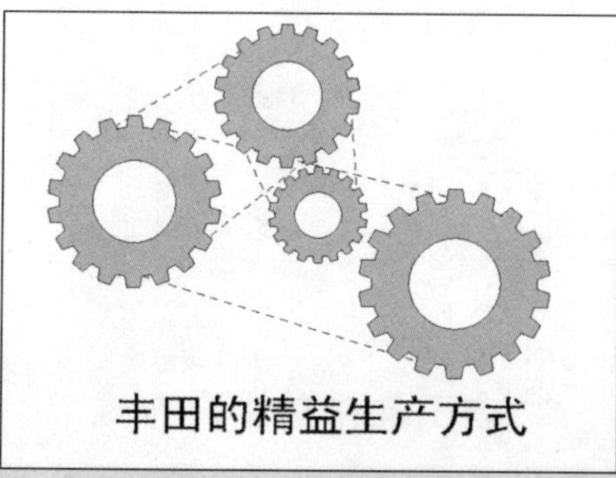

■ 为了防止后工程部门没有节制地领取，必须把规则具体化，即要求：没有看板的指示不能来领取；不能领取超过看板上规定的数量；作业现场的东西，一定要挂上看板。

▲ 规则之四：使生产均衡化

只有确保有适当的人员以及设备彻底地遵守“只制造后工程部门领走的量”的规则之三，才能使所有的工程部门在必要时期生产必要的量。假若后工程部门对于时间以及量的方面，以陆陆续续的方式来领取的话，除非前工程部门在人员或设备方面还有足够实力，否则就难以应付，由此可见越是前工程部门就越需要有足够实力。

▲ 规则之五：看板是微调的手段

采用看板的场合，不会再提供装置计划表、搬运计划表等情报，看板将成为生产以及搬运指示的唯一情报，工作人员只能依靠看板作业。因此，生产的均衡化就显得尤为重要。

例如，某压缩零件开始更换新的工程程序，一直到压缩零件提供给后工程部门为止，这前后耗时 4 个小时。这时就可以发出一张看板，并指定在压缩零件滞留在仓库 5 小时以上就必须开始装置。但后工程部门的生产倍增以后，5 小时的库存实际上在 2 小时 30 分后就会被后工程部门领走，而压缩工程方面还没有完成零件，因此 4 小时减 2 小时 30 分等于 1 小时 30 分，这样 1 小时 30 分内就完全处于缺货的状态。

为了应付这种场合，丰田汽车公司规定，库存的时间势必将增加到两倍的时间，而遇到普通的生产量时，就将留下多余的库存品。因此，这类事情就应当避免。假若前工程部的人担心“后工程部会不会领走很多?”或者“这一次请早些装置吧!”送来了看板之外的特别情报的话，生产现场势必会出现混乱。通过对这种情况的研究，对于运用看板的场合将可以进一步地理解“生产均衡化”的重要性。

■ 采用看板的场合，不会再提供装置计划表、搬运计划表等情报，看板将成为生产以及搬运指示的唯一情报，工作人员只能依靠看板作业。

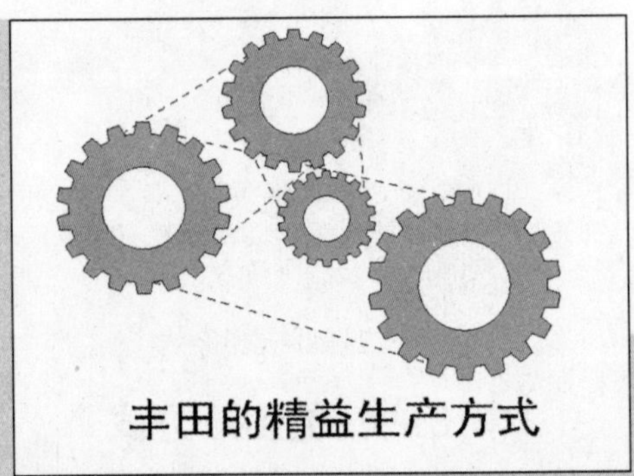

丰田的精益生产方式

▲ 规则之六：使工程合理化、安定化

规则之四“使生产均衡化”，可以一方面确保对于后工程部的供给，而另一方面又达到尽量减低成本的目的。但在此还需谨记规则之六——工程的合理化及安定化。

通过规则之一“不将不良产品送到后工程部门”可以理解“自动化”的重要性，若不将所谓的“不良”限制于不良产品，而扩大到“不良作业”的话，那么就可以更容易了解规则之六。也就是说，所谓的“不良作业”就是没有充分实施标准化、合理化的作业，而导致作业方法和作业时间产生不均匀、浪费以及不合理的现象，而这种情况的出现，自然就跟不良产品的生产脱离不了关系。如果不消除这种不良现象的话，企业就根本无法一方面对后工程部门保证供给，另一方面减低成本。只有通过工程的合理化、安定化，才能够实现自动化“生产的均衡化”。有了这一保证，才能够发挥其充分的价值。

案例1：日产公司的“五任何”

20 世纪 80 年代，为了提高产品竞争力，日产公司开展了一项技术革新运动，它所采用的高技术“智能车身装配系统”（IBAS），是一项十分伟大的长期开发计划。智能车身装配系统的核心是 51 个机器人组成的群体，这些机器人能抓起车身部件，并把它们排列起来，其精确度在 0.1 毫米以内，然后进行焊接和检查。这一切工作都在 46 秒内完成。从原则上说，这种装配系统可以组装各种车型。不过，日产公司现在平均每个智能车身装配系统

日产 Logo

■ 20 世纪 80 年代，为了提高产品竞争力，日产公司开展了一项技术革新运动，它所采用的高技术“智能车身装配系统”（IBAS），是一项十分伟大的长期开发计划。

只制造 3 种车型的汽车，其中有些车身又有几种不同的款式。

日产公司的工厂生产一种新车型的汽车需要进行 3 个月的准备（过去需要 12 个月），主要是在生产继续运转的情况下为机器人编制程序和建立周边作业。日产公司的工厂负责工程设计的经理关根良忠说：“总有一天可能会做到，在日本建立的数据通过电话或卫星传送出去，在世界各地的工厂同时开始生产某一新车型的汽车。”

日产公司把自己的战略说成是“五任何”：该公司的任何系统可以在任何时间、任何地点生产出任何批量和任何车型的汽车。日产公司的一位经理说：“智能车身装配系统”正是朝这个目标迈出了一大步。他还说，“最低限度的经济规模现在是同一家工厂的总产量而不是同个别车型连接起来”。这就是说，一个“智能车身装配系统”每月可以处理大约20 000辆汽车，至于是哪些车型占用了生产能力，这无关紧要。当美国汽车制造商正在考虑放弃整条汽车生产线的时候，日产公司正在加速用更多的生产线来填补市场空隙。

案例 2：福特公司的大规模生产

福特汽车公司创办于 1903 年。按照计划，第一批福特汽车于 1904 年生产出来。由于福特汽车公司管理有方，定价合理，又确保质量，因此买卖一开始就非常兴旺。市场对福特汽车的需求量越来越大，以至于汽车商纷纷聚集到福特公司订货，常常是不等发货就预先将现金汇到福特公司。

1908 年初，福特公司宣布从此致力于生产标准化，只制造比较低廉的单一品种。福特认为，公司的产品如果不制成像“别针或火柴”那样的统一

■ 日产公司把自己的战略说成是“五任何”：该公司的任何系统可以在任何时间、任何地点生产出任何批量和任何车型的汽车。

日产 Logo

规格，大规模生产就永远遥遥无期。由此产生了福特梦寐以求的，并能使公司征服市场的新产品——T 型车。T 型车车身上下找不到一丝装饰或华而不实之处，它车体轻，坚固耐用，朴素大方，简直就是一种装在轮子上的黑色长匣。它去掉了所有附件，以 850 美元出售一辆，规格一致，就像“别针或火柴”一样。

T 型汽车出现后，福特汽车公司的经理们很快发现他们的设备不足以满足市场这种畅销产品的要求。销售量持续剧增，福特厂的生产方式却并未做相应的改革。实际上，公司 1908 年推出 T 型车时的组装技术与 5 年前公司刚成立时毫无区别。

福特公司意识到他们的生产方式亟待改革，1908 年底，它决定请沃尔特·E. 弗兰德斯对生产方式进行改革。弗兰德斯是当时公认的工厂改革专家。他同意为福特服务，但必须允许他自定工资，自由干预生产问题。福特答应了这两项条件，弗兰德斯于是出任福特汽车公司的生产经理。在工资条件方面，福特更进一步提出，如果弗兰德斯能在 12 个月内生产出 1 万辆车，那么保证给他 2 万美元奖金。这种做法当时尚无先例。

弗兰德斯热衷于这种工作，以自己的名誉担保。他日以继夜地工作，为福特立下了汗马功劳。他彻底改造了福特厂，将旧设备加以改装，又添了新的设备，同时简化了公司千余名工人的工作程序。最后 1 万辆车的年度指标提前两天完成。这时，弗兰德斯辞去福特公司的职务，入股成为公司的三股东之一。而福特已从弗兰德斯那里得到了金钱买不到的最好的技术管理知识。由于天才的机械化大师弗兰德斯的努力，福特公司已基本具备了科学化大规模生产的条件。

福特T型车

■ 福特 T 型车车身上下找不到一丝装饰或华而不实之处，它车体轻，坚固耐用，朴素大方，简直就是一种装在轮子上的黑色长匣。

接着，福特公司在底特律市郊高原公园购买了大片廉价地皮，同时雇用了建筑师设计新办公楼和工厂区。这个新厂于 1910 年开工生产。福特厂组装方式的革命就是在这里进行。

福特及其工程师们做出的第一步重大改革就是在新建的工厂中反复改组各部门的工序。技术人员在部件车间的布局上抛弃了老一套的做法，吸收了弗雷德里克·W. 泰勒数年前在美国钢铁业提出的流水线生产理论，创造了新的汽车生产方式。福特的原则是：任何布局都必须能使工件尽可能不受阻碍地从一台机床“流”向另一台机床，尽量减少不必要的动作和碍手碍脚的隔机搬运。到了 1910 年，福特厂在流水线生产方面已走到了同行业的最前列。

到 1913 年末，福特又反复进行了几次技术革新，终于取得了重大突破，先是在部件生产中采用了传送带供应的方式，接着他们又将这种方式移植到车体组装中，将汽车组装工序从头到尾都置于“运动之中”。这种方法一举将组装 T 型车的时耗缩短了 50%强，创造了汽车生产的新纪录。1914 年 1 月，福特又进行了另一项重大革新，在高原公园厂安装了第一条全过程链式总装传送带。其效果如同施展魔法。3 个月后，福特公司创造了一项新的世界纪录：在 93 分钟内从无到有地装成一辆汽车。至此，福特的自动化流水作业线全部完成。这在工业史上写下了光辉的一篇，为其后汽车工业的技术发展规定了模式。

其后，福特公司继续致力于流水线的改进。在 1920 年，它实现了每分钟生产一辆汽车的愿望；1925 年，它创造了每 10 秒钟制造一辆汽车的纪录，在全世界同行业中遥遥领先。

■ 福特的原则是：任何布局都必须能使工件尽可能不受阻碍地从一台机床“流”向另一台机床，尽量减少不必要的动作和碍手碍脚的隔机搬运。

福特T型车

第三章

丰田的生产运营体系

制造企业要提升生产力，必须以建立一套完备的生产运营体系为前提，在此基础上实施企业运营战略，有效进行原材料、人力资源、设施和设备等资源的调度，才能实现最大的生产效能。可以说，运营战略是制造企业提升生产力的关键要素之一，是使企业目标和更大的组织目标协调一致的一部分。丰田的生产管理体系和运营战略是在长期的发展中逐步形成、创造的，它体现了著名的“丰田生产方式”的具体运用，反过来，亦是支持“丰田生产方式”的强大支柱。

3.1 持续改进

企业就好比一个生命体，唯有不断的新陈代谢才能永葆前进的动力。一方面，汽车消费者与一般消费者一样喜新厌旧，而另一方面，汽车行业作为一个高利润的行业，必然会导致激烈的市场竞争。这些无形中就是鞭策企业令企业不得不奋力改进的动力。因此，即便是曾创造辉煌业绩的企业，如果不能超越昨天的自己，就必然会在今天的竞争中一点一点地失去自己的优势。

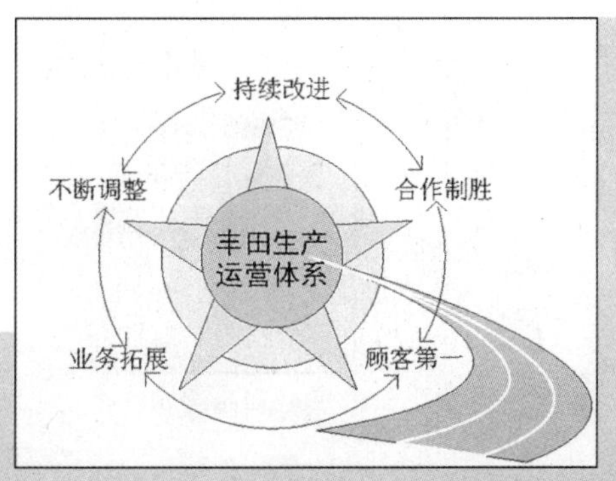

■ 丰田的生产管理体系和运营战略是在长期的发展中逐步形成、创造的，它体现了著名的“丰田生产方式”的具体运用，反过来，亦是支持“丰田生产方式”的强大支柱。

在这一问题上，丰田汽车公司很早就有着非常清晰的认识，它总是不断修改自己的体系，这也是它之所以很难被模仿的原因。20 世纪 90 年代初期，丰田汽车公司的很多工厂提高了自动化程度，但因新设备太昂贵，适应范围小而放弃。此后因为日本劳动力一直紧缺，不久又努力简化工作。现在它把生产线分成数段，允许工人在每段末尾储备少量应急物品以防万一。这种持续改进的能力是丰田成功的基本原因之一。

在丰田，超产被认为是最严重的浪费形式之一。公司精心安排工作日程，每天的工作量相差无几，并且恰好能够满足顾客的需要，结果是工厂运行繁忙平稳而有节奏。

采用丰田生产系统要求有与众不同的思想倾向。在一般工厂里，工人们努力超产，尽早完成工作定额，随后日子就轻松了。结果工厂里总是紧一阵松一阵。丰田汽车公司却不这样，其特有的生产系统要求严格的纪律和勤奋的工作，它极端重视细节，细枝末节的计划多得令人难以相信。

随着丰田从一个跨国公司变为一个真正的全球公司，丰田生产系统也在不断变化。过去 10 年丰田在磕磕绊绊中克服了大部分转变中可能遇到的困难。不管它的竞争对手有没有这种转变，丰田都不会停止它的调整步伐。

丰田汽车公司一贯坚持根据需求量来建立整个生产体系。公司负责销售的人员有这种一种看法：需求量是指销路而言，一切都取决于市场的动向。对生产现场来说，很明显，需求量是被赋予的量，不能随意增加或减少。因此，要杜绝过量生产的浪费，降低成本，就必须使生产量和需求量一致。

丰田汽车工业公司所有的工厂，都是根据需求量进行生产的。名古屋市的丰田汽车销售公司，每天都接到来自日本全国特约经销店的订单。电子计

■ 过去 10 年丰田在磕磕绊绊中克服了大部分转变中可能遇到的困难。不管它的竞争对手有没有这种转变，丰田都不会停止它的调整步伐。

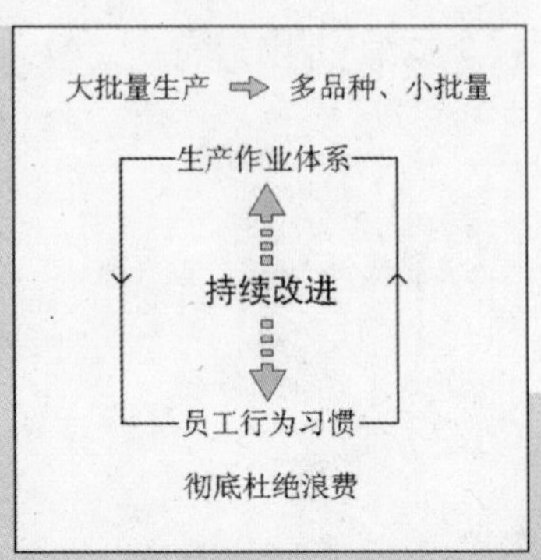

算机把订单上汽车的种类、型号、发动机排气量、规格、变速方式和车身颜色等，分类送到丰田汽车工业公司。丰田汽车工业公司根据这一“需求量”组织生产。

在1973年石油危机之前，日本处于经济持续高速增长时代，日本生产率的提高也和欧美各国一样，以大批量生产来获得利润。这是在需求不断增加的条件下，通过增加先进生产设备，实行大批量生产来实现的。当时，只要能把住质量关，就可以放开手大量生产，因此，对生产的计划性和管理的精密度、科学性要求得不是很严。当时，即使生产计划、生产日程时常频繁变动，库制品储存不断增加，经常出现间接作业、工时过大等问题，但只要企业能保证最终的产品质量和庞大的数量，也能获得丰厚的利润。因此，当时的日本企业都采取美国企业的这种大规模生产方式。

然而，1973年的石油危机之后，日本国内市场的汽车需求从高速增长期跌入了低速增长期，甚至出现了“倒退”。为占领增长缓慢的国内市场，日本国内10个汽车公司之间展开了激烈的竞争。由于各国普遍采取了各种严格的限制，汽车出口的形势变得非常严峻。对汽车生产企业来说，要在这种激烈的市场竞争中生存下来，就必须能够及时、迅速地生产出符合市场需要的、具有一定吸引力的产品。从前那种大批量、大规模的生产方式显然已经不符合时代发展的要求了。

丰田生产方式，就是在靠扩大生产规模和增加产品产量的传统经营方式已经过时的情况下，寻求通过降低成本获得利润，通过小批量、多品种方式打开产品销路的新经营方式的一次成功、有效的尝试。或者说，它是战后日本汽车工业必然遇到的“多品种、小批量”的市场制约的产物，是为了在和

不同时期适用的生产方式

时期	生产方式
经济高速增长时期	大批量、大规模的生产方式
经济增长缓慢时期	小批量，多品种，产销适路

■ 丰田生产方式，就是在靠扩大生产规模和增加产品产量的传统经营方式已经过时的情况下，寻求通过降低成本获得利润，通过小批量、多品种方式打开产品销路的新经营方式的一次成功、有效的尝试。

欧美各国早已确定下来的汽车工业的大批量生产的抗衡中保存自己，经过多年摸索，才找到的立得住脚的生产方式和生产管理方式。它的诞生是丰田持续改进的典型例子。

3.2 合作制胜

哈佛商学院教授 Adam Brandenburger 和耶鲁大学管理学院教授 Barry Nalebuff 详述了竞合的概念。在其另辟蹊径的著作《竞合（Co-opetition)》中，Brandenburger 和 Nalebuff 指出，企业间可以既合作又竞争。也就是说，企业在市场中创造价值，并寻求分配市场占有率、价格、成本和其他确定的好处之后，就会开发彼此竞争（竞合的另一面)。

在双赢与有输有赢的互动上，一切关系都有两方面的性质：大多数企业成功，主要是靠其他企业成功，但它们必须竞争，以掌握在市场中创造的价值，并且保护自身的利益。

在“竞合”模式中，大家彼此合作和竞争，以创造出最大的价值，这是近年来最重要的商业观点之一。对于需要进行合作和竞争的企业，网际网络和行动技术使这种模式更具必要性，它让人能够透过信息共享和整合简化程序来运用各种关系。在现今的网络经济中，竞合是找出新市场商业和开发商业策略的强大利器。

3.2.1 与通用汽车结盟

1986 年 5 月 5 日晨，美国肯塔基举行了丰田独资在美生产基地的破土仪

■ 在“竞合”模式中，大家彼此合作和竞争，以创造出最大的价值，这是近年来最重要的商业观点之一。

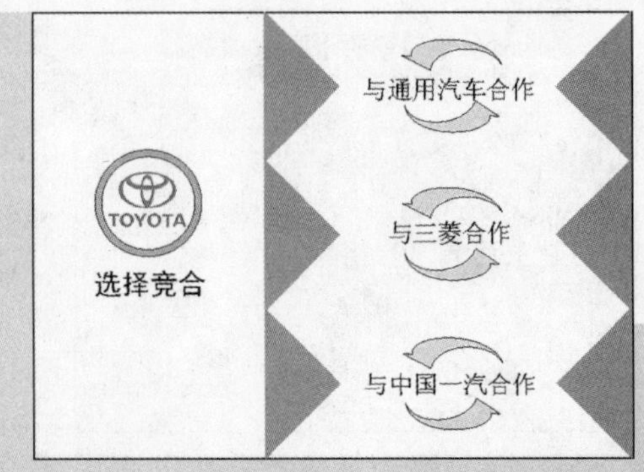

式。这标志着丰田终于开始往“世界的丰田”迈进。

其实早在1960年，丰田汽车公司就曾三次向福特公司提出技术合作的设想，但是，最终还是被福特公司在没提出任何特别理由的情况下否决了。1980年，丰田再度主动提出合作方案，这次是以同上次完全不同的内容及条件提出的，即要采取在美国设立合资工厂的方式进行合作。上次是以“敬请指教”的态度，要求福特指导普及型小汽车的全部生产，这次则是以“让我们来指导你们”的态度提出合作的，宾主地位完全倒了个儿。

在美国公司中，只有通用汽车公司始终坚守自由主义经济与自由贸易。对丰田汽车公司来说，与通用汽车公司建立起良好的关系正是求之不得的。而对遭逢世界车战失败，决算出现赤字的通用汽车公司而言，与丰田结盟也是千载难逢的绝佳机会。丰田汽车公司知道，固执于独立开发，就有可能在国际竞争中败下阵来。于是，丰田汽车公司选择了美国通用汽车公司作为其开发合作伙伴。

在此之前，丰田对于开发需负担风险的新事业，始终采取极审慎的态度，甚至因此被嘲讽为“丰田的狡猾商法”，然而不受舆论左右，本就是丰田的作风。因此，在没有获得肯定结论时，丰田仍采取一贯的观望态度。可以说，巨额的投资阻碍了丰田独立登陆美国的决心，而且从另一方面说，独立登陆美国未必就真的能避免贸易摩擦。

而当时美国市场的汽车销售以1978年的1 094万辆为顶点，其后1980年876万辆，1981年853万辆，都有大幅降低的趋势。在这其中，只有燃料费低、品质优良的日本车始终深受欢迎，全球市场占有率为20%。也正因如此，UAW（全美汽车工会）申斥道“日本车将为失业率负起道义上的责

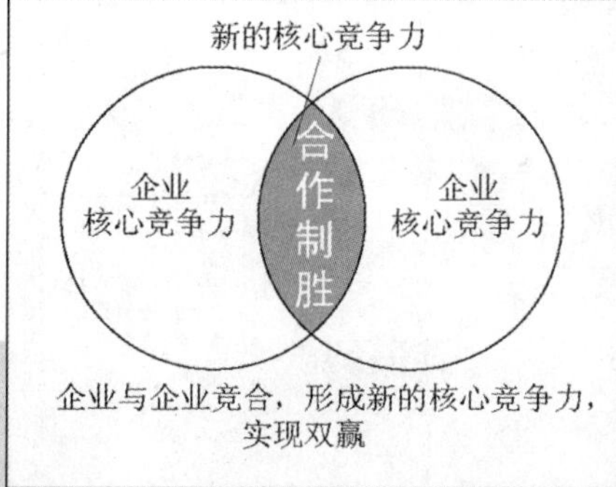

■ 在美国公司中，只有通用汽车公司始终坚守自由主义经济与自由贸易。对丰田汽车公司来说，与通用汽车公司建立起良好的关系正是求之不得的。

任”，布莱泽会长也表示，“既然要在美国销售，日本厂商就应该与美国厂商，在平等的基础上竞争”，并不断要求日本厂商登陆美国。

在这种情况下，如果日本厂商在美国设立工厂，不但可帮助美国的零件制造厂，而且还能降低失业率。然而，在如此受限的市场中，日本厂商除了整车进口外，还要销售当地生产的车，市场未必能够消化。稍一不慎，连整车出口都大幅受限的话，那无异是自绝生路。于是丰田得出独立登陆美国绝不合算的结论。

经过谨慎考虑，丰田决定与通用汽车公司合作，这不但可以减少独立登陆美国的巨额投资，规避风险，也可以缓和反日情绪，最重要的是能掌握在美国生产汽车的各种专门技术。而对通用汽车公司来说，也是如此。与在小型车方面竞争力极强的丰田结合，不但能节省开发的经费，也能学习丰田式生产体系。

丰田汽车公司一方面将加强集团合作的“纯血统主义”作为其基本战略，另一方面又避免和集团外企业建立束缚自己手脚的资本合作关系，通过各个事业领域的合作和相互促进以求席卷整个市场。这也就是和通用汽车公司合作了那么多年，却没有发展到资本合作的理由所在。

1994 年 4 月，两家公司又签署协议，就 FCEV 以及混合动力车等环保相关技术进行共同开发达成一致，并计划在 2004 年之前实现新一代环保车的成品化。这之后的一个月，丰田汽车公司与通用汽车公司达成了合作意向。以此为契机，加快了以“2004 年”为目标的开发竞争步伐。

2002 年 8 月，丰田与通用共同开发的新款车“Voltz”正式上市。Voltz 是使用丰田花冠系列的汽车底盘的派生车型。最初是响应通用的“共同开发

■ 丰田汽车公司一方面将加强集团合作的“纯血统主义”作为其基本战略，另一方面又避免和集团外企业建立束缚自己手脚的资本合作关系，通过各个事业领域的合作和相互促进以求席卷整个市场。

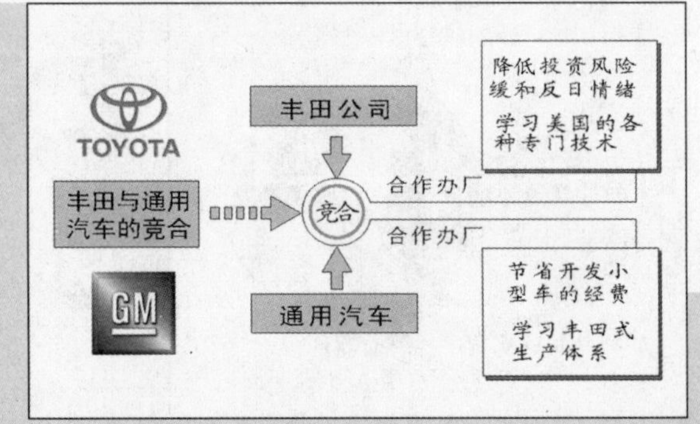

面向年轻人的汽车”的计划而开始开发的。作为面向年轻人的车型，该车最终决定采用独创的车身比例，车长控制在4 365毫米，车宽则增加到1 775毫米，车高也增加到了1 605毫米，在设计方面可谓兼具“微型面包车的舱高、SUV车的动感设计和商务车的功能”。丰田与通用的合作优势开始得到真正的发挥。

3.2.2 与三菱合作

2003年，丰田汽车与三菱汽车在车载终端信息通信服务领域展开合作。三菱将在其生产的车辆上配备丰田规格的专用终端，并采用丰田推出的“G-BOOK”服务。两家公司于9月份正式签约。丰田与三菱两大汽车集团的跨集团合作尚属首次。

G-BOOK为丰田开发的一种可向车辆提供多种信息的“远程信息”服务。丰田已于今年2月决定向富士重工提供该服务，三菱是第二家接受该服务的丰田集团以外的公司。

远程信息服务可实现双向通信，提供交通新闻、公路地图、餐饮信息及卡拉OK等服务，被视为汽车的未来技术之一。本田和日产汽车也已经推出了各自规格的服务，并构筑了各自的基础设施及网络。今年6月日产宣布向铃木提供车载信息服务，此举显然是为了对抗丰田。

不仅汽车厂商，电子和通信等原来那些与汽车产业不相干的行业也开始对远程信息服务这一庞大的市场感兴趣。不同行业企业间的联合开发开始兴起，比如日产和NTT DoCoMo间的合作。

丰田、三菱的合作，其意义已经远远超出了两公司间单纯技术交流的范

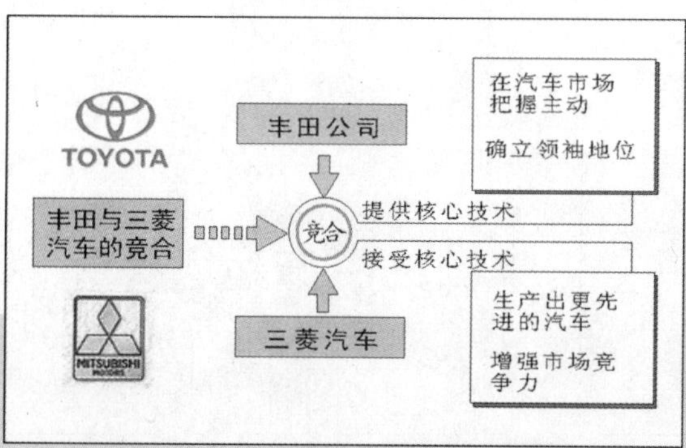

■ 2003年，丰田汽车与三菱汽车在车载终端信息通信服务领域展开合作。三菱将在其生产的车辆上配备丰田规格的专用终端，并采用丰田推出的“G-BOOK”服务。

畴。对于丰田而言，此次合作是向成为远程信息服务这一前途无限的市场的事实标准迈出的重要一步。可以说丰田是打算通过向富士重工以及三菱汽车提供相关技术，来获得市场的主导权。

与此同时，丰田还非常积极地向其他公司推荐该技术。2002 年 9 月，丰田与往日的最大竞争对手——日产达成了提供油电混合系统的意向。2006 年后日产供应美国市场的车辆上将配备丰田的油电混合系统。正如丰田的张富士夫社长所说，“在油电混合技术领域，只要有与其他公司合作开发的空间我们便会考虑”，丰田一直坚持“来者不拒”的方针。

在远程信息服务方面也能看到这一战略的影子。丰田首先在 2002 年 10 月上市的小型车“WILL”上开始提供 G-BOOK 服务，2003 年 7 月又宣布扩大提供该服务的车型，并增加服务内容。至 2003 年底，丰田提供该服务的车型已经增加至 50 种。在增加公司内部采用 G-BOOK 服务的车型的同时，丰田还向富士重工和三菱汽车提供 G-BOOK 服务。着眼于未来的丰田“技术包围”战略开始加快远程信息服务的普及步伐。

G-BOOK 到底能发展到什么程度，对丰田至关重要。丰田早在 1997 年就推出了该公司最早的远程信息服务“MONET”。不过未能如愿普及。尽管丰田的人员一直强调“MONET 并未失败”，但实际上通过反省 MONET，提高使用的便利性之后推出的便是 G-BOOK。

当然，在以普及为目标的尝试中跌倒的并非丰田一家。就在丰田推出 MONET 之后不久，日产、本田的“第一代”远程信息服务也相继亮相，但也在无所作为中收场。此后，各公司又相继推出了全新的服务。

要想提高附加值，汽车 IT 化最为重要——在这一点上各公司的思路是

■ 对于丰田而言，与三菱的合作是向成为远程信息服务这一前途无限的市场的事实标准迈出的重要一步。可以说丰田是打算通过向富士重工以及三菱汽车提供相关技术，来获得市场的主导权。

一致的。但对于丰田而言，G-BOOK 的成功与否还具有更为特别的意义。

之所以说特别，是因为丰田创始人的长子——丰田章男专务董事的存在。丰田专务于2000年进入丰田董事会，2002年就任常务董事，2003年6月升任专务董事，三年内完成了三级跳。在公司的支持下，丰田章男主持的中国业务也业绩不俗，被视为张富士夫社长后任的有力候补。

丰田章男投入精力最大的就是G-BOOK。此前他曾主管过通过互联网提供汽车类综合信息的服务——GAZOO等，一直在负责丰田的信息部门。因此对丰田而言，远程信息服务无论如何都只能成功不许失败！

与丰田相比，三菱汽车的情况却非常严峻。“远程信息服务早晚都得搞”，说这句话的是采用日产方式的铃木汽车公司的一位董事。就连铃木这样的轻型汽车厂商都感觉到了开发这项业务的必要性，可以说“远程信息服务已经是不可或缺的了”，这甚至已经成为当今汽车行业的共识。当然，对于所售汽车价位高于铃木的三菱汽车来说，提供何种服务是其面临的重要课题。

三菱汽车近几年的经营状况不佳，新投资项目大大压缩，因此开发方面相当落后。由于在北美的销售低迷及呆账的出现，2003年7月三菱汽车被迫将本财年的中期结算预测下调为赤字。从各种条件来看，目前三菱汽车都无力单独进行相关技术开发。所以最终决策“与自行开发相比，还是借用丰田技术来得快些”（三菱汽车某管理人员）。

然而，三菱汽车做出采用G-BOOK决定时也并非一蹴而就。虽说三菱汽车的第一股东是戴姆勒-克莱斯勒，但毕竟是三菱集团的一员，跳出“三菱”标志的范围并不容易。实际上，三菱汽车目前还需要通过三菱电机和三

■ 可以说“远程信息服务已经是不可或缺的了”，这甚至已经成为当今汽车行业的共识。

菱商事等集团成员采购零部件。这其中就包括与远程信息服务相关的零部件。

经过慎重考虑，三菱汽车认为：在汽车产量远低于丰田的如今，导入三菱集团企业的电子元器件、自行开发远程信息服务系统绝非上策。与集团企业的意愿相比，显然更应首先考虑如何强化自己的竞争力。

尽管罗尔夫·埃克罗特（Rolf Eckrodt）社长上任后，作为第一位外国人出席三菱集团的周五例会，以强调三菱汽车是三菱集团的成员之一，但在事关三菱汽车前途的时候，只好根据自身利益做出现实的选择。

20 世纪 90 年代，为了追求规模优势，全球汽车产业掀起了重组浪潮。不过，重组浪潮的主角——美国福特汽车如今业绩不佳，戴姆勒-克莱斯勒并购美国克莱斯勒的行动也不能称之为成功之举。随着以油电混合为代表的环保技术及远程信息服务技术的重要性日益提高，汽车厂商已无法仅仅依靠资本合作来谋求生存。此次丰田与三菱汽车的合作就充分说明了这一点。

——摘编自日经 BP 网《丰田跨集团联手三菱 汽车 IT 化霸权之争加剧》

3.2.3 与中国一汽携手

中国是世界上最后也是最大一块汽车市场，它所意味着的巨大的市场发展前景令任何一家海外汽车企业都垂涎三尺。

对于丰田来说，随着全球汽车业竞争日趋激烈，迫于竞争的压力以及秉承丰田汽车公司稳扎稳打的战略，它必然会选择与中国的某一汽车企业进行合作，而一汽集团——中国最大的汽车企业无疑是丰田的最佳选择。

对于一汽集团来说，若要巩固自己在中国汽车企业的霸主地位，丰富自

■ 中国是世界上最后也是最大一块汽车市场，它所意味着的巨大的市场发展前景令任何一家海外汽车企业都垂涎三尺。

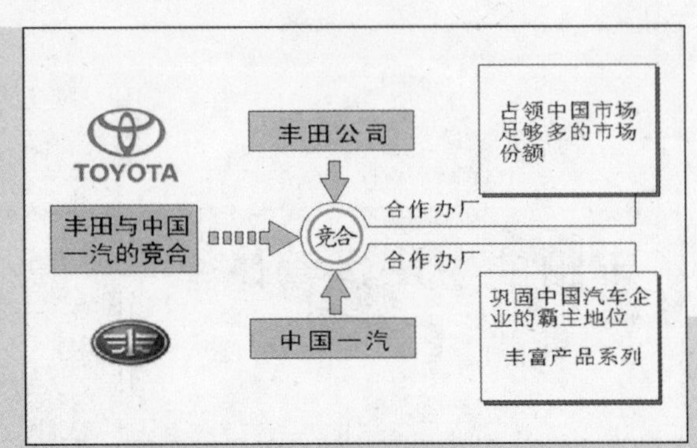

己的产品系列，同世界著名企业、日本最大的汽车公司丰田合作，无疑将获得更广阔的发展空间。

一汽集团与丰田汽车公司的合作是全方位的，绝不拘泥于家庭轿车或简单增加一个车型。在签约仪式的新闻发布会上，两大集团的高层表示，将在中国生产中高档轿车、微型车和中高档SUV越野车三种车系。双方很有可能将四川丰田作为SUV的生产基地，面向西南、西北。对于一汽，从产品布局来看，SUV越野车补充了产品线，丰富了产品；从战略布局来看，一汽已在华北、东北有了牢固的基础，此次又在西南建立一个生产基地，从而将其产品推向西北、西南，同时，又与国家开发西部的战略相吻合。三大产品线都是一汽急待加强的弱项或空白点，而对于丰田来说则是每种产品都有精兵强将。

2003年，丰田汽车公司提出要在中国市场达到10%的份额。这一口号一度令人怀疑丰田不自量力。因为丰田在中国当时只有天津丰田和四川丰田两个不大的项目，哪里谈得上在几年之内要达到10%的份额？然而仅仅过了一年，由于丰田同一汽全方位的合作，10%的占有率成为可行。丰田在中国的战略可谓是该慢则慢，该快则快，稳扎稳打，10%意味着丰田在竞争中后来居上，有望成为中国汽车市场中举足轻重的一极。

3.3 顾客第一

著名零售企业沃尔玛的创始人山姆·沃尔顿曾说过："我们都是为顾客工作，你也许会想你是在为你的上司或经理工作，但事实上他也和你一样。

■ 一汽集团与丰田汽车公司的合作是全方位的，绝不拘泥于家庭轿车或简单增加一个车型。

在我们的组织之外有一个大老板，那就是顾客。是他付给我们每月的薪水，只有他有权解雇上至董事长的每一个人。道理很简单，只要他改变一下购物习惯，换到别家商店买东西就是了。”沃尔玛的营业场所总是醒目地写着其经营信条：“第一条：顾客永远是对的；第二条：如有疑问，请参照第一条。”如此鲜明的“顾客第一”策略正是沃尔玛成功的精髓。而在汽车制造行业中，丰田汽车公司对顾客的重视程度不下于沃尔玛。

丰田喜一郎常说“第一是用户，第二是销售商，第三才是厂家”。而后，神谷倡导的“顾客第一主义，销售第二，生产第三”正是对喜一郎这一理念的实践。其核心思想都是，有消费者才有销售者，有销售者才有生产者，这种理念充分体现了以满足顾客需求为导向的经营思想和对顾客的关注。丰田汽车之所以能成为欧美老牌汽车的强有力挑战者，除了它独特的生产方式之外，很重要的一点是神谷正太郎倡导的“顾客第一”的企业经营哲学。正是这种经营哲学的影响，使丰田品牌赢得了高度的认可，而且将信任、可亲和关怀的企业形象与丰田品牌联系在了一起。

丰田认为，要想实现汽车的大量销售，首先当然要生产能让顾客满意的汽车，与此同时，让处于销售一线的销售店获得信任也是非常重要的事情。

要占领市场，必须先赢得顾客。既然市场是由活生生的用户组成的，围着市场转，那实际上也就是围着顾客转。让顾客放心的质量才是最好的质量，被顾客接受的产品才是好产品。丰田的成功就在于，产品的颜色、质量、成本都以顾客的需要为尺度，就连生产技术的革新也是为了生产出让顾客无可挑剔的产品，而不是为革新而革新。在销售部门，有这么一句话：无视顾客需求的报应，只能是对顾客的背叛。

■ 丰田汽车之所以能成为欧美老牌汽车的强有力挑战者，除了它独特的生产方式之外，很重要的一点是神谷正太郎倡导的“顾客第一”的企业经营哲学。

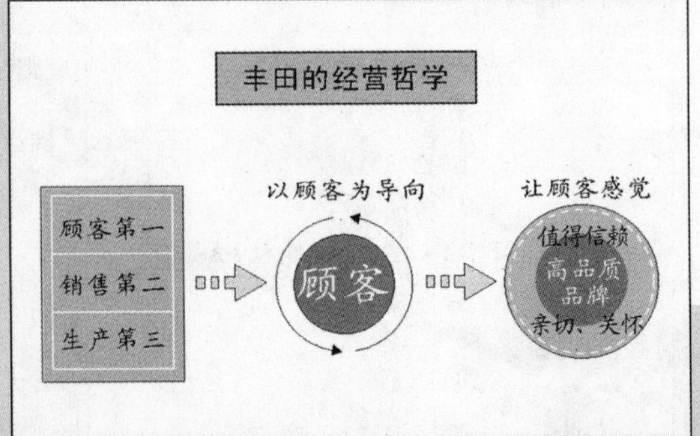

丰田汽车公司的售后服务更是集中体现了其“顾客第一”主义。

在销售汽车时，神谷很重视汽车售出后的服务工作。他常说，经销店即使已经把车售出，如果不努力做好售后的服务工作，也常会有使一部分顾客改换到其他公司去的危险。

为了搞好售后服务，神谷认为应当自己培养汽车修配人员，然后把这些人员配备给经销店，使销售网更加巩固。名古屋中部日本汽车修配学校正是基于这一思想建成的。

从 1976 年 5 月起，中部日本汽车修配学校还开设了关于汽车修配的函授教育，全国任何一个跟汽车有关的人都可以报名学习。这种函授教育的目的，在于向全国汽车修配厂、经销店的工作人员普及有关丰田车的知识。丰田汽车公司认为“售后服务”十分重要，通过推销人员个人的诚意和售出后对买主的服务工作树立信誉，这才是关键所在。

在初期，卖出的新车发生任何故障都是免费修理的，必要的时候，还对需要检修的车提供代用车，以尽量避免客户的损失。这种修理的费用，有的要全部由制造部门负担。丰田汽车销售公司早在 1967 年 4 月，就延长了保修期限，规定新车售出后的保修期为“2 年或 5 万公里”。

在保修期内，一辆汽车一般要消耗两辆汽车所需要的零部件，而汽车销售公司负责筹备、管理、供应这些零部件。也就是说，丰田销售某种新型汽车就会为它们储备可供 10 年需用的零部件。设在春日市的零部件中心就是一个大的零部件集散工厂，那里有可以同时发出和开进 35 辆卡车的大月台，占地面积为 11 万平方米，各种传送机总长度达 1 公里。进货、出库、发运、捆包等全部实现了自动化，采用了大量节省人力的装置系统。汽车销售公司

■ 在初期，卖出的新车发生任何故障都是免费修理的，必要的时候，还对需要检修的车提供代用车，以尽量避免客户的损失。

及各销售店经常在库的零部件一年达400亿日元。

因而，就连三菱系统的一位销售人员也曾发出这样的感叹："丰田的销售人员不但人数多，而且他们都坚信丰田汽车的公司是最好的。他们卖出汽车后对买主的服务工作做得很好，固定购买户又多，这些因素对于我们这些公司的销售人员来说，都是需要努力赶上的。"

3.4 业务拓展

面对全球汽车市场日趋饱和的局面，丰田汽车公司决定开展多种经营，即仍然以汽车生产为主，但业务拓展至机械、电子、金融等行业。1999年，多元经营业务为丰田汽车公司创利15亿日元，约占公司营业总收入12%。

3.4.1 金融业务

丰田汽车公司最大的外围经营业务是丰田金融公司，该公司为用户提供汽车销售金融业务。仅1999年一年，丰田金融公司就创造了573亿日元营业收入，业务遍及丰田汽车公司各大汽车市场。

这些年来，丰田以公司的高额盈余所带来的信任为基础，不断加快了强化金融事业的步伐。

2000年7月，丰田汽车公司成立了丰田金融服务公司。这是一家丰田的金融统括公司，它以日本国内汽车销售金融公司的丰田金融公司为首，将欧美、亚洲等全球性汽车销售金融公司以及在2001年4月开始营业的丰田金融服务证券公司（丰田FS证券）等纳入旗下，用全球化规模推进金融

■ 面对全球汽车市场日趋饱和的局面，丰田汽车公司决定开展多种经营，即仍然以汽车生产为主，但业务拓展至机械、电子、金融等行业。

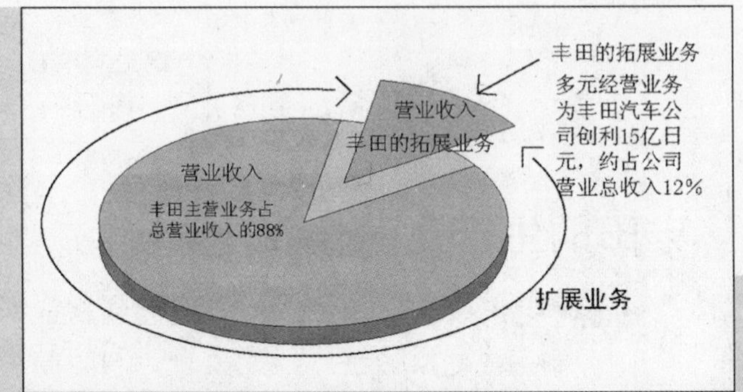

事业。

在此之前，各国的销售金融公司都是独自筹集资金，全世界每月进出的资金都在1兆日元左右。在设计和零部件采购现场，都是以1日元甚至以钱（比日元更小的货币单位）为单位降低成本。

在汽车销售中，美国大约有70%是通过分期付款方式进行销售的。厂家自身如果不亲自参与分期付款，销售就不可能实现。在日本使用现金购买的稍微多一点，但在全世界，采用分期付款进行销售的比率约占2/3左右。而参与分期付款销售，直接关系到厂家及其旗下金融业者的收益。为此，美国通用汽车公司以及福特汽车公司等世界上的竞争对手在短短的几年中，建立了完善的金融公司。丰田自然也不能落后。并且，丰田金融服务公司通过最恰当的方式进行资金筹集以及风险管理，不仅解决了金融方面的浪费、参差不齐等问题，而且为各销售公司改善其财务状况做出了一定的贡献。

另外，作为招揽顾客的手段，加强金融服务也是非常有效的。由营业负责人来负责管理顾客是有限的，丰田汽车公司计划通过以个人作为销售对象的顾客资产管理方式，加强与顾客的联系，从而增加新车的销售。

2001年4月开始营业的丰田金融服务证券公司（丰田FS证券）利用其证券综合账户，提供能够将信用卡消费金额的下账以及利用银行自动取款机（ATM）进行取款等与生活密切相关的服务。并且，所谓丰田汽车公司提供的商品信用度即只要是丰田提供的产品，就可以放心消费。其中，发行丰田汽车公司在美国的金融子公司——丰田汽车信用有限公司的公司债券就是一例。丰田汽车信用有限公司和丰田汽车公司同样是3A级公司，这也从另外一个侧面证明了丰田汽车公司的信用度。通过加强金融事业，丰田金融服务

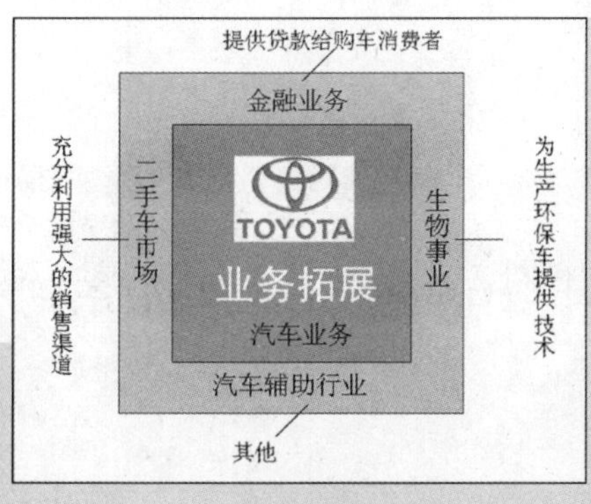

■ 丰田金融服务公司通过最恰当的方式进行资金筹集以及风险管理，不仅解决了金融方面的浪费、参差不齐等问题，而且为各销售公司改善其财务状况做出了一定的贡献。

公司计划到 2005 年 3 月达到1 000亿日元的营业利润。

由丰田汽车公司出资的国内上市企业中，丰田自动织机公司、爱信精机公司、大发工业公司以及日野汽车公司等组成丰田集团核心的 34 家公司已发行股票的时价总金额约为 4 兆日元。加上丰田汽车公司 12 兆日元的时价总金额，整个集团的时价总金额超过 16 兆日元。这些企业的联合，增加了合并后的金融收入。

现在，丰田汽车公司的金融事业已经大大超出了汽车销售的范围。2001 年 4 月，丰田汽车公司成为千代田火灾海上保险株式会社和东京火灾海上保险株式会社合并成立的保险株式会社的大股东。今后，也会与强化金融事业的保险公司之间加强合作。金融事业的飞跃将使 21 世纪的丰田汽车公司如虎添翼。

3.4.2　生物事业

作为新兴事业，丰田汽车公司对生物事业产生兴趣是在日本产业界兴起第一次生物热潮的 1990 年前后。其起步阶段，是对适合利用生物净化废气以及再利用的材料进行开发。

其中的一环，就是参加激活“丰田的森林”（位于爱知县丰田市）山岭的社会贡献活动。这个项目是为吸收大气中的二氧化碳，防止地球温室效应而做出贡献的植树造林等绿化活动。

1999 年，丰田在澳大利亚西南部旱燥的5 000公顷土地上，栽种了生长较快的桉树产业林。这是应三井物产公司和日本制纸公司的呼吁，将 10 年生长高达 20 米的成材桉树销售给造纸公司的一项生意。

但是，丰田汽车公司等企业通过该项目成功地确立植物克隆技术。由于

■ 丰田集团核心的 34 家公司已发行股票的时价总金额约为 4 兆日元。加上丰田汽车公司 12 兆日元的时价总金额，整个集团的时价总金额超过 16 兆日元。

土地干燥，在寻找有效利用水分生长的桉树的过程中，独立开发出了利用克隆技术将“桉树中的优良个体”进行繁殖的技术。其结果使得大量生产优质种苗成为可能，作为公司历史使命的造林事业也由此找到了赢利的途径。

同时，在中国北京的郊外，丰田也开始了这种造林事业。它将防治沙漠化作为一种社会贡献，与中国科学院在生物和绿化技术方面进行了合作。该事业也是丰田汽车公司与日本的环境 NGO（非赢利组织）的合作项目，经过 3 年，造林面积合计有望达到1 500公顷。

不断增加的汽车产生的大量二氧化碳成为造成地球温室效应的罪魁祸首。而在全世界生产和销售汽车的丰田汽车公司，种植吸收二氧化碳的树木以及其他植物，也为保护地球环境做出了自己的贡献。

在印度尼西亚，人们利用以甘薯为原料的家畜饲料，喂养出来的黑毛猪，其猪肉被人评价说，肉质柔嫩，味道鲜美。但让人没想到的是，栽种这些甘薯的是丰田汽车公司。汽车与生物这种组合，很难从中发现有什么结合点。原来，丰田汽车公司计划利用这些甘薯的淀粉，制成一种降解性塑料，这种塑料埋在土壤中就能被水和二氧化碳分解，对地球环境污染较轻，不仅环保而且经济。如果将这种塑料用于汽车的内部装饰材料，那么将使汽车重量减轻，以及突破性地降低燃料消耗率。

为此，丰田自动织机公司、丰田合成公司以及 Araco 公司等丰田集团的 8 家公司共同成立了面向实用化的项目研究小组“生物塑料协会”。项目研究小组将这种塑料作为“摆脱石油”的基准商品，寻找出适用于车窗、车门装饰件等内装饰部件的途径，并逐渐装载在车辆上。

事实上，2001 年 1 月 1 日，丰田汽车公司就成立了总人数达 46 人的

■ 不断增加的汽车产生的大量二氧化碳成为造成地球温室效应的罪魁祸首。而在全世界生产和销售汽车的丰田汽车公司，种植吸收二氧化碳的树木以及植物，也为保护地球环境做出了自己的贡献。

“生物与绿化部”。这个部门在丰田汽车公司内部备受重视，而且部门所做的努力不单是为了做出社会贡献或者提高知名度而做的表演。丰田高层对这个部门寄予厚望，希望其能够不断发展壮大。

3.4.3 汽车辅助行业

除了金融事业及生物事业，作为汽车产业的辅助行业，丰田其他业务也开展得有声有色。

预制房屋经营是丰田汽车公司在日本开展的另一项多元业务。1999 年，丰田汽车公司共生产了2 941套预制房屋。另外，丰田汽车公司还创办了一家娱乐游艇公司。该公司除了为日本市场制造带卧舱的航海游艇（cabin-cruiser）之外，最近又打开了美国锦标赛及滑水摩托快艇市场大门。为了宣传自己是优秀企业市民，1999 年 9 月，丰田汽车公司在全世界目光聚集的纽约和伦敦的股票交易所实现了股票上市。

通过日本生产厂与美国、法国的合资，丰田自动纺织机工业有限公司生产了各种工业机械设备，其中有叉车（该公司经营主项）、装载机、拽引车和自动导向车辆。1999 年，丰田汽车公司销售的上述设备共计67 348台。

丰田汽车公司还合资组建了几家与汽车生产关联的电信企业。丰田汽车公司与 Aishin AW 有限公司、Matsushita 通信工业公司等，合作组建的丰田 Mapmaster 有限公司，主要研制汽车导航系统；丰田汽车公司参与合资的其他几家企业主要生产 FM 调频多路复用广播和信标交通管理产品、电子工具收集产品，或提供移动信息服务。

此外，丰田汽车公司还在日本三大蜂窝电话、国内长话和国际电信服务

■ 除了金融事业及生物事业，作为汽车产业的辅助行业，丰田其他业务也开展得有声有色。

运营公司中拥有控股股份。

3.4.4 二手车市场

丰田汽车公司正式打入二手车市场的理由有两个：一是依据二手车市场的大动向，占据二手车市场主流的专业公司这几年开始在交易、拍卖和大规模零售店等方面展开了全国性的特约经营。如果能够采取新的方法，有效利用丰田汽车公司全国销售店的销售力量，这就会成为大买卖。二是这几年，丰田汽车公司内部欢迎冒险的新型事业的氛围已经形成。也就是说，对于丰田汽车公司而言，不仅创造出了商业机会，而且也使公司内部被挑战型新事业的氛围所包围。

在 1997 年，丰田汽车公司在日本国内的市场占有率虽然超过了 40%，但在二手车市场上，丰田汽车公司系统经销商的交易，还停留在 8%多一点的水平上。

时隔 3 年，日本二手车市场除去轻型汽车达到 557 万辆，同比上一年度增长 102%，其中，丰田汽车公司的销售量为 45.6 万辆，同比上一年度增长 104%。和新车市场相比，连续 8 年超过新车的销售量，轿车销量更是连续 10 年超出。

丰田汽车公司每隔 3 年和系统经销商修改一次合同，之前都不修改触及销售店销售区域的条款。这是遵循了神谷正太郎所制定的路线。但是，从 1998 年 1 月的修改开始，加上了对于业绩差的经销商就缩小其销售区域，让新的经销商加入进来等，这些对于经销商来说是非常苛刻的条款。其背景，可以说还是在于丰田汽车公司领导层抱有强烈的危机感。

■ 日本二手车市场除去轻型汽车达到 557 万辆，同比上一年度增长 102%，其中，丰田汽车公司的销售量为 45.6 万辆，同比上一年度增长 104%。

这是因为 1997 年丰田汽车公司日本国内销售量（轻型车除外）为 201 万辆，勉强保住了 200 万辆大关，但比上一年度的 214 万辆相比减少了 13 万辆。1998 年的需求也因为日本经济恶化而减少。

事实上，1998 年，尽管丰田在日本国内投入了大约1 000亿日元的销售对策费用，但销售量还是跌到 171 万辆，大大低于丰田汽车公司领导层想死守的 200 万辆的底线。销售量的下跌直接冲击了厂家以及销售店的经营。因此，丰田汽车公司被迫研究并做出必须要从原来以新车为主的营业中，拿出包括二手车销售等与销售店的利润相连接的对策。

2000 年 1 月，丰田汽车公司为正式打入二手车市场，新设立了"U-Car（二手车）事业部"。将二手车从以前的"以旧换新处理业务"这样一种支持新车销售的位置提升到作为一种追求利润的事业，并成立了战略总部。

同时，丰田汽车公司采取了能够同时展示 300 辆车的大规模二手车交易中心"Carlots"和二手车收购网络"T-UP"以及从事二手车流通的拍卖系统"丰田汽车拍卖（TAA）"等各种各样的二手车销售对策。

1999 年 7 月，在正式打入二手车市场之前，丰田汽车公司和名古屋丰田宝贝联合在爱知县三好町开设了能够同时展示 300 辆车的大规模二手车交易中心"Carlots"。其后，又在歧阜县、静冈县和东海县三县开设了以销售店为经营主体的大规模二手车交易中心。"Carlots"的经营理念就是不光经营丰田车，而是销售所有厂家的车辆，同时设立修理服务工厂和开展网络服务等，以此来追求规模效应。

截至 2002 年 4 月末，"T-UP"收购店已经在日本全国开设了 600 家连锁店，已经达到了日本全国大约 80%的销售店加盟的程度，将来，"T-UP"

■ 2000 年 1 月，丰田汽车公司为正式打入二手车市场，新设立了"U-Car（二手车）事业部"。将二手车从以前的"以旧换新处理业务"这样一种支持新车销售的位置提升到作为一种追求利润的事业，并成立了战略总部。

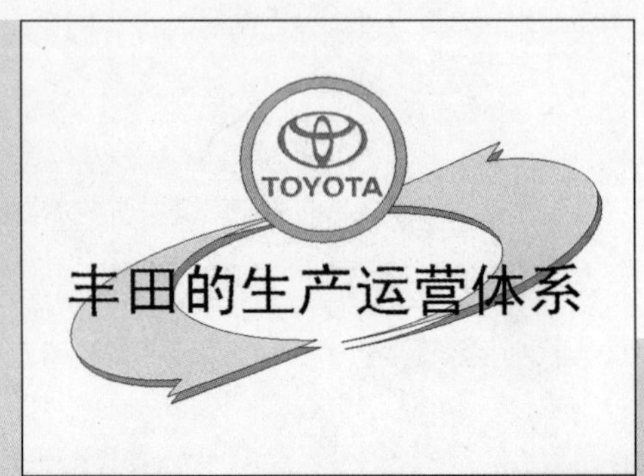

要在日本全国实现连锁化。“U-Car”事业部的舟桥竹彦说：“2002年的零售目标是所收丰田车要达到55万辆，其中，要用T-UP收购的车来支撑10%以上的销售。”

另一方面，TAA拍卖系统在日本关东、中部、近畿，东北及儿州开设了五大会场，使用家用电脑可以和这五个全国性会场连接，能够参加投标年交易车辆达到40万辆以上。

案例：福特公司的一体化战略

作为世界上最大的汽车制造商之一，福特公司在全球拥有众多的知名品牌，例如福特（Ford）、林肯（Lincooln）、马自达（Mazda）等。其业务范围遍布世界上200多个国家和地区，至今已经有近100年的历史。

在福特汽车公司发展的100年历史中，纵向一体化在其发展过程中既发挥了重要的作用，同时也给福特带来了巨大的灾难。在福特发展的初期，纵向一体化曾经给福特公司带来长足的发展，然而，随着市场环境的悄然变化，对纵向一体化的无止境的追求却给公司背上了巨大的包袱，以至于福特公司最后不得不宣布放弃。

在福特公司发展的初期，为了确保汽车零件之间的兼容性，缩短交货周期，福特公司试图在生产上实现自给自足，通过严格管理，实现大批量生产，从而降低生产成本。为此，他们不断沿着价值链的方向，向前、向后不断地摧城拔寨，将原材料生产、物流配送、分销渠道统统掌握在自己手中。

福特公司在匹兹堡买下了矿山，自己开采铁矿石；在五大湖地区建立了

福特公司Logo

■ 在福特发展的初期，纵向一体化曾经给福特公司带来长足的发展，然而，随着市场环境的悄然变化，对纵向一体化的无止境的追求却给公司背上了巨大的包袱，以至于福特公司最后不得不宣布放弃。

自己的冶炼厂，在这里将铁矿冶炼成钢铁，然后运往自己的汽车生产线。如果说这些都还可以理解的话，那么，购买牧羊场，生产羊毛，用以生产汽车座垫以及投资建立植物橡胶园，生产汽车轮胎则显得太过离奇。福特公司的意愿是要打造自己的汽车王国，通过一体化来生产制造所有需要的零件，福特公司甚至还构想过要建立自己的内陆港口，以及错综复杂的铁路和公路网络。然而，福特公司并不满足于在汽车生产上的优势。在1918年，福特公司看中了美国国际收割机公司的诱人前景，试图将自己在生产T型车上的经验复制到拖拉机上。事实上，福特公司也的确实现了大规模的生产，可是，市场并没有给福特公司面子，大量生产出来的拖拉机卖不掉。福特公司当初的想法是通过自己现有的汽车销售网络来卖拖拉机，可是，由于缺乏专业的知识和技能，经销商不能为用户提供高质量的售后服务和修理，最后，福特公司只能接受失败的现实。

福特公司的一体化战略在早期产生了很好的效果，由于将以前需要从外面购买的原材料转为自己生产，大大降低了生产成本。与此同时，由于福特公司很好地将销售渠道整合进来，使得市场信息能够更加迅速和便捷地在各环节上流动。以订单为驱动的生产方式，大大增强了生产线上各工序之间的步调一致性，提高了生产效率。

然而，随着市场环境开始趋向紧缩，以及顾客需求的不断个性化，福特公司原有的众多业务逐渐变成了公司的巨大包袱，等级森严的官僚体系越来越跟这个市场的需求所不匹配。到了20世纪90年代，不堪重负的福特公司不得不宣布将原来归属自己的零部件供应商全部分离出去，今天的福特公司正在尝试着向一个敏捷、灵活而有弹性的大公司转型。

■ 随着市场环境开始趋向紧缩，以及顾客需求的不断个性化，福特公司原有的众多业务逐渐变成了公司的巨大包袱，等级森严的官僚体系越来越跟这个市场的需求所不匹配。

福特公司Logo

第四章
丰田的产品开发策略

在开放的国际环境下，一家没有汽车开发核心技术、不能自主开发自己品牌的汽车企业将不复存在。高品质的汽车不仅需要创造力和想象力来革新设计，而且需要纪律和控制来保证计划落实、资源使用和产品质量。

丰田具有很强的汽车研发能力，人们都称丰田的力量是令人敬畏的，因为他们能在18个月或更少的时间中研制出一种新车。他们从不犯同样的错误。丰田生产系统之所以能让人赏心悦目，在于它的原则可以运用到汽车行业的其他领域中去，而不限于制造业。

4.1 注重调查

在产品进入市场，开拓市场前，必须先熟悉市场。所以在开发新产品或是把产品投入新的市场前，必须先对市场进行缜密的调查，进而再用科学的方法细分市场，解决好“生产什么和为谁生产”的问题。丰田在进军美国市场之初，就根据市场调查基础，把自己的产品定位在“小型车”上，而没有把精力白白花在大型车上。试想，如果当初非要在大型车市场与对手比高低，必定会落个头破血流的下场。

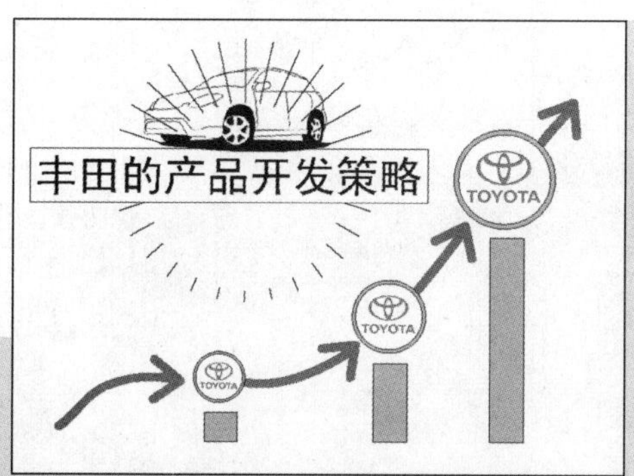

■ 丰田具有很强的汽车研发能力，人们都称丰田的力量是令人敬畏的，因为他们能在18个月或更少的时间中研制出一种新车。

丰田汽车公司自创立以来，就很注重市场调查。丰田汽车销售公司专门设有计划调查部。计划调查部开始约有成员 60 人，机械工程学、数学、统计分析等专家济济一堂。而调查部的活动费用，正如神谷所承诺的那样，是格外充足的。这个部门以调查为主，但它的活动范围和重要性与其他企业的调查部相比，有很大差别。计划调查部的主要任务是从事市场调查，预测长期需求，借以促进销售工作。这种调查，对整个丰田集团在决定汽车工业公司的产品计划和销售战略等方面起着重要作用。

调查部除每年进行两次市场需求动向调查之外，还进行各种抽样调查。例如，需求调查，是以大约 6 万人为对象进行的调查，每调查一次大约需花费6 000万日元，仅这项需求调查就要开支 1.2 亿日元；抽样调查，按不同的项目，一年要进行 6 次左右，花在这方面的费用每年达 7 亿日元之多。在市场调查方面，投入这么多费用的企业，在日本并不多见。

虽然调查的开销相当大，但带来了颇大的利润。还是在 1958 年时，丰田汽车公司面临着如何更新皇冠牌轿车的问题。那是皇冠生产的初期，皇冠车的后挡泥板是下垂式的，是否需要改变，公司内部意见难以统一。把皇冠车的后挡泥板设计成下垂式的，是模仿欧洲的样式；然而，美国车的挡泥板是向后翘起的；当时日本也出现了这种样式的苗头。针对这个问题，调查部以用户和出租汽车行业为中心进行了抽样调查，所得到的数据表明，出租车行业欢迎美国式，一般用户欢迎欧洲式。所以，皇冠牌车型在更新时，便采用了折中方案，把后挡泥板设计成水平式。

另外，调查部还制作了一份丰田市场指数表，具有非常细致的调查项目，在表中所涉及的内容多达 60 项以上，其中包括其他公司车子在内的车

■ 丰田汽车公司自创立以来，就很注重市场调查。丰田汽车销售公司专门设有计划调查部。计划调查部的主要任务是从事市场调查，预测长期需求，借以促进销售工作。这种调查，对整个丰田集团在决定汽车工业公司的产品计划和销售战略等方面起着重要作用。

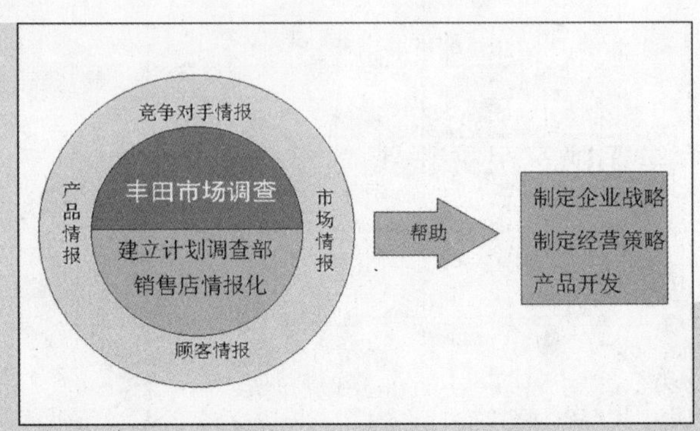

辆类别、颜色、车型、购买期、车辆检查日期、人口、户数、收入、工厂数、学校数、企业事业数、电影院数、道路状况、研制计划等。调查部以这个表中的数据为基础，计算出各地区的需求动向，制定经销店的销售目标以及丰田汽车工业公司的生产计划和丰田汽车销售公司的推销策略。此外，在丰田汽车工业公司建设元町工厂时，在制定基本数据和确定大众牌车价等方面，调查部都做出过巨大的贡献。

除设调查部收集情报外，丰田汽车销售公司的销售店也情报化了。从设立销售店以来，就实行了由销售店收集各种报告的制度。丰田汽车公司后来又在全国的销售店之间建立了完备的电传网，销售店可以随时将各种情报、资料报知汽车销售公司，销售公司则根据需要在进行分析、综合、整理之后回送给各销售店，情报分为每天、每 5 天、每 10 天、每月等几种形式，按月上报。内容包括车辆销售、注册、技术、部件、矿物油脂的需要等动态。销售店还收集有关汽车故障的各种资料，销售店为卖出去的汽车建立“车历卡片”，使故障登记管理系统化，并把这种资料转给制造厂的监查改进室，以促进产品的改善。

4.2 挖掘需求

被誉为“销售之神”的神谷有一种坚定的销售理念，后来即发展成为丰田汽车公司的销售理念。即“需求是创造出来的，是可以不断加以开辟的”。神谷带领着丰田销售公司，在执行“顾客第一”的销售理念的过程中，他也是这样做的。并且，这些做法被一直继承、延续到今天。

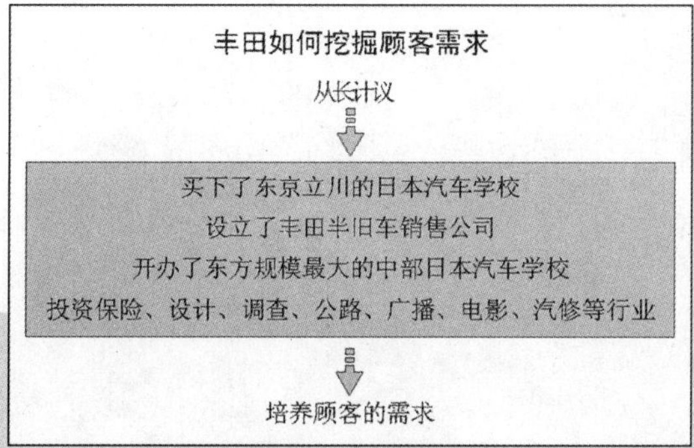

■ 被誉为“销售之神”的神谷有一种坚定的销售理念，后来即发展成为丰田汽车公司的销售理念。即“需求是创造出来的，是可以不断加以开辟的”。

自设立丰田汽车销售公司以后，神谷的工作重心放在如何挖掘社会上对汽车的潜在需求上面。他曾说过：“汽车的潜在需求是无限大的，只是因为国民收入低，所以一般群众买不起。”凡是了解神谷正太郎的汽车销售公司的领导人都异口同声地说：“神谷先生经常考虑日本国民的生活，即考虑用户的处境。遇事总是从长计议，然后才付诸行动。他从不过问今天卖出多少辆汽车。”

为挖掘社会上对汽车的潜在需求，丰田做出了很多努力：

1954 年 6 月，建立小丰田修配公司，同年 12 月买下了东京立川的日本汽车学校。

1955 年，与丰田汽车工业公司各出资一半，设立了丰田半旧车销售公司。

1957 年，开办了东方规模最大的中部日本汽车学校。为了女性在练习开车之后，能够淋浴和化妆，设立了淋浴整容室；为了让学习的人坐在沙发上喝咖啡休息一下，或者临时托儿，还设立了休息室和托儿室。另外，为孩子们修建了汽车游戏场。为此，丰田投下了 4 亿日元；而当时丰田销售公司的资本只 10 亿日元。

1959 年至 1961 年间，对千代田水火保险公司、日本设计中心、日本调查研究中心、国际公路、名古屋广播、日本产业电影中心、中部日本汽车修配学校等事业单位相继进行了投资。

公司内有人对丰田的这些做法非常不理解：“不要说电影和广播事业，即便是汽车学校和汽车修配公司，也都与汽车的销售不属于同一种类的行业。作为销售总公司的汽车销售公司来说，没有理由什么都要插手。何况，

■ 凡是了解神谷正太郎的汽车销售公司的领导人都异口同声地说：“神谷先生经常考虑日本国民的生活，即考虑用户的处境。遇事总是从长计议，然后才付诸行动。他从不过问今天卖出多少辆汽车。”

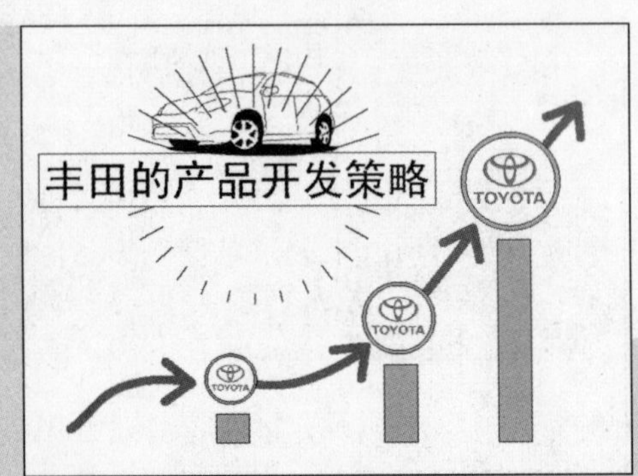

这时即便不是以按月付款形式推销，也会感到资金不足，为什么要对不急于兴办的事业进行投资呢?”

尤其是，公司内外还纷纷指责1957年5月创办的中部日本汽车学校。这所学校是在名古屋市八事富士见台的丘陵上，买了一块55 000平方米的地皮，建造了2.9万平方米的跑道、教室、宿舍，总投资为4.2亿日元，而当时汽车销售公司的资金是10亿日元。而且，1957年时社会上拥有的小轿车数量仅仅是21.8万辆，其中私人汽车是14.5万辆。即使说社会汽车化的序幕正在揭开，但对汽车学校的投资并不能直接产生利润。正是鉴于此种考虑，有人斥之为“乱投资”，认为这是一种有悖于人情事理的行径。

面对周围的批评，作为主要负责人的神谷依然坚持己见：“这和生产必须先投资一样，销售也要先投资。如果只是全力挖掘当前社会上的需求，企业就会很快走上绝路。如果考虑到5年、10年以后的长远情况，就应该从现在起努力扩大社会上的潜在需求。因此，即使牺牲眼前利益，也应该在所不辞。”于是，他果断地执行了这一计划。

神谷如此的固持己见，是因为他有一个自己独创的销售理论。他认为顾客为了买车，为了使用，就应该有个资格，这就是司机的驾驶证。这个学校就是教授驾驶技术，发给驾驶证的学校。神谷曾这样说过：“向没有电的地方推销电气产品，这是完全没有道理的事情。同样的，让没有驾驶证的人买车，也是没道理的。”因此，神谷就考虑要建立一个学校，让男人、女人都来轻松愉快地学会驾驶技术，使有驾驶证的人多起来。这些人就是车的潜在需求者，掌握驾驶技术的人越多，潜在的需求者就会越多。事实证明，神谷的决定是明智的，他的努力为丰田开辟了一个不可估量的汽车市场。

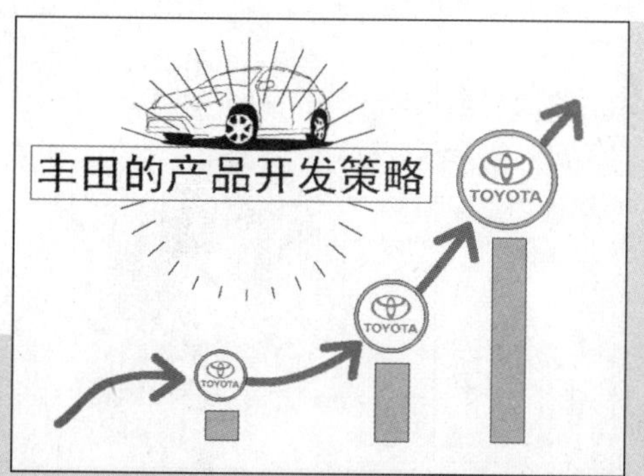

■ 面对周围的批评，作为主要负责人的神谷依然坚持己见：“这和生产必须先投资一样，销售也要先投资。如果只是全力挖掘当前社会上的需求，企业就会很快走上绝路。”

4.3 适应变化

哈佛商学院的毕业生 Takahiro Fujimoto 研究过丰田后说："丰田的真正力量来自其学习能力。它的员工重视顾客，对问题很敏感。这正是公司力量的源泉。公司的行为不断变化，但其基本原则一直没有变。"

丰田汽车公司的产品开发策略是：适应时代要求，即时开发生产更适合消费者需求的新车型。不论是在创建初期仿制国外汽车，还是在 20 世纪 50～60 年代完全自主开发新产品或改进、延伸原有产品，这种策略始终得到了贯彻执行。

如今，丰田汽车公司早已被公认为是世界上最好的汽车制造公司之一，然而，公司仍致力于不断谋求改进。它几乎每隔两年就做一次小规模的产品改进，每四年进行一次全新的产品换代更新。这样高频率的产品开发与调整，使丰田拥有完整的产品组合。无论轿车、客车、卡车、货车，丰田汽车公司品种齐全，而且每个种类中都有若干系列，像轿车有皇冠牌、大众牌等，每个系列的产品又分不同的型号。丰田汽车产品组合在广度、长度、深度上都有扩张和延伸，使顾客能够根据需要选择合适的种类、系列和型号。

细分的汽车产品源于丰田汽车公司对不同目标市场的消费者品位的真切把握，也因此得到了各种消费者的真情回报。

丰田汽车公司一贯重视产品质量，视质量为"适合顾客需要"，故产品质量的改进都从消费者角度考虑，而非从产品本身出发。例如，在美国市场获得成功的新式丰田皇冠牌轿车内部配置了美国人渴望的装饰，如柔软舒适

■ 丰田汽车公司的产品开发策略是：适应时代要求，即时开发生产更适合消费者需求的新车型。

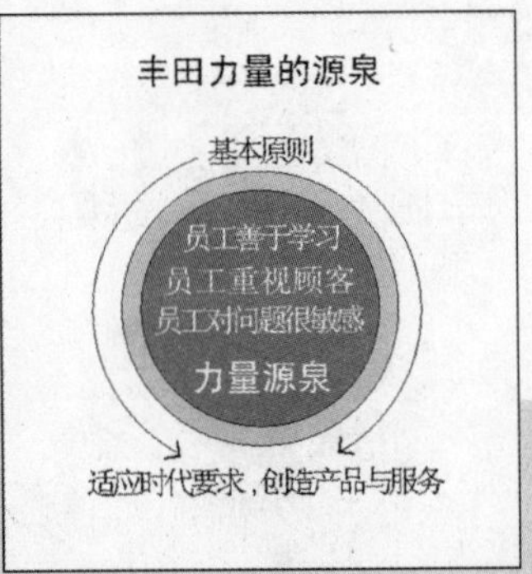

的座椅、柔色玻璃、白色的轮座等，就连扶手的长度和腿部活动的空间都是按美国人的身材设计的。无论是皇冠打入美国市场之前还是进入之后，丰田汽车公司始终坚持从消费者需求出发，不断地改进产品，提高产品质量与服务，力图做到无缺陷。因此，丰田汽车很快在美国市场建立起良好的信誉，顾客不满意的比率从 1969 年的 4.5%降到了 1973 年的 1.3%，使“皇冠车”在美国风靡一时。

丰田汽车公司追求质量的意识来源于丰田人孜孜以求的学习和进取精神，他们乐于向别人的长处学习，也不断地从自己的错误中吸取教训。例如，日产公司曾有位设计过零式战斗机的工程师，将多年设计飞机的经验用于提高日产汽车的质量上，制造出可靠的保险门锁，并对汽车噪音进行了有效控制。这使丰田产生了危机感，为此他们也改进了设计并采取了各种质量控制法，加强对生产过程的质量控制，努力提高产品的质量，如生产过程中不断扩大自动化技术和机器人的应用，以获得在众多竞争者中的质量优势等。丰田汽车公司在追求核心产品与有形产品质量的同时，丝毫没有减少其对附加产品质量的重视，始终如一地向所有顾客提供完善周到的售前、售后服务。例如，早在 1967 年，丰田就已经向用户承诺了“2 年或 5 万公里”的质量保证；销售某种型号车就要为其准备 10 年需用的零备件；设立丰田汽车技术学校培养专业的汽车维护、维修人员，并将合格者派往自己的各销售服务网点。

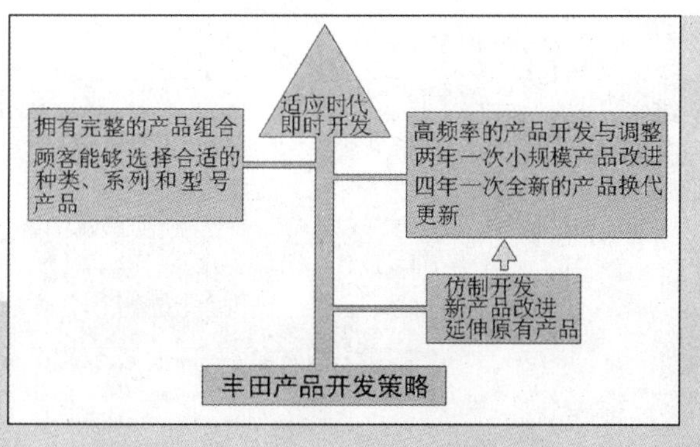

■ 丰田汽车公司追求质量的意识来源于丰田人孜孜以求的学习和进取精神，他们乐于向别人的长处学习，也不断地从自己的错误中吸取教训。

4.4 丰田旗帜

19世纪后期汽车的诞生满足了人们移动的愿望。但是过了不久，人们对汽车的行驶性能、舒适性、耐用性、安全性和流行性都提出了更高的要求与期望。每经过一段时期，人们都会期望汽车能够吸收各个领域的先进技术，获得进一步的改进与发展。这种期待时而表现在速度上，时而表现在对舒适性的追求上。无论如何，人们的期待与要求促进了新技术的开发，成为汽车更新发展的原动力。汽车的发展历史就是一部肩负人类的期待、反映时代要求而创造出新文明的历史。

丰田，作为一个著名的汽车制造厂家，又是一个如此不可思议的公司，它所开发的几款划时代的车型同时也是其发展史的一面面旗帜。

4.4.1 皇冠：车系历史最长的丰田车

在丰田车系中，历史最长的高档轿车要数Crown——皇冠了。1955年，丰田推出了第一代皇冠，并开始向美国出口。因为一些原因，当时皇冠在美国销量并不好，这以后皇冠就成为丰田汽车公司专门针对日本国内及其他亚洲国家生产的一款高档轿车。直到1995年，丰田汽车公司推出了第十代皇冠车型。这以后，由于丰田其他高级车型在亚洲市场畅销，导致皇冠销量锐减，丰田汽车公司便在2001年7月之后逐渐结束了向中国等海外地区出口皇冠的业务，使皇冠成为日本国内市场的专用车型。到2004年4月止，丰田皇冠的累计销售数量已经达到5 464 817辆，其中日本国内为4 720 422辆，

■ 丰田，作为一个著名的汽车制造厂家，又是一个如此不可思议的公司，它所开发的几款划时代的车型同时也是其发展史的一面面旗帜。
皇冠：车系历史最长的丰田车
花冠：丰田当家花旦
佳美：丰田的骄傲
塞尔西奥：划时代的丰田车
凌志：丰田的豪华轿车代表
普利维斯混合动力车：丰田的新世纪希望

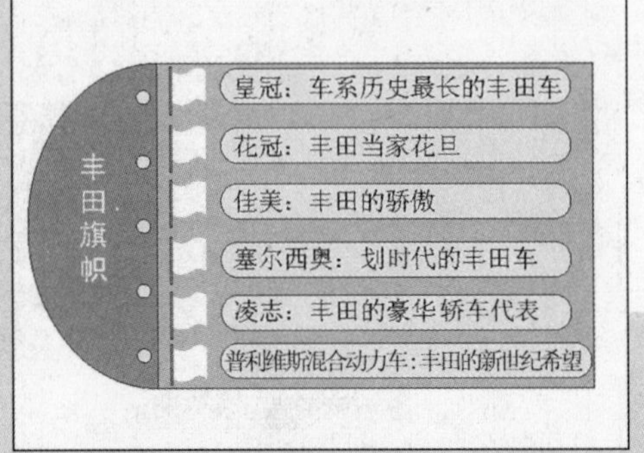

海外则是744 395辆。

第一代皇冠，是前轮双叉杆式悬架，1.5升发动机，采用了轿车专用底盘等技术，实现了真正意义上的轿车。

发展至今，皇冠共有五大系列，分别为四门轿车的Crown Sedan，Crown Royal，Crown Athlete，Crown Mejasta以及五门旅行车的Crown Estate，全部为后轮驱动或四轮驱动，除一款Crown Sedan用了直4的2升发动机、一款Crown Mejasta用了4升的V8发动机外，其余的全部为直6的发动机，排量分别为2升、2.5升、3升。直6是皇冠的一大特色。另外，Crown Sedan，Crown Royal还有电油混合动力车，Crown Sedan有LPG动力车以及出租车专用的Crown Comfort LPG动力车。

其中除Crown Mejasta外，其他车型全部共用同一平台，采用此平台的还有丰田的另一款畅销轿车Mark-II（只在日本国内销售，日产推出的TEANA就是为了和它竞争），它和皇冠还共用2升、2.5升的直6发动机。Crown Mejasta虽然也称皇冠，却和丰田Aristo（即凌志GS）共用平台。

2002年皇冠以68 798辆的年度销量在日本所有的乘用车中排名第十二，仅次于花冠（Corolla）排第二，而大家熟悉的雅阁、佳美、风度等都在30名以外。对于一款高档轿车来说，这样的排名恰恰能够说明皇冠车在日本的受欢迎程度和地位。针对日本的道路情况来看，一般家庭用可以选择小型车花冠，公用车则首选皇冠，它的外形庄重大方，在偏于保守的日本非常符合使用者的品位，而这一点对于尺寸相差不大，但外观迥异的雅阁、佳美、风度来说，是不能比拟的。

皇冠：车系历史最长的丰田车

■ 第一代皇冠，是前轮双叉杆式悬架，1.5升发动机，采用了轿车专用底盘等技术，实现了真正意义上的轿车。发展至今，皇冠共有五大系列，分别为四门轿车的Crown Sedan，Crown Royal，Crown Athlete，Crown Mejasta以及五门旅行车的Crown Estate，全部为后轮驱动或四轮驱动。

4.4.2 花冠：丰田当家花旦

丰田花冠（Corilla）可谓是丰田的当家花旦。它既有富于动感的流线型修长车身，又拥有界于中档轿车和中高档轿车之间的华丽外形，其突出优点就是大车身和长轴距，车长4.53米、宽1.705米、高1.49米，轴距达到2.6米之长。外观造型流畅，前脸突出圆形设计，采用高亮度晶钻前大灯和LED组合式尾灯。花冠的VVT-I发动机带来的强劲行驶快感，精良配备于细微处精雕细刻出高品质感的汽车。既是一款令驾驶者感到舒适惬意、综合魅力突出的汽车，又是丰田轿车中的经济型车，轻型价廉。与其他丰田轿车相比，花冠车型较小，售价较低，但其装配质量和运行性能保持了丰田车的传统风格，因此受到广泛欢迎。花冠自从1966年底推出至今，几经换代，现在已是第九代车型，总产量达2 800万辆，是世界汽车业单一品牌产量最大的轿车。花冠车型有3厢轿车、2厢掀背式轿车和5门2厢（Fielder）旅行轿车等多种款式，内装饰比较精致，设置完善，驾乘舒适。

花冠采用的是丰田尖端的1.8升4缸直列式VVT-i高效发动机，铝合金缸体以及小型化的油泵，使发动机质量更轻、造型更紧凑。1.8升的发动机最大功率为100千瓦，最大扭矩174牛·米，而90公里/小时等速下的百公里油耗仅6.1升，达到欧洲Ⅲ号低尾气排放标准。该车配备了只有在中高档轿车上才有的阶梯式自动变速箱，使用了上/下坡变速控制功能，实现平滑行驶的同时，减轻踏板制动的负担，让驾驶者充分享受到驾乘的快感。

花冠采用带EBD的ABS和最新的GOA安全车身，提高主、被动安全性能。它采用14英寸大型盘式制动器，加上ABS、EBD从而确保优良的制

■ 花冠自从1966年底推出至今，几经换代，现在已是第九代车型，总产量达2 800万辆，是世界汽车业单一品牌产量最大的轿车。

花冠：丰田当家花旦

动性能，在弯道上刹车时，同样能有效确保车辆的稳定性。配有双安全气囊和前后排三点式安全带。GLX-i 型和 GLX-i 电子导航版还装备了前后驻/倒车雷达。

美国《消费者报告》2003 年年度汽车研究报告的一些统计数字表明：比较小型车类别中的丰田花冠（Toyota Corolla）、福特“福克斯（Ford Focus）”、福特“护航舰（Ford Escort）”、通用“骑士（GM Cavalier）”、克莱斯勒“彩虹（Chrysler Neon）”等品牌，无论是近 3 年的整体可信赖度、前 3 年的整体可信赖度，或 2003 年车款的预期可信赖度，丰田都拔头筹。

现在，丰田花冠正式落户中国成都，并以不到 21 万元的价格直刺国产中档轿车市场。它沿袭了日本车精细、舒适的风格，采用上下两色仪表板和自发光式仪表盘。其中豪华 GLX-i 型车配备了桃木质地的豪华装饰材料，充分考虑了中国人的审美观点；豪华 GLX-i 电子导航版则增加了一款 DVD 语音电子导航系统，可以在成都、北京、上海、重庆等 39 个城市使用。

4.4.3　佳美：丰田的骄傲

佳美（Camry）是丰田汽车公司推出的新款轿车，排量级别有 3.0 和 2.2 级两种。车型呈浑圆流线型，发动机性能先进。据丰田汽车公司声称，该车汇集了世界公认的一流丰田技术。2001 年 10 月，丰田汽车公司生产的佳美（Camry）轿车在经过了全面改型之后，开始在日本及欧洲市场上销售。该次佳美进行的全面改型旨在进一步提高佳美轿车的质量水平，从平台开始全新设计，力求在乘坐舒适性、行驶性、安静性和安全性等所有方面达到同级别轿车的最高水平。

■ 现在，丰田花冠正式落户中国成都，并以不到 21 万元的价格直刺国产中档轿车市场。

同样来自美国《消费者报告》2003年年度的汽车研究报告，在家庭房车类别中，丰田“佳美”击败了福特“金牛座（Ford Taurus）”、通用“马里布（GM Malibu）”、道奇“无畏（Dodge Intrepid）”等车款，在近3年、前3年，以及2003年车款整体可信赖度等3个项目中夺冠。

4.4.4　塞尔西奥：划时代的丰田车

20世纪80年代末，丰田汽车公司推出了经全面改进的高级小轿车塞尔西奥，它在日本国内大受欢迎，仅销售一个月订货数量就达2.5万辆，创下了新车销售的新纪录。而现在订购这种小轿车需等上半年左右才能交付。该车售价在540万至730万日元之间，它的畅销预示着日本个人消费正在向好的方向转变。

在决定研究开发塞尔西奥的最初，丰田英二先生要求“集丰田技术之精华，制造出能与奔驰、宝马相抗衡的丰田车”。

为了生产塞尔西奥，丰田首先将工厂的技术人员集中起来，成立了最高品质指导委员会，致力于对高精度、高技术的追求。丰田还确立了设计、试验支援体制。在技术上，丰田追求精益求精。例如，汽车传动轴在转动的时候，有一个保持平衡的装置，在生产塞尔西奥时，对这个装置提出了更高的精度，这个精度甚至连以往丰田所用的平衡性能测试器都难以测出。在通常情况下，也许丰田的技术设计人员就会放弃如此高精度的平衡装置的研究生产了，但在铃木一郎的带领下，在指导委员会的支持下，技术人员开始着手开发更高精度的平衡装置。与此相同，对于塞尔西奥的其他部件，丰田也是如此精益求精。在六七个有着铃木一郎风格的技术人员的率领下，FQ超越

■ 在决定研究开发塞尔西奥的最初，丰田英二先生要求“集丰田技术之精华，制造出能与奔驰、宝马相抗衡的丰田车”。

塞尔西奥：划时代的丰田车

了原有技术的框架，向着自己瞄准的技术性能不断追求。

塞尔西奥是1989年9月驶下生产线的。塞尔西奥汽车的推出，开创了日本豪华汽车的一个新的高峰，汽车界对此亦不胜惊叹。开始，塞尔西奥的研究开发是以美国市场为目标而进行的，当时丰田的竞争对手有奔驰、宝马等欧洲汽车大腕。当时为了研究开发出塞尔西奥，丰田购入了11辆欧洲汽车作为研究之用。而且对于这些欧洲汽车的每个零部件，丰田都做了十分缜密细致的调查与研究。

以往，汽车安静性能的价值并没有为人们所认识和重视，但丰田决定从这个领域展开与德国名车的竞争。或者应该说，丰田对于塞尔西奥目标的着眼点较好，当时，塞尔西奥是以德国的奔驰420SEL型车和宝马735i型汽车作为参照对象进行开发的，这样，能够迅速促成其实现技术上的飞跃也就不足为奇了。相对于奔驰与宝马都有较大的噪音，塞尔西奥的设计就抓住前两者噪音大的弱点，从安静角度入手，追求汽车静谧性，来获得意想不到的效果。

现在看来，当时的决定是对的。众所周知，德国车具有举世瞩目的优秀性能，因此，对于这样与塞尔西奥处于同一级别的高级轿车，要想向它们挑战，就应该避免与它们在同一领域一决胜负。试想，若在同一领域与它们竞争，那么，即便生产出稍微好一些的汽车，也有可能因为知名度不及它们而失败。而塞尔西奥能在对方薄弱的领域取得压倒性的优势。

在当时用户还未认识到安静性能的价值取向的情况下，塞尔西奥第一个看到安静性能的价值。塞尔西奥的安静性很稳定。在该车发动机空转的时候与汽车行驶时速超过百公里的时候，两种情况下汽车的静肃性似乎没有什么改变，举个例子：在美国设置针有对能源消耗利用率的汽车征收燃料消耗税

塞尔西奥：划时代的丰田车

■ 塞尔西奥是1989年9月驶下生产线的。塞尔西奥汽车的推出，开创了日本豪华汽车的一个新的高峰，汽车界对此亦不胜惊叹。

制度。那些汽油消耗大的汽车就不得不多交纳税金。当时的奔驰与宝马车也不例外，但这些车主多属富裕阶层，所以多支付上千美元似乎无所谓。虽然这样，但由于当时的汽车大多如此，用户也没有太多的选择。塞尔西奥这样能够安静地高速行驶且不需要交纳税金的汽车问世之后，自然就引起了众人的瞩目。从是否交纳油税这一点上，就能让人感觉到它极高的性能。

对于轴承滚动阻力、刹车惯性、自动换挡装置、引擎气体损失等问题，塞尔西奥都进行了彻底、全面的解决。在重量问题上，丰田对塞尔西奥也进行了严格把关，甚至是以 10 克为单位进行重量控制。

塞尔西奥如此追求完美，并做到这样的程度，可以称得上是胜过梅塞德斯-奔驰的超级豪华车。

4.4.5　凌志：丰田的豪华轿车代表

凌志汽车是丰田汽车公司于 20 世纪 80 年代推出的豪华轿车系列。推出后以其优异的性能和相对较低的价格，迅速在世界豪华轿车市场占有了一席之地。现已拥有 LS、GS、IS、RX 等不同系列的车型。凌志的标志取车名的英文第一个字母，即 Lexus 的第一个字母“L”。

凌志（Lexus LS400）轿车从提出创制目标到生产出产品差不多有 10 年时间，在整个研制过程中，投入了近4 000名最优秀的工程技术人员，进行了 6 年多的开发工作，成功协调了一系列技术矛盾和革新所推出来的豪华轿车。它确立了丰田汽车公司在豪华车国际市场中的地位。为了让消费者搞清楚这个后来者的商品名称，丰田加大了宣传力度，使凌志的知名度得到很大提高。它的商业广告形象也令人难忘。其中一个得意之作有这样精彩的场

■ 凌志（Lexus LS400）轿车从提出创制目标到生产出产品差不多有 10 年时间，在整个研制过程中，投入了近4 000名最优秀的工程技术人员，进行了 6 年多的开发工作，成功协调了一系列技术矛盾和革新所推出来的豪华轿车。

凌志：丰田的豪华轿车代表

面：凌志轿车的测动器特写镜头，发动机很轻松地使轮子达到每小时 60 英里，而呈金字塔状码放在发动机罩上的一堆香槟酒杯竟然纹丝不动。

新车市场的启动非常顺利。销售价格远远低于竞争对手奔驰，汽车杂志的记者们对凌志的品质大为惊叹。在 J. D. Power 公司每年的“初始品质”与“长期耐用性”排名中，丰田凌志是常胜将军。根据 J. D. Power 公司 2003 年进行的汽车业品质调查，丰田凌志排名第一，第二至第四分别为保时捷、宝马、本田。

4.4.6　普利维斯混合动力车：丰田的新世纪希望

丰田汽车公司开始进行电力/汽油两用车的开发工作是在 1994 年。其具体行动就是出台了探索面向 21 世纪汽车所应具有的形象的“G21 计划”。其中，计划中的 G 是指地球，“21”是指 21 世纪。顾名思义，也就是面对未来提前采取对策、措施。一句话，丰田必须走在前头。最初“G21”的计划并不是制造电力/汽油两用车，而是在使用普通引擎和变速装置的基础上，如何降低燃料消耗这样一种概念。计划是自上而下开始进行的，丰田高层要求技术人员重新考虑一下面向 21 世纪汽车所应具有的形态，构成汽车的要素还必须增添什么。

在听取了各处意见和调查了各种资料的基础上，技术部做出了判断，即能够实现将燃料消耗利用率提高 1.5 倍，并向上层领导进行了报告。得到的答复却是“1.5 倍不行，必须提高到两倍”。技术部内山田竹在接到这个命令后很快就想到了电力/汽油两用车的方案。于是，就决定开发出像普利维斯这样的电力/汽油两用车。

普利维斯混合动力车：丰田的新世纪希望

■ 丰田汽车公司开始进行电力/汽油两用车的开发工作是在 1994 年。其具体行动就是出台了探索面向 21 世纪汽车所应具有的形象的“G21 计划”。

电力/汽油两用车是同时使用汽油引擎和清洁能源电力发动机的一种汽车。这种汽油、电力两用系统有串联式与并联式两种。串联式系统是引擎动力完全来自发电机，通过发电机输出的电力来驱动车辆。并联式系统是采用引擎和电动机驱动方式，根据行驶场所及速度的不同分别使用两种不同的驱动力。而丰田的电力/汽油两用系统则是并联和串联两种方式的有机融合。

确立使用电力/汽油两用系统的目标是在 1995 年的年末。而在那个时候，丰田对这种两用系统的研究与开发的积累还不是很充分。

使用电力/汽油两用系统的普利维斯在其车身的设计中，融入了这样的概念：

作为 21 世纪的汽车，首先，为了装载乘客，车内设计应该宽敞，并应提高车内的居住性。同时有必要确保能装载下四个人的行李。另一方面由于汽车整个外形大小与乘员没有关系，却与交通堵塞有较大关系（车型越大，堵塞越频），所以在这方面，极力使其小型化。因此，从外形上看，普利维斯与花冠车一样大小，但进入汽车内部，其容量却有卡姆莉车的容量那么大。也就是说外形小，内部空间大。这么大的空间容量，是丰田追求极限与完美的结果。内山田一郎也经常说到普利维斯车，其大体意思是普利维斯的新颖不仅要体现在采用了电力/汽油两用系统上，而且体现在汽车整体上。

“普利维斯”在进行销售的前一年，即 1997 年 10 月在东京车展上展出，让人惊讶的是那一次车展上的询问者如此之多。各种明确的提问如雪片般飞来，而且像女性、学生、老年人这些平时对汽车不太感兴趣的人也都纷纷提

■ 从外形上看，普利维斯与花冠车一样大小，但进入汽车内部，其容量却有卡姆莉车的容量那么大。也就是说外形小，内部空间大。

普利维斯混合动力车：丰田的新世纪希望

出询问。而且询问涉及的内容多半不是关于汽车概念的问题，而是为了做出是否买车决定而提出的一些内容。

当然，在用户做出是否购买的决定时，燃料消耗很低是普利维斯受到瞩目的一个经济方面的因素。此外，许多人也高度评价了普利维斯车的电力/汽油两用系统的有效性和对环境问题的充分考虑，有这样的赞誉之词："丰田为我们地球，为我们人类做了很大的努力和贡献"。现在普利维斯已给人们留下了这样一个良好的印象：在认真研究解决环境问题的基础上制造出来的环境概念车，同时它拥有高于以往汽车两倍的燃料消耗利用率这样一项优异的经济指标。这两大因素的结合，就是能够吸引用户的原因所在。

当然，从用户的立场考虑，在选择汽车时要考虑到汽车是否经济实惠。且不说"普利维斯"作为一种低公害的环境概念车的优点，在经济上也是十分合适的。如果一个用户原来每年支付 10 万日元的燃料费，那么在他改用普利维斯汽车后，由于普利维斯只有其他车一半的燃料消耗，所以这个用户就只要花费 5 万日元的燃料费。那么，即使普利维斯汽车价格高出其他汽车 40 万到 50 万日元，在 8 年或 10 年之后也就能完全弥补过来。

丰田汽车公司从 1998 年 6 月开始，已将原来每月生产普利维斯汽车 1 000辆这个数字提高到月产2 000辆，当时丰田还计划从 2000 年开始向北美、欧洲出口，并计划届时达到月产5 000辆的目标。现在丰田汽车公司又在着手开发普利维斯新的电力/汽油两用后继车。

普利维斯混合动力车：丰田的新世纪希望

■ 许多人也高度评价了普利维斯车的电力/汽油两用系统的有效性和对环境问题的充分考虑，有这样的赞誉之词："丰田为我们地球，为我们人类做了很大的努力和贡献"。

案例1：奔驰产品的更新换代

在竞争激烈的汽车市场中，名厂商纷纷推出自己的优势产品，以占领更多的市场份额。梅塞德斯-奔驰汽车公司成功的一大因素就是，大胆而科学地进行创新。为了持久地占领市场，奔驰公司不惜重金，组织了一支共8 500多人的庞大研究队伍，进行研究和开发新产品，使产品得以不断更新换代。创新使奔驰能够领导汽车业的发展潮流，适应经常变化的市场需求，为顾客提供了走在时代前列的创新产品。也正因为奔驰公司招招领先，才保证了其长久的辉煌。

奔驰汽车公司流行的口号是"以创新求发展，不断推陈出新"。早在1879年，本茨便研究成功了"火花塞点火"技术。到现在为止，世界上所有汽车仍在采用这一技术。1928年，生产了纽尔堡4608缸6座汽车。1936年，研制出布尔柴油发动轿车。1938年，开始成批生产著名的260型柴油发动机小轿车；不久，又生产出当时时速最快的小轿车540K型。1953年，第一个具有根本意义的新产品——巨型底盘上的承载式焊接结构进入市场，它使得衡量汽车制造的标准朝着既美观又安全的方向迈出了第一步。1973年，梅塞德斯450SEL 6.9以其尖端的技术，被世界汽车制造业选为"本年最佳汽车"。1984年初又研制成一种小型车上市。这种车体积小、重量轻、能耗少，深受顾客欢迎；此后，奔驰汽车公司又向市场推出了梅塞德斯400型、600型高级轿车。近几年，奔驰汽车公司依然在致力于不断推出豪华、舒适、气派的高级轿车。

■ 梅塞德斯-奔驰汽车公司成功的一大因素就是，大胆而科学地进行创新。

梅塞德斯-奔驰汽车显赫的声誉，不仅基于它的可靠性，它在赛车比赛中显示出的魅力也起了很大的作用。到1939年为止，梅塞德斯-奔驰赛车在比赛中76次获胜、17次打破世界纪录。它的赛车由于速度快、体形灵巧，被称为“银箭”。

当今世界经济面临的最大问题就是能源问题，谁能抓住这一点，谁就能在竞争中取胜。因此，世界各国都把降低能耗作为汽车生产的一项主要指标，奔驰也不例外。

1990年，奔驰公司针对过去的汽车能耗大、用料多等问题不失时机地开发出降低能耗、节省能源和原料的新S级奔驰汽车，对原来的S级奔驰车进行全面更新，并于1991年开始在欧洲上市。这种汽车的零件是塑料的，可以循环使用，这大大降低了成本。新S级汽车采用高效电脑控制，各个电子网络相互沟通，协调一致，车上的电脑记忆装置还可调节舒适度，使方向盘、车座、反射镜处于最佳状态。因此，新S级汽车被称为数据汽车。它的推出，使奔驰同欧美、日本等国的汽车公司相比，继续保持着在豪华轿车市场上的优势和领先地位。由于新S级汽车的上市，奔驰公司从对手手中收复了许多失地，保住了奔驰在豪华车市场的霸主地位。600SEL是新S级的“旗帜”，车身光洁度高，制造工艺更加精密，门框、门窗玻璃与车身完全贴平，在日本市场售价高达2 130万日元，折合德国货币达18万马克。同时，600SEL高级轿车以其优质华贵而博得世界声誉，成为各国政府部门的首脑必备轿车。

1997年以来，奔驰公司已提供了广泛的、各种不同类型的汽车：从最小的Smart，到SLK轿车，M级、V级轿车，到A级、C级和E级轿车，

■ 当今世界经济面临的最大问题就是能源问题，谁能抓住这一点，谁就能在竞争中取胜。因此，世界各国都把降低能耗作为汽车生产的一项主要指标，奔驰也不例外。

直到戴姆勒/奔驰公司的顶尖轿车：S级、SL级轿车和S级双座轿车。

2000年6月，梅塞德斯-奔驰公司根据对中国道路交通情况以及对车辆的环保、排放和噪音要求情况的调查，在中国市场上推出了Atego最新款轻型车。

他们认为，最完美的运输车辆应该具有最高的可靠性和耐久性，在整个使用期内运营成本低、损耗少，同时还要有更强劲的马力、更高的安全性，以及更佳的环境兼容性。为此他们本着绝不允许出现丝毫疏漏，为每一位客户提供适合于其需要的车辆为宗旨，设计和开发出Atego轻型车。这种车型由于是针对中国特殊市场环境推出的产品，因此很快受到人们的好评和欢迎，并称之为“最完美的运输车辆”。

案例2：劳斯莱斯的产品设计

与劳斯莱斯设计密不可分的特征包括：一个长发动机罩上加一个短前悬和一个与之相对的长长的后悬。长长的前后轴距对开阔的内部空间必不可少，与利用立式劳斯莱斯散热器和高架式前大灯形成的高傲的直立式前端相配，有助于创造一种气度不凡的汽车。

以乘坐舒适性和低噪音传输为导向的前悬挂装置，还保证制动减速时的空挡操作和稳定行为。典型的直线运行与平衡的转向负载匹配，拉杆里的液压固定件则消除原本可能通过方向盘感觉到的车轮震动。

该系统还允许司机将车身提高25毫米，为坡道提供额外的净空。如果司机忘记理调车身的高度，车速一旦达到60公里/小时，系统会自动恢复原

■ 与劳斯莱斯设计密不可分的特征包括：一个长发动机罩上加一个短前悬和一个与之相对的长长的后悬。长长的前后轴距对开阔的内部空间必不可少，与利用立式劳斯莱斯散热器和高架式前大灯形成的高傲的直立式前端相配，有助于创造一种气度不凡的汽车。

车中贵族劳斯莱斯

来的车身高度。

电子阻尼器每秒钟对汽车的驾驶方式和道路状况实施 100 次监控，然后自动调整阻尼力。这个系统的反应非常迅速，在时速达到 90 公里时，阻尼器每隔 300 毫米就优化一次它们的设置。

底盘的一个组成部分是采用米其林（Michelin）研制的 PAX 轮胎系统——劳斯莱斯是世界上第一种以漏胎行驶系统为标准的汽车。

手工艺（Craftsmanship）使劳斯莱斯汽车从来没有，将来也不会大批量生产。每一辆具有很多传统特性——例如车身线条——劳斯莱斯要投入 260 多个工时，最后仍由手工完成。尽管只有可形成 68 种基本颜色组合的 18 种外部颜色，劳斯莱斯预订方案实际上提供了无穷的颜色选择。

案例 3：宝马 3 系列

宝马 Dixi、319、700 以及 Isetta，这些车名现在已经成为了传奇。它们都有一个共同的特征，那就是：在它们所属的年代，这些车是被消费者青睐的“小型”BMW。

从 1966 年起，“小型”BMW 的概念发生了变化，变成了 20 世纪 60 年代中期推出的 1600 型汽车，或者更精确地说，人们用整个 02 系列著名的车型指代“小型”BMW，包括 2002 型、1600ti 型或第一款旅行车。因此，“小型”BMW 不再是一个表示车型尺寸的词语，而是表示来自巴伐利亚享誉世界的汽车阵容中的“基本”车型。事实上，此款车是一部真正“出色”而不是“很大”的汽车。著名的 02 系列以及之后的三代 3 系列的确成为了

车中贵族劳斯莱斯

■ 手工艺（Craftsmanship）使劳斯莱斯汽车从来没有，将来也不会大批量生产。每一辆具有很多传统特性——例如车身线条——劳斯莱斯要投入 260 多个工时，最后仍由手工完成。尽管只有可形成 68 种基本颜色组合的 18 种外部颜色，劳斯莱斯预订方案实际上提供了无穷的颜色选择。

紧凑、高性能、动力强劲、敏捷的运动型轿车之典范。

回到 1966 年，那可是一次真正的变革：流线型的双门车身（02 系列因此得名）可为四个成年人提供宽敞的驾乘空间。这款车轻松地从同时代的四门轿车中脱颖而出，它相当于现代的直列四缸车，在不经意间就设立了当时只有跑车才具有的性能标准。最高速度为 162 公里/小时，0～100 公里/小时需 13 秒。尤其值得一提的是，此车是一台主动驾驶机器（active driving machine）（虽然在那个年代这个词还不存在），仅此一点就已令人们爱不释手。

从那时起，BMW 就保持了此款车的设计风格。但 30 多年前，这样的概念还是全新的冒险。一些经销商曾百分之百“确信”以8 650马克的价格无法售出这样“小型”的汽车。这一概念在过去的 30 年中已经发展演变成了一种极其成功的哲学，那就是：先进卓越的技术与震撼、动感、敏捷的车身的完美结合，是真正行家想要的，无论是过去还是现在。当然，另一个重要的因素是在一款车型上发展完善出一个阵容的车，这样就可以为消费者提供他们梦寐以求的款式。需要强调的是，从 1966 年以来，BMW 制造生产了不少于 690 万辆基于这种“基本”型汽车，当然，我们可以非常清楚地分清每一代车型。

02 系列的制造生产始于 1966 年 5 月，止于 1976 年 7 月，共有861 940辆车从慕尼黑的 Milbertshofen 生产线下线。发动机选择多种多样：从 85 马力的 BMW 1600、90 马力的 1802、100 马力的 2002、105 马力的 1600ti、120 马力的 2002ti、130 马力的 2002tii，一直到 1974 年推出的杰出车型：170 马力的 2002 turbo——它不仅拥有最强劲的动力，而且还以20 780马克

■ BMW 在过去的 30 年中已经发展演变成了一种极其成功的哲学，那就是：先进卓越的技术与震撼、动感、敏捷的车身的完美结合，是真正行家想要的，无论是过去还是现在。

的价格成为 02 系列有史以来最贵的车型。当时，还有多种特别用途车型，诸如旅行车、敞篷车以及小批量生产的活顶轿车，都成为 02 系列的亮点。

02 系列的接班人——第一代 3 系列的产量几乎是 02 系列的两倍，准确的数字是1 364 038辆。除了久经考验的 BMW 四缸发动机之外，这一车型系列的技术和设计都是全新的，同时推出的还有六缸动力单元的整个系列。在四缸发动机的输出功率得以提高之后，四缸车型在 1975 年得以扩展，316、318、320 和 320i 陆续上市，发动机最大输出分别为 90 马力、98 马力、109 马力以及 125 马力。1977 年，BMW 又推出了最大输出为 122 马力的六缸发动机 320，以及它最强壮的兄长——1978 年到 1982 年生产的 323i，发动机最大输出为 143 马力，成为第一代 3 系列的排头兵。

从 1982 年到 1990 年，第二代 BMW 3 系列共生产了2 220 225辆汽车。第二代 3 系列比其前辈更加富有动感、更加优雅，真正提供了当时只有在豪华轿车和更加紧凑的运动型轿车上才有的技术精华。不仅如此，它还诠释了 BMW 工程师们提出的“量身定做之车”这一概念，因为它拥有多种车身变化——双门、四门、敞篷以及旅行款式，还有多种发动机供选择，从 1.6 升（最后版本的发动机最大输出为 100 马力）到装配 2.3 升四缸发动机的 M3（最后版本发动机的最大输出为 238 马力），从 2.0 和 2.4 升无增压柴油发动机到配有增压中冷器的 2.5 升六缸涡轮增压柴油机；还有首款大批量生产的四气门动力单元，它被安装于 1987 年推出的 318is 上。除了上述车型，BMW 还提供四轮驱动或者后轮驱动以供选择。

第三代 3 系列是首次基于四门轿车的基础上制造生产的，并且其全新的车身设计与以往车型截然不同：事实上，车身设计在最初的时候使很多人感

■ 从 1982 年到 1990 年，第二代 BMW 3 系列共生产了2 220 225辆汽车。第二代 3 系列比其前辈更加富有动感、更加优雅，真正提供了当时只有在豪华轿车和更加紧凑的运动型轿车上才有的技术精华。

到吃惊，但不久市场上就出现了不计其数的狂热追随者。在首款四门轿车上市之后，每年都有一个新变化车型推出，分别是双门轿跑车、敞篷车、旅行车，最后是紧凑型车。最后这个变型标志着第五个车身版本的首次出现，这是一个拥有硕大后挡板但长度减少了 23 厘米的双门车。将不同的车身概念同选择颇多的发动机（排量从 1.6 升到 3.2 升，输出功率从 66 千瓦到 236 千瓦）结合起来，意味着不少于 31 种不同的车型。

现代的四缸和六缸动力单元、领导潮流的安全概念以及纯粹的驾驶乐趣，这些使得 3 系列，无论是紧凑型 316i 还是 M3，销量再次猛增。到 1997 年底，宝马 3 系列共售出近 2 500 000 辆，其中，1 500 000 辆四门轿车，430 000 辆双门轿跑车，近 150 000 辆敞篷车，约 280 000 辆紧凑型车以及 95 000 辆旅行车。显然，这样规模的产量需要 BMW 慕尼黑工厂、里根堡（Regensburg）工厂和位于美国南卡罗来纳州的斯巴坦堡（Spartanburg）工厂共同完成。

——部分摘自“新浪网”的《纯正悠长的高档血统：宝马 3 系列纵览》

■ 现代的四缸和六缸动力单元、领导潮流的安全概念以及纯粹的驾驶乐趣，这些使得 3 系列，无论是紧凑型 316i 还是 M3，销量再次猛增。

第五章

丰田的汽车营销

凭借特有的汽车营销战略，丰田汽车硬是在销售市场上闯出了一条大路。不但在国内取得40%的市场占有率，而且在出口，特别是北美市场上也取得了丰硕成果。1958年，丰田汽车初次投放美国市场，销售量仅有280辆。20年后丰田的年销售量一下猛增加50万辆。1975年，丰田汽车在美国进口汽车市场上超过了此前居首位的德国大众牌汽车。20世纪80年代初，丰田汽车的年产量超过了300万辆，在全世界的汽车厂家中居第二位。这番销售业绩的巨变，与丰田的营销策略密不可分。

5.1 低价制胜

价格是市场最重要的信息，价格战略是企业市场策略的重要组成部分。汽车是一个技术非常复杂的商品，汽车行业是一个利润丰厚的行业，很多企业对这块肥肉垂涎欲滴，有的甚至不顾风险跨行业进入，因此而导致的激烈竞争直接反映在价格的波动上。而汽车生产厂家或销售商的每一次降价举动，都牵引着消费者、竞争对手等各方热切关注。

从丰田的销售史可以看出，丰田的价格策略就是以低得不能再低的价格

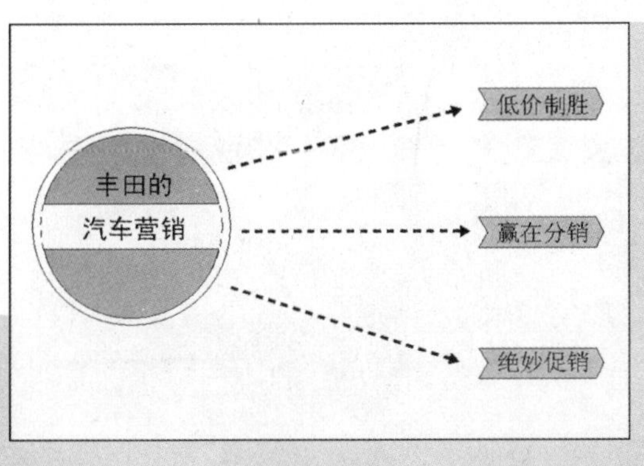

■ 凭借丰田特有的汽车营销战略，丰田汽车硬是在销售市场上闯出了一条大路。不但在国内取得40%的市场占有率，而且在出口，特别是北美市场上也取得了丰硕成果。

来维护市场和排挤竞争者的。在 1955～1964 年和 1964～1974 年两个阶段中，世界汽车行业展开了最激烈的削价竞争，每次降价的始作俑者都是丰田，这迫使它的竞争对手跟着降价以与之抗衡。由于丰田汽车已经拥有巨大的销售量，即使降价依然可以获得相当高的利润，所以，每次降价后丰田汽车公司都能获得更大的市场份额。

为了增加市场占有率并更多地获取利润，每次，丰田都以较低的价格甚至是赔本的价格进入市场，以使产品迅速被消费者接受，从而占有较大的市场份额，有效排挤竞争者，并取得领先的竞争优势。随着市场占有量的增大，销量的增长，生产规模的扩大，边际成本很快降低，利润上升。丰田打入美国市场就是个典型。丰田皇冠标准型车，在日本市场上的售价 10 年间降低了 20％。

当然，丰田也不是一味地降价，到了产品技术差距基本消除，价格战到了毁灭性阶段的时候，丰田公开告诫其他汽车厂家应停止价格战，并首先着手开始调整并回升价格。

尽管如此，丰田的小轿车始终低于美国同类车的价格，每辆车都有 100～400 美元的差价。再者，丰田在价格优势逐渐消失后，他们就转向了产品质量等其他营销策略上，做到价格与价值相符，以迎合消费者喜欢物美价廉产品的心态。光冠定价在2 000美元以下，花冠为1 800美元以下，比美国车和德国车都低得多，而给经销商的赚头则比别人多，目的是在人们心目中树立起“质优价廉“的形象，以达到提高市场占有率、确立长期市场地位的目的，而不是拘泥于亏与赚的短期利益。这种策略带来的产品市场的迅速扩张使生产规模不断扩大、单位成本不断降低，从而进一步降低价格，形成

■ 为了增加市场占有率并更多地获取利润，丰田基本上一直成功地采用进攻性低价渗透法进入市场，并扩大和维持自己的市场占有率。

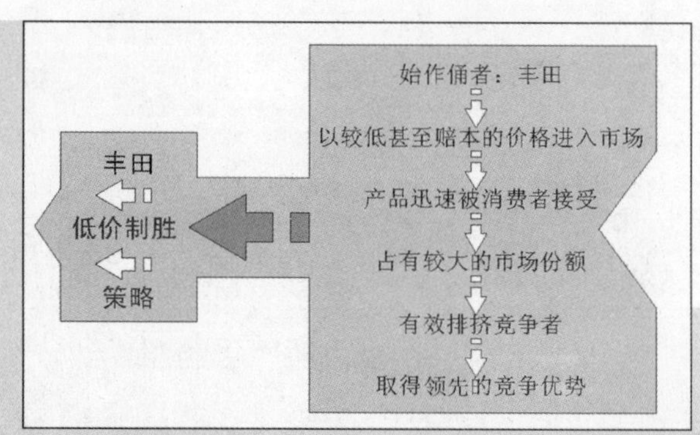

滚雪球似的效果。

凌志（Lexus）牌轿车的定价可谓丰田车最杰出的代表。凌志是丰田汽车公司20世纪90年代推出的新品牌。它的定位是豪华轿车，和它同一市场定位的品牌有福特汽车公司的加长林肯、梅塞德斯-奔驰420SEL、本田公司的本田里程、宝马的BMW735i和大众汽车公司的奥迪A8等。

凌志具有绝对良好的汽车品质，与之相对应的价格却低很多。丰田汽车生产两种凌志车，一种是LS400，定价35 000美元，另一种是ES250，价格为21 050美元，而同样定位的梅塞德斯-奔驰和宝马车型，定价高达8万美元，分别是凌志两种车型的2.3倍和3.8倍。

可以说，凌志几乎横扫世界豪华轿车市场，在美国面市的第一年，就拥有了90个经销商，销售量为16 000辆，第二年即达75 000辆，与宝马花费多年心血取得的成果持平。凌志也因而成为丰田和整个日本汽车业的第一品牌。在中国，凌志也一直深受用户喜爱，保持着丰田车系和进口车销量第一的纪录。丰田凌志用品质和价格赢得了经销商和用户的心。

5.2 赢在分销

汽车行业中不断加剧的白热化竞争使得每一个业内的企业都必须在不断的发展中求得生存。任何一个汽车公司都心知肚明，除了生产技术和汽车技术，销售是实现企业盈利目标不可忽视的重要一环。而其中，建立销售网络又是重中之重。

丰田汽车公司将销售网络与JIT生产方式相互结合，以此来提高销售和

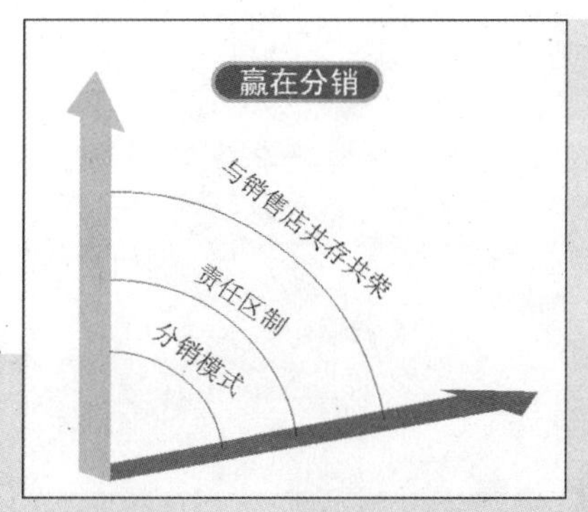

■ 汽车行业中不断加剧的白热化竞争使得每一个业内的企业都必须在不断的发展中求得生存。任何一个汽车公司都心知肚明，除了生产技术和汽车技术，销售是实现企业盈利目标不可忽视的重要一环。而其中，建立销售网络又是重中之重。

生产环节的运作效率，降低库存成本。在日本，丰田汽车公司的分销商遍布全国。为了实现与分销商之间更好的信息共享，丰田汽车公司将自己的信息系统与这些分销商相结合。这样，销售人员就可以将顾客的需求信息直接反馈到丰田汽车公司的生产线，生产线再按照顾客的需求安排生产。这一个过程大大简化了丰田汽车公司的订货手续，使得生产节奏与顾客需求步调一致，既减少了交货时间，降低了经销商的库存，同时也保证了顾客能够及时地获得自己想要的产品，提高了顾客的满意度。这一方式收到了良好的效果。

5.2.1　分销模式

由于各国的社会制度、生产关系和生产力发展水平的不同，再加上产品自然属性的千差万别，营销渠道的结构也是复杂多样的，没有一个永久不变的模式。因此，丰田在国内和海外分别采取了不尽相同的分销模式。

1. 国内分销模式

与低价策略相配合，丰田在国内的分销策略采用的是密集型的、专卖制的特约经销店销售模式。1938 年底，丰田已完成了一县一店的销售网建设。

1956 年，丰田汽车公司推出了复数销售制度，即采用一县两店制，增加销售网点。虽然暂时性地损害了原有经销店的利益，但每县双倍的销量能带动产量的大幅度提升，从而能大幅度降低成本、提高利润，到最后，经销店卖出同样数量的汽车却可获得更多的利润。

但是，由于复数销售制度的推行，导致了同一个地区出现几个类似的销

■ 与丰田的低价策略相配合，丰田在国内的分销策略采用的是密集型的、专卖制的特约经销店销售模式。

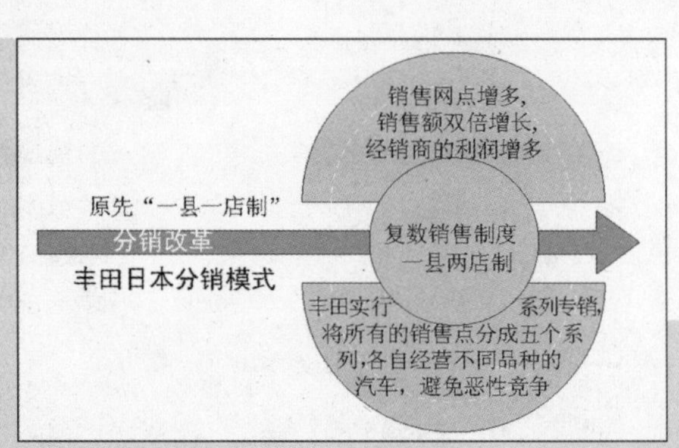

售店，为争抢顾客而进行的恶性竞争的情况也因此而出现了。针对这种情况，丰田汽车公司实行了系列专销。它将所有的销售点分成五个系列，各自经营不同品种的汽车。这样一来，同一地区设置的几个销售点因为彼此错开了销售的产品种类，冲突和恶性竞争也自然减少了。更有趣的是，这些经销店还时常互相介绍客户，达到相互协作的目标。1978 年，其国内经销店已达 252 家，几乎覆盖了日本的每一个角落。随着丰田销售在汽车界的声望上涨，战后它最大的竞争对手——日产系统下的经销店也纷纷加盟到丰田的阵营里。丰田在国内的销售网更大、更巩固了，其销售通路也更广、更宽了。

丰田的销量销售渠道，对公司起着调节库存的作用。它是保持汽车生产体制稳定、防止减产的一道防洪坝，每年的销售额高达1 000多亿日元。丰田公司充分利用了当地经销商的各种资源优势，迅速扩大了销售网络。

和日产公司相比，丰田着手建立销售网的时间早得多。早在 1942 年 7 月，日本的汽车被纳入配给制，出现了“日本汽车配给公司”、“地方汽车配给公司”等企业，前者负责全国批发，后者负责零售。在日本汽车配给公司的管辖之下，丰田、日产、五十铃等汽车公司下属的销售店都按着一县一店的体制进行了合并，组成了地方汽车配给公司。神谷曾担任过日本汽车配给公司的常务董事。而战后，这一类专卖性、独占性的销售体系就自然瓦解了。

加入丰田之后，神谷在建销售网时采取的第一步就是，把现有的推销外国汽车成绩显著的销售店争取过来，让他们推销丰田汽车。神谷穿梭奔走于各县府之间，拜访各个配给公司，说服大家成为丰田的经销商。当时某销售店的一位经理曾这样说：“神谷一开始就谈论国际形势的动向，扶植国产汽

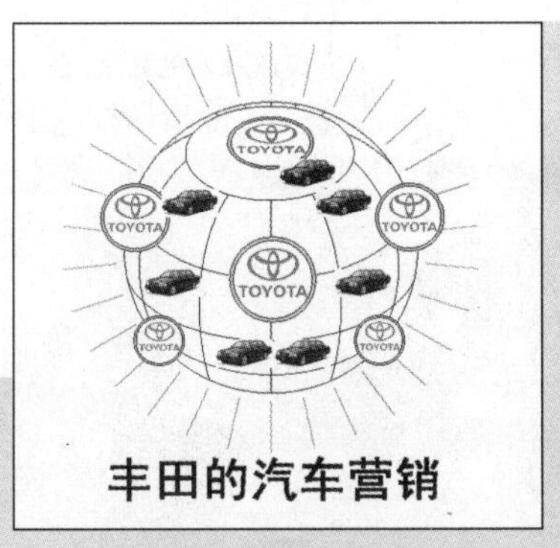

■ 丰田的销量销售渠道，对公司起着调节库存的作用。它是保持汽车生产体制稳定、防止减产的一道防洪坝，每年的销售额高达1 000多亿日元。

车是国家利益的要求等。”双方大都一拍即合。在神谷的努力下，几乎所有的配给公司都成了丰田的经销商。神谷采取的第二步是，选当地知名人士和资本家做代表，由他们开设新的销售店。

就这样，在1939年时，丰田公司已按着一县一店的体制成功地建立了28个销售店。这些销售店的资本是自成体系的，与制造厂方面完全分开。由这些销售店组成一个专门推销丰田汽车的销售网，各按一定地区进行推销。神谷在战后早期便积极建立起销售网络，对于丰田汽车公司日后的发展，立下了汗马功劳。

丰田汽车销售店截止到1978年6月是252个，直营据点数为2 980个，其中据点数中包括只销售半新汽车的据点。

2. 海外分销模式

丰田占领国外市场实施之初就是力求实行经营、售后服务和零配件供应一体化，以优质的服务来打消客户对使用丰田车的顾虑。1957年，丰田出资100%在美国开办了第一家子公司——美国丰田汽车公司。1965年，在光冠车进入美国市场前，丰田建立了384家经销店和能存放200万美元汽车零件的仓库。1976年，丰田在美国已有1 000家销售、服务一体化的零售店。每个店都设立了供应零部件的门市部，并配有懂礼节、技术精的维修人员。从而在售后服务上给丰田车的客户吃了“定心丸”。

丰田汽车年产量达400万辆以上，其中60%的产品是销往国外的。那么，丰田是怎样打开通往其他国家的销售渠道的呢？

以丰田车进入美国市场为例。要进入几乎是通用汽车公司和福特汽车横

■ 丰田占领国外市场实施之初就是力求实行经营、售后服务和零配件供应一体化，以优质的服务来打消客户对使用丰田车的顾虑。

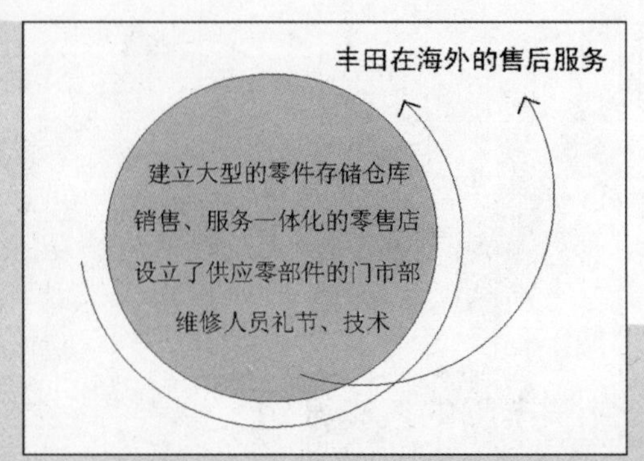

行的美国汽车市场，对初出茅庐的丰田汽车公司来说，无异于以卵击石。但通过调查，丰田发现美国的汽车市场并不是铁板一块。随着经济的发展和国民生活水平的提高，美国人的消费观念、消费方式正在发生变化。因此，丰田从产品生产到产品改进都是从顾客的立场出发，把顾客的要求作为自己提高质量、改进产品的目标。销售人员不厌其烦地面对面征求顾客意见；同时，在生产中广泛开展的合理化运动和质量小组活动，保证这一策略得以实现。

具体来说，丰田进入美国的销售策略是选择性分销。在美国西海岸，丰田选取了洛杉矶、旧金山、波特兰和西雅图等 4 个城市作为重点建立了销售网络。丰田准备集中力量占领这 4 个城市的市场，然后以其为后方，向全美国做滚雪球式的扩张。考虑到自己的力量有限，丰田在美国采用了代理制的方法来分布它的销售网点。丰田对每个代理商都进行了严格挑选，只有声誉好、具有经营外国产品的丰富经验的，且具顾客偏好的进口商品的商号才有可能入选。尽管筛选如此严格，到 1961 年，美国所有代理商中的 43.9%已专为丰田服务了，这一规模在当时仅次于德国大众的代理商。由此可见丰田在美国市场的销售网的稳固程度。

随着丰田销售网的进一步扩大，丰田与一些“能紧跟又有影响”的独立经销商签订合同，并委托他们在美国内地寻找一些不需要丰田汽车公司提供仓库的二级代理商。同时，为了弥补自己力量的不足，丰田在选择和更换代理商的工作上花了很大力气，以改进工作质量。它从市场上搜集大量的情报，成立市场服务部，对各级代理进行训练和激励。由于丰田的支持和帮助，丰田在美国的代理商数量增加很快，在 1965 年时拥有 384 家，而到了

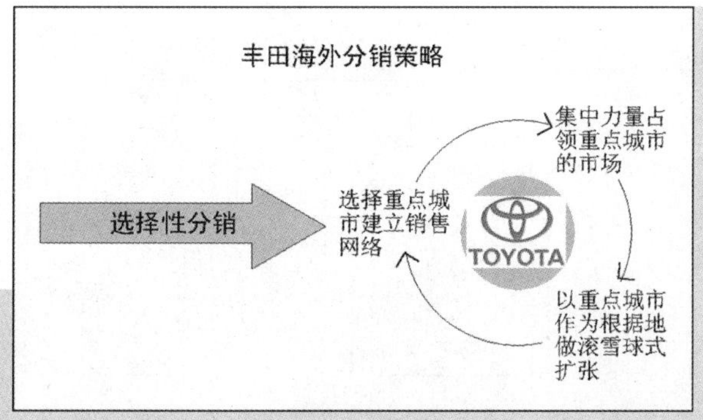

■ 为了弥补自己力量的不足，丰田在选择和更换代理商的工作上花了很大力气，以改进工作质量。它从市场上搜集大量的情报，成立市场服务部，对各级代理进行训练和激励。

1970 年时剧增到1 000家。丰田独特的销售网，使它在美国的销售水平 5 年内就赶上了美国第三大汽车公司克莱斯勒公司。

5.2.2 责任区制

丰田的特约经销店实行的是一种责任区制。拿东京小丰田经销店来说，整个东京地区都是它的营业地区。

丰田汽车销售公司的规章中，对责任区制做了这样的说明："要想每月始终能完成销售定额，就必须牢牢地控制住推销工作的地盘。销售人员所负责的推销地段就是责任区，这个责任区是一块可以获得大丰收的土地，如果你把肥硕的果实的种子——利益——撒在上面加以培植的话。"

责任区还可以进一步细分，明确规定出每个推销店下属的营业所负责哪个地区的经销，并进一步规定出每个销售人员所负责的经销地段。

为了让销售人员更有效地开展工作，丰田汽车公司还编写了《责任区访问法》，书中对各种访问法的利弊做了详尽的分析：

（1）挨家访问——能不漏一户人家，完全掌握区内全部情况，但在推销效率上有缺点。

（2）按区访问——能建立本公司强有力的势力范围区，判断出其他汽车公司侵入界内的情况和顾客的动态。但如果只选出一些地段进行访问，会产生只顾某些人家的偏向。

（3）集体访问——通过销售人员的协作能够发现销售人员在责任区内的工作漏洞。

（4）按汽车种类进行访问——从汽车每年的样式来看，容易判断出推销

■ 要想每月始终能完成销售定额，就必须牢牢地控制住推销工作的地盘。销售人员所负责的推销地段就是责任区，这个责任区是一块可以获得大丰收的土地，如果你把肥硕的果实的种子——利益——撒在上面加以培植的话。

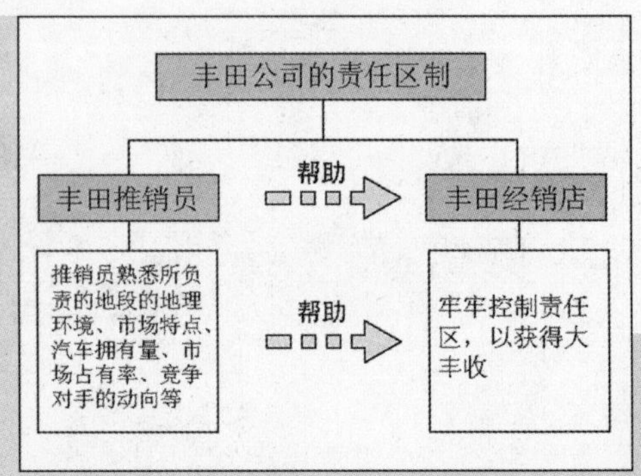

成功率，容易找出共同的谈话题目。但要注意的是，要把检车目录等资料准备齐全。

（5）按行业访问——能及时了解每个行业是否有购买汽车的需要。

（6）“热户”的重点访问——针对成交率高的人家进行的访问，但容易形成只顾少数人家的偏向。

（7）“行星式”访问——为了产生一种邻居买我也买的连锁反应，先行拜访被访问的人家的左邻右舍。

（8）根据不同时间、天气进行访问——这种访问是为了避开对方的工作繁忙时间来进行的。

实行责任区制可以说是有诸多的好处：在自己的责任区内和各种类型的人、各阶层的人熟悉后，很容易收集到买卖汽车的情报，因而，也就更易制定推销和访问计划，也更容易对顾客表示关心。

另外，销售员跑外的时间浪费得少，更容易进行自我评价和自我检查；而且在系列专销的情况下，几乎不存在公司内部的竞争。

销售精英对自己所负责的地段可以说是了如指掌。他们不但熟悉地理环境，而且对自己责任区的人口、市场特点、界内的汽车拥有量、丰田汽车在市场上的占有率、丰田汽车登记部数、随着季节的变化而出现的能否畅销的前兆、更换车辆的周期、其他公司的动向、推销途径的特点等，都了解得清清楚楚。

尽管推销的方式多种多样，但丰田汽车公司告诫所有的销售人员注意：“在推销的世界里，信誉是最主要的。”

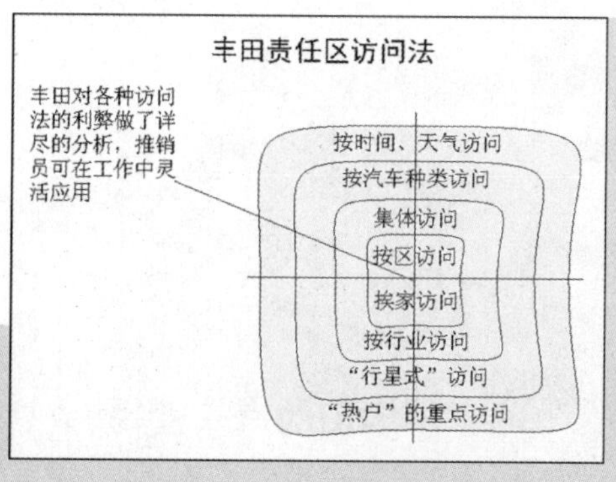

■ 实行责任区制可以说是有诸多的好处：在自己的责任区内和各种类型的人、各阶层的人熟悉后，很容易收集到买卖汽车的情报，因而，也就更易制定推销和访问计划，也更容易对顾客表示关心。但丰田汽车公司告诫所有的销售人员注意：“在推销的世界里，信誉是最主要的。”

5.2.3 与销售店共存共荣

丰田自创办以来就一直致力于组织自己的销售体系。战后，丰田选中了原日本汽车配销中心的常务董事神谷正太郎，让他积极着手组织建立丰田的销售网络。由于那些经销商也正面临配销公司解散，不知何去何从的困境，因此双方一拍即合。不久以后，日产公司也开始着手组建自己的销售网，但由于行动稍微迟缓，效果就差得多，据丰田英二估计，这中间的差别几乎正好形成了如今丰田和日产在日本市场的销售差额。

神谷的销售技术是从日本的通用汽车公司学得的，但他又摒弃了其中不适合日本国情的一面。例如，通用汽车公司对于销售情况不佳、陷入了经营困难的销售店，会冷酷无情地将其抛弃。而日本人则对这种做法很不习惯。丰田汽车公司对此采用了“共存共荣”的做法，同销售店共同发展。每年年初，丰田汽车公司都同销售店互换销售数量合同，协商决定合同中汽车数量，丰田也尽可能地对销售店提供销售技术和销售资金方面的支持。因此，丰田的销售店与丰田汽车公司的关系非常好。当丰田花冠轿车推出时，丰田汽车公司估计，为了顺利实现销售目标，需要各销售店将资本、服务设施和销售人员数量均扩充 3 倍。这是一项巨大的投资，丰田为此专门召开动员大会，谁知会议出乎意料地顺利，因为各销售店的经理对丰田销售公司实在太信任了，“既然神谷先生那么说了，大概我们的销售就能增加到 3 倍，利润也能增加到 3 倍”。

在中国，丰田同样采取了“共存共荣”的做法，其与销售店关系良好，长期合作，双方都比较满意。丰田中国事务所和丰田汽车中国有限公司全面

■ 每年年初，丰田汽车公司都同销售店互换销售数量合同，协商决定合同中汽车数量，丰田也尽可能地对销售店提供销售技术和销售资金方面的支持。

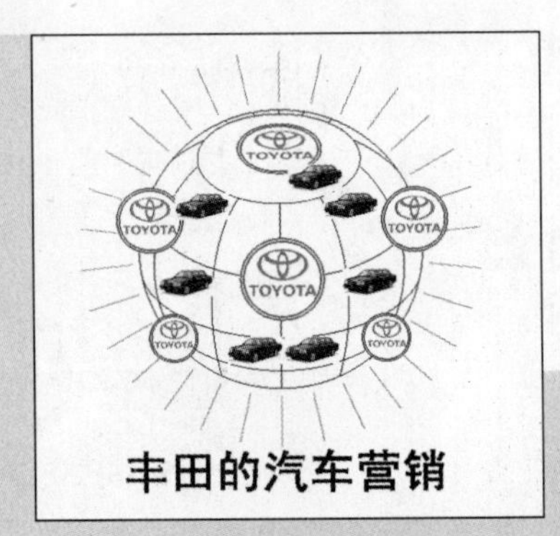

丰田的汽车营销

管理丰田的在华销售事宜，丰田在天津、上海、广州、沈阳、成都等地的分事务所管理丰田汽车在当地的销售。

丰田重视“丰田的销售能力”的培养，即丰田汽车销售公司直接掌握的全国销售店的“销售能力”，这是因为丰田发现，那些销售店的销售能力是惊人的，依靠它们，汽车公司得以实现完全销售。这支持了汽车公司的扩大均衡方针，成为整个公司取得高速发展的原动力。

5.3 绝妙促销

营销，说到底就是创造顾客现实和潜在的需求，并满足这一需求。利用媒体，吸引公众的注意力，这是甚为流行的宣传手段，但需要高超的驾驭技术。

丰田在创造顾客现实和潜在需求方面可谓一绝。它主要借助促销和公关两个手段来提高自己的知名度和美誉度，刺激现实需求，培养潜在需求。为了树立良好的企业形象和产品形象，丰田不惜花重金在目标地区利用报纸、杂志、电视大做广告。为了显示丰田车的可靠性能，他们把丰田车在各种苛刻条件下经受考验的实况拍成电视广告反复播映，以此来消除消费者由于不熟悉产品而产生的抵触情绪。1969 年，丰田在美国售出 13 万车，平均每销售一辆车的宣传费用是美国车的 3 倍多。铺天盖地的广告，赢得了消费者对丰田车的好感。

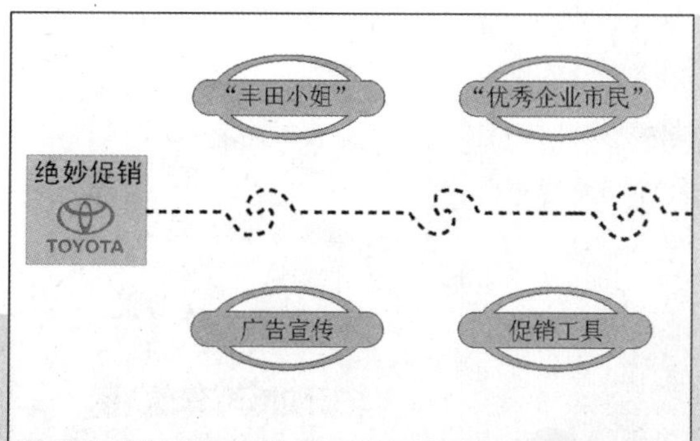

■ 丰田在创造顾客现实和潜在需求方面可谓一绝。它主要借助促销和公关两个手段来提高自己的知名度和美誉度，刺激现实需求，培养潜在需求。

5.3.1 “丰田小姐”

丰田汽车公司为促销绞尽脑汁。早在多年前的东京汽车展上，丰田汽车公司开始尝试让长袖长裙，打黑白领结，身着保守的丰田式服装的美女们上台推销汽车。结果引起了轰动，开创了别开生面的靓女促销之先河，特意请来的美女们也获得了“丰田小姐”的美称。到1996年，丰田小姐们一改传统丰田式服装的保守，身着的是珍珠色迷你短裙和高腰鞋，在展览会上的表现也从只做适当的造型，发展到结合画面进行性能和专业知识介绍。结果，展览会期间和会后的反馈再次表明，这种促销收到了良好的效果。就连“日产小姐”、“三菱促销小姐”、“本田小姐”也随着“丰田小姐”大放光彩。

“丰田小姐”是丰田的一大成果。在东京汽车展上大出风头，获得成功后，丰田及时将其介绍到中国的汽车展上，并且为国内外汽车厂商争相仿效。1997年，上海国际汽车展上，丰田汽车前的美女成了展览会最引人注目的风景。人们纷纷涌至丰田汽车的展位前，欣赏由漂亮的新款汽车和优雅的小姐构成的绝妙景观。丰田展位成为光顾率最高的展位，丰田的努力和创造得到了高额回报。如今，名车靓女已经成为日本、中国甚至世界汽车展的保留节目。

5.3.2 广告宣传

丰田汽车公司十分重视广告宣传这种市场营销手段。一整套层层相扣的传播管理机制，其严密的计划性、随机应变的策略灵活性与整体企业形象战略的有机结合，保证了丰田汽车公司广告宣传的科学性及一贯性，对强化丰

■ 丰田有一整套层层相扣的传播管理机制，其严密的计划性、随机应变的策略灵活性与整体企业形象战略的有机结合，保证了丰田汽车公司广告宣传的科学性及一贯性，对强化丰田汽车的品牌形象起到了巨大的作用。

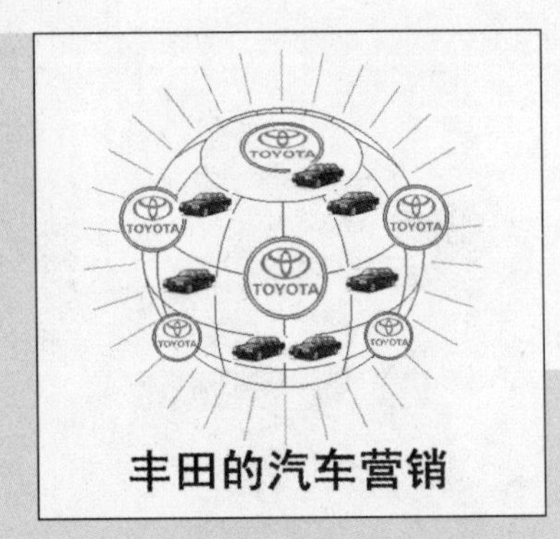

丰田的汽车营销

田汽车的品牌形象起到了巨大的作用。例如，在扭转人们对光环牌轿车的印象时所采用的“破坏性试验”宣传广告，至今仍为汽车界及广告界津津乐道。

1957 年，丰田为了迅速扩大国内小型车的市场份额，以仅高于出厂价 2.5 万日元的价格抛售光环牌小轿车。虽然此车是当时最便宜的，但销路很差。与此相反，日产的蓝鸟牌轿车却占据了市场的竞争优势。为了迎头赶上，丰田对光环轿车进行了改进更新。但由于第一代光环牌产品的名声太差，新型光环牌轿车的销路一直不佳。为了扭转用户们“光环牌脆弱、不坚固耐用”的印象，丰田展开了“破坏性试验”宣传。从 1962 年 2 月开始，“海滨之虎——光环”、“空中飞车——光环”、“猛撞油桶——光环”、“悬崖滚落——光环”等破坏性试验影片在商业电视广播中不断重复放映一年之久。人们的印象终于改变了，光环轿车成了坚固、耐用的车。

不久，丰田推出了光环第三代。由于名神高速公路刚建成，丰田就借机将试车点定在名神公路上。这次总长 10 万公里，日夜兼程连续往返行驶 276 次的试验通过电视直播出来，并辅以各大报纸的大肆报道，光环车高速、坚固的形象已在人们心目中岿然不动了。自从 1965 年 4 月起，光环车就开始压倒蓝鸟车，到了 1967 年 12 月，光环车的销量在小型汽车市场上已遥遥领先了。

丰田汽车公司在进军国际市场的过程中更加注重广告宣传的作用，例如，1969 年丰田汽车在美国市场的广告费用与销量之比为1 850万美元：13 万辆，而美国汽车公司为1 200万美元：27 万辆。显然丰田在这方面花费大大超过竞争对手，不过也正因为如此，才会有丰田汽车今天的实力和地位。

■ 丰田汽车公司在进军国际市场的过程中更加注重广告宣传的作用，例如，1969 年丰田汽车在美国市场的广告费用与销量之比为1 850万美元：13 万辆，而美国汽车公司为1 200万美元：27 万辆。

5.3.3 “优秀企业市民”

丰田为了树立其品牌形象，一直动用各种公关手段来解决各种公益问题，尤其是在交通问题上。

交通拥挤、环境污染、事故频繁日益被人们关注。城市交通是所有大城市伤脑筋的事。丰田为此设立了“丰田交通环境保护委员会”，就城市交通问题展开了深入的调查研究工作。丰田在国内首次修建了人行道桥，保护儿童、老人，避免发生交通事故，同时又缓解了交通拥挤。丰田还开发大区域交通控制系统，捐赠给东京都政府；协助政府机关所在的街道制定只通行小型面包车的制度；每年以幼儿园为对象进行交通安全宣传活动等。

这一切公益活动使丰田获得了一片好评。丰田由此树立起了爱国爱民，取之于民、用之于民的好形象。人们也由此增加了对丰田车的喜好，认为买丰田车就等于为国家、为人民多做点贡献。

除此之外，丰田还建立了“新丰田会馆”，请人们随意参观，以便人们更全面地了解丰田、喜爱丰田。丰田还建立了全天候的运动中心，以丰富员工们的业余生活。丰田也争取一切机会与媒体建立友好联系，及时将具有新闻价值的信息提供给他们，以达到宣传强化作用。除此之外，丰田还积极参加各种社区活动；通过举办新闻发布会、展销会、看样订货会、博览会等向公众推出产品，增进与公众的感情交流。在促进行业发展和整个汽车市场进步中开拓自己的市场，是丰田营销的又一独特创举。

为了开辟市场，丰田甚至开起了汽车驾驶学校。丰田汽车配销公司的常务董事、丰田汽车学校的创办者神谷正太郎先生做了以下解释：“我曾在名

■ 丰田由此树立起了爱国爱民，取之于民、用之于民的好形象。人们也由此增加了对丰田车的喜好，认为买丰田车就等于为国家、为人民多做点贡献。

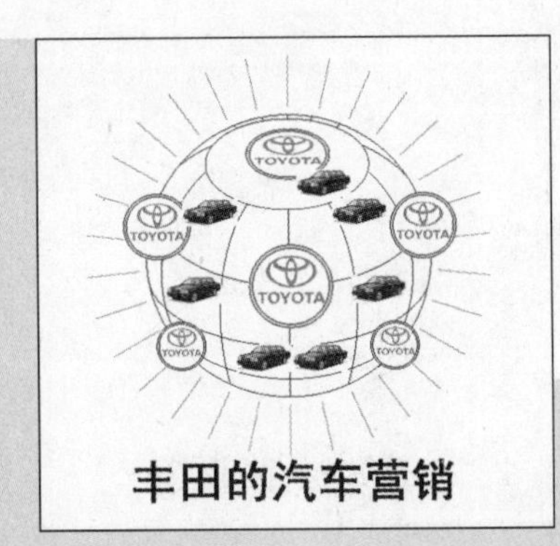

丰田的汽车营销

古屋市近郊创办了中部日本汽车学校。我有一个自己独创的销售理论，就是说，为了买车，为了使用，就应该有个资格，这就是司机的驾驶证。这个学校是教授驾驶技术、颁发驾驶证的学校。比如，你想向没有电的地方推销电气产品，这大概是没有道理的。同样，没有驾驶证的人买车，也是没有道理的。因此，就考虑要建立一个学校，让男人、女人都轻松愉快地来学会驾驶技术，使持有驾驶证的人多起来，这些人就是潜在的需求者，掌握驾驶技术的人越多，潜在的需求者就会越多。为了让女性在练习开车之后能够淋浴化妆，设立了淋浴整容室；为了让学习的人坐在沙发上喝咖啡休息一下，或者临时托儿，还设立了休息室或托儿所。另外，为孩子们修建了汽车游戏场。为此，我们投入了4亿日元，而当时丰田的注册资本才10亿日元。经营学校肯定是赚不到钱的，而且这样做也不会马上就能销售汽车，于是社会上、公司内，大家都议论纷纷，说神谷，你无论如何也不能这样做啊！然而，用长远的眼光看，我确信，这就是在开辟市场。”

每年12月中旬，喜欢足球的人们都会亲自赶到东京或坐在电视机前，观看年度最后一项超级足球赛事——丰田杯。早在20世纪70年代，丰田汽车公司看到足球热在日本和全球各国不断升温，就产生了一种想法：在日本举办一项世界顶级足球赛事，借以扩大公司在球迷中的影响。1980年随着获欧洲冠军杯冠军和南美解放者杯冠军的两支代表世界俱乐部最高水平的球队远征日本东京，争夺世界冠军，这种想法终于变成了现实。这项赛事后来成为一项常设性比赛，定名为丰田杯。获胜的球队可以得到荣誉和奖金，当场最佳球员可以得到一辆丰田豪华轿车。最近几届比赛每年都有100多个国家和地区的几亿人通过直播观看丰田杯赛。在比赛过程中，摄像机镜头不时

丰田的汽车营销

■ 建立一个学校，让男人、女人都轻松愉快地来学会驾驶技术，使持有驾驶证的人多起来，这些人就是潜在的需求者，掌握驾驶技术的人越多，潜在的需求者就会越多。

转向赛场边准备奖给最佳球员的漂亮、豪华的丰田车，使观众对丰田车留下了深刻印象。中国球迷更感激丰田汽车公司，因为其他重大的高水平比赛要么在欧洲举行，要么在美洲举行，由于时差，中国球迷往往只能熬夜观看。而丰田杯提供了一个在黄金时间舒舒服服欣赏高水平比赛的机会。如此，丰田车的魅力年复一年地留在了亿万中国人的心目之中。

1987 年 6 月，首汽丰田汽车驾驶员培训中心在北京成立。另外，丰田还年年在中国各地举行丰田生产方式讲座和培训，这些无疑出于丰田在日本建立丰田汽车学校同样的想法。

1989 年正式启动的“社会贡献委员会”依然不断发挥着积极的作用。除了进一步充实以往在国内外开展的各项社会贡献活动以外，委员会还将在文化艺术、环境、国际交流、学术研究等公益领域积极地开展活动，以满足社会的多样化需求。

1998 年，为充实涉外公关技能，丰田在组织机构上做了部分调整，由丰田中国事务所统一负责丰田在北京、天津、成都、沈阳的办事机构的涉外公关。丰田中国事务所将作为“丰田驻中国大使”，进一步加强与中央政府、地方政府及新闻媒体的联系，这将进一步为丰田在中国的业务发展提供便利。为了使企业成为“优秀企业市民”，丰田不仅仅满足于做到与社会协调发展，而且要求自己在更广泛的范围为社会做出贡献。

5.3.4 促销工具

“优秀的销售人员不单纯靠说话，还要利用各种推销工具”，这是丰田销售人员的不可动摇的推销原则。

■ 为了使企业成为“优秀企业市民”，丰田不仅仅满足于做到与社会协调发展，而且要求自己在更广泛的范围为社会做出贡献。

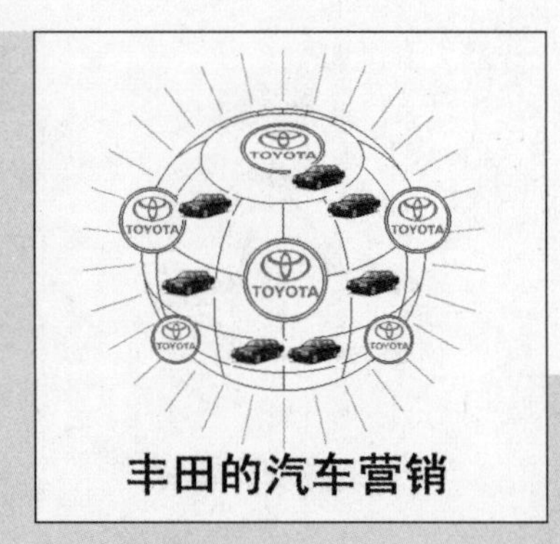

丰田的汽车营销

东京小丰田经销店教育科长青木久曾说："顾客基本上是根据销售人员个人的表现来决定是否购买的，但是从引起顾客兴趣这个意义说，具有促销意味的'小工具'是很多的。"

丰田汽车很注重推销工具的使用，公司销售人员常用的小工具大体可分为两种：

（1）丰田销售公司专为销售人员而制造的。例如，所有特约经销店都有由丰田汽车销售公司统一制作的彩色样本、宣传幻灯片和杂志、新车发布会招待券、汽车维修手册、技术说明书、价目表、车辆性能比较表、销售统计图表、用户统计资料、推销手册、剪报资料以及印有商标和标语的火柴、打火机、小丰田玩具、香烟等赠送顾客的礼品。

（2）销售人员本人根据自己的意图制作的。要求所有销售人员自由发挥，准备一些利于自己推销风格的小工具，并与意向顾客建立经常性联系，如邮寄广告、亲笔信、电话沟通、上门拜访等。由销售人员准备和编写、绘制的东西则主要有名片（分正式用的、接触顾客时用的、对方不在家时用的3种）、汽车价目表（除印出本公司出售的全部汽车的价目表外，还备有其他汽车公司的价目表）、推销信（通过自己的亲笔信给顾客留下良好印象，使他感受到销售人员的真诚）、试乘的样品库（请顾客试乘汽车以便吸引顾客）、买主名单一览表（让人家看看实际使用丰田汽车的顾客名单，以加强说服对方购买的作用）、各种汽车比较表（经常整理好本公司和外厂的最新资料）、统计资料和图表（将生产辆数、推销辆数、出口辆数、市场占有率以及各县、市进货辆数之类有利于推销的资料加以搜集并制成图表）、照片（交货时拍照的汽车和买主家属的照片等）、介绍信、报纸剪贴（刊载在一流报纸、杂志上的有关汽

■ 顾客基本上是根据销售人员个人的表现来决定是否购买的，但是从引起顾客兴趣这个意义说，具有促销意味的"小工具"是很多的。

车的消息，可提高人们对公司的信赖）、小礼品（答谢、慰问、道歉时用的）、订购单、幻灯片（自己拍的，关于本公司情况的幻灯片）、宣传杂志（自己的推销店编制的）。通过这种方法，促进了顾客与销售人员之间沟通，使其互相产生亲近感和信任感，提高了销售活动的效率。

这种做法是根据丰田汽车销售公司和特约经销店间签订的一年销售契约来考虑的。丰田汽车公司始终把“做好出售后的服务工作”作为一项制度加以贯彻。“丰田汽车公司在售车后对买主的服务工作可以说比其他任何公司都做得好。”这是许多用户对丰田汽车公司的一致评价。

案例1：福特巧用媒体造势

1964年，当时的福特公司为了推销野马车，在电视和印刷传媒上做了铺天盖地的广告，力争在最短的时间内让野马车的形象覆盖到美国的每一寸土地。这次促销成为当代利用媒体造势的经典，也是广告策划上的一个经典之作。它包括以下几个步骤：

第一步，组织了一次野马车大赛。将各大报纸的记者邀请过来，借给每人一辆野马车，大赛就在他们之间进行，奖金非常优厚。此外，还请了100多名记者进行现场采访。结果，事后有几百家报纸对这场比赛进行了热烈报道。

第二步，从野马车上市的前一天，同时在全国2 600家报纸上刊登整版广告，以“真想不到，售价只有2 368美元”为标题，下面画着一辆驰骋着的野马车，这样就使公众不仅看到了车型，还知道了价钱，留下了初步的感

■ 1964年，当时的福特公司为了推销野马车，在电视和印刷传媒上做了铺天盖地的广告，力争在最短的时间内让野马车的形象覆盖到美国的每一寸土地。这次促销成为当代利用媒体造势的经典，也是广告策划上的一个经典之作。

福特公司Logo

性认识。

第三步，从野马车上市之日起，在各大电视网不间断地插播广告，广告的创意是一个梦想着成为赛车手的青年驾驶着野马车飞驰。这个广告突出了野马车的性能，而且给观众带来了强烈的视觉冲击力，令人过目难忘。

第四步，在各大停车场树起巨型广告牌，让驾车人知道野马车，勾起他们购车或者换车的欲望。

第五步，在全美最大的 15 家机场和 200 家宾馆、酒店进行实物展出，当面演示其性能，不仅使国内公众能够看到野马车，更将眼睛瞄向海外市场。

第六步，向全国各地的小汽车车主散发传单，广为介绍野马车的性能及售后服务。

这一系列策划活动，使得野马车上市的第一天，就迎来了 400 万客户。取得了如此巨大的轰动效应，连福特公司都感到不可思议。

案例 2：奔驰的营销策略

无论何时、何地，只要顾客的车出现问题，奔驰公司都会提供服务，这就是奔驰的无故障性服务。

奔驰公司完善方便的服务网，彻底解除了顾客的后顾之忧。而公司通过产品形象和售后服务，树立了企业形象，使人们对奔驰品牌有了进一步了解。

奔驰车一直以来都以高价出售，通常每辆汽车的售价是普通汽车的几

■ 无论何时、何地，只要顾客的车出现问题，奔驰公司都会提供服务，这就是奔驰的无故障性服务。

倍，最高售价有时达每辆 10 万美元。尽管如此，仍有很多人购买。因为，奔驰车代表了高贵和地位，它成为许多国家领袖、企业巨富、王公贵族的首选轿车，即使在富裕的德国，开一辆奔驰车也叫人另眼相看；在汽车王国美国，有钱人也同样喜欢购买奔驰。

正因为奔驰是身份的象征，因此，其价格必与身份相适应，必与其高贵的品质相适应，所以奔驰的价格只能高，不能低。

同时，奔驰汽车公司还严格地限制产量——每年只准生产 60 万辆汽车，其中小汽车只有 50 万辆。这比起美国的福特、日本的丰田等汽车公司年产 200 万～300 万辆车要少得多。即使这样，奔驰汽车公司的营业额仍然高达 400 亿马克，其中 62％的产品销往国外。

奔驰公司在定价策略上运用需求导向定价法（需求导向定价是依据买方对产品价值的理解和需求强度来定价，是买方在观念上所理解的价值，而不是产品的实际价值），利用产品的高质量、高声望充分与竞争者产品相比较，使顾客感受到物有所值，满足了顾客的心理需求，逐渐确立了奔驰车的高品位形象。

奔驰汽车公司的宗旨是“一切为了顾客”。公司自成立之日起，就把顾客视为上帝，对顾客的要求一一满足。为了及时了解顾客的需求情况及意见建议，奔驰公司花大力气进行市场调查，以获得第一手数据，指导决策，从而使产品的质量精益求精，为顾客提供满意的服务。

奔驰公司建立了一支杰出的推销队伍，公司不断培训提高推销人员的内在素质，培养他们的敬业精神。销售人员对顾客要既诚恳又耐心，把交易的对象看成自己的亲人，随时随地帮助顾客认识奔驰汽车，让顾客看到最新的

■ 奔驰汽车公司的宗旨是“一切为了顾客”。公司自成立之日起，就把顾客视为上帝，对顾客的要求一一满足。

奔驰车的图样，了解车的性能和特点，让人们对奔驰汽车充满强烈的信心。他们不仅能把奔驰的汽车卖给顾客，而且也向奔驰公司反映顾客的要求，为奔驰公司研制和开发新产品提供了源泉。

奔驰公司一直在世界各地开展各种公共活动。如：公司大力提倡环保，减少污染，为此以身示范。奔驰公司自己建立了旧汽车回收网，开展拆车业务，对废油类、废金属等物品分别回收，还同一家钢铁公司共同研制冶炼废钢铁的新方法。

为了大规模地进军中国市场，奔驰公司积极地树立自己的形象。1994年，奔驰公司在中国最著名的高等学府北京大学设立了奖学金。这在中国的外国大企业中是罕见的。奔驰集团公司向北京大学首批 12 名学生颁发奖学金的数额居北大本科生奖学金之首。此外，奔驰集团还资助北大图书馆 10 万元人民币。奔驰总裁称：“对北大的赞助是奔驰集团与中国高等院校合作的一个开端，本集团将长期持久地以多种形式投身中国的教育事业。作为一个面向全球的企业，这一投入也有利于保障我们自己的未来。”

这些立意新颖、恰到好处的公关活动，大大提高了奔驰公司在中国市场的美誉度，奔驰品牌也在未来的新一代白领和社会中坚的心目中留下了深刻的印象。

■“对北大的赞助是奔驰集团与中国高等院校合作的一个开端，本集团将长期持久地以多种形式投身中国的教育事业。作为一个面向全球的企业，这一投入也有利于保障我们自己的未来。”

第六章

丰田的成本控制

作为企业核心竞争力的组成部分，成本控制力是企业生存发展的必备能力，汽车企业自然也不例外。不过，由于前几年汽车销量出现了40%以上的高增长，车生产出来不愁卖，高投入也能带来高产出，大多数企业也因此把注意力放在如何尽快扩大产能、引入新产品上，在一定程度上忽视了成本控制力的提升。

随着扩大的产能已经形成，市场却出现了萎缩，车价大幅下跌，更加激烈的竞争阶段已经来临。一般的降价、提升服务、推新车型等措施都难挽颓势，汽车企业要在“大浪淘沙”中生存，就必须在降低成本上使出看家本领。迅速从过去的外延增长向内涵增长转变，千方百计降低成本，维持正常的现金流，这才是企业维持生存的必要手段。

日本车给人的第一感觉就是经济耐用，当年杀入世界市场占得一席之地凭借的也是这一点。日本汽车制造商们也没有把传统丢掉，在被众多厂商认为成本控制已是没有空间的今日，仍然把削减成本放在第一位。丰田生产方式中重要的一点就是降低成本，它为了真正达到降低成本的目的所做出的努力堪称典范。

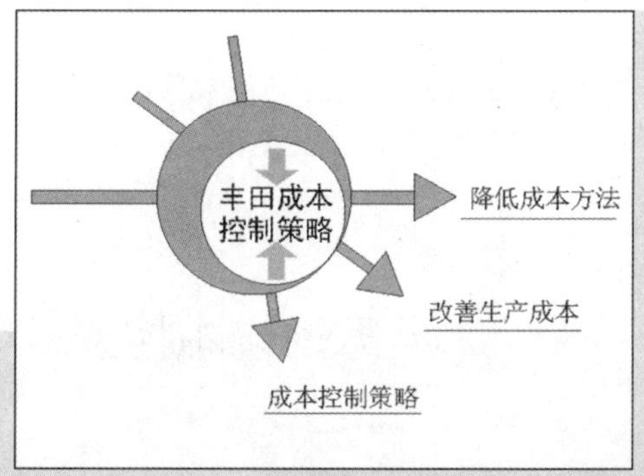

■ 丰田生产方式中重要的一点就是降低成本，它为了真正达到降低成本的目的所做出的努力堪称典范。

6.1 成本改善

生产成本是企业生产在产品的计划、设计、制造、采购、销售等各个环节必须考虑的重要因素。所以，企业生产要考虑的首要、关键问题就是成本问题。汽车工业的成本是指在汽车制造中所消耗的各种材料、人力、机械、电力以及其他有经济价值的东西，然后生产出汽车的各种零部件，最后装配而成整车的整个生产过程的经济消耗。

自创立以来，丰田汽车公司坚持不懈地致力于降低生产成本，从各个方面不留死角地降低成本，这些从它取得令世人瞩目的成绩中可见一斑。

丰田提出了必须同时实现三个子目标，即：①数量管理目标，即每月每日都要生产能适应市场需要的量和种类变动的生产数量。②质量管理目标，即坚持各工序确保对后工序只提供合格品的生产体制。③尊重人性的目标，即实现生产率提高的目标，肯定要充分利用人力资源，为了调动现场人员的积极性，必须提高对人性的尊重。

这些子目标不是孤立存在的，它们作为基本目标的一个组成部分，彼此之间存在着密切的联系。没有子目标的实现，基本目标是不可能实现的。因此，丰田汽车公司把降低成本或提高生产率的目标作为指导目的，把所有的子目标都看成是丰田生产方式的产出物，它们需要同时实现，这是丰田生产方式的特性。

为增加每辆车的盈利，丰田汽车公司实行了以降低生产成本为宗旨的成本管理，丰田汽车公司在生产的全过程，即各个工序上，坚持不懈地进行成

■ 自创立以来，丰田汽车公司坚持不懈地致力于降低生产成本，从各个方面不留死角地降低成本，这些从它取得令世人瞩目的成绩中可见一斑。

本改善活动。各个车间都设有质量管理小组，全公司共有4 000个这样的小组，它们被划分为四个部门。而在降低成本的活动中，丰田汽车公司主要抓了公司生产部门的产前管理与监督、产中管理与监督、生产部门全过程的全面质量把关三个环节。

丰田汽车公司认为，生产的计划是否合理、科学，将直接影响和决定生产过程的合理性，所以公司在还没有投产的计划阶段，对成本的决定就非常慎重。公司的成本管理科专门负责此项工作。它根据盈利计划，对于包括在计划中的所有成本进行综合调整，探求、分析、比较出合理的成本之后，再经过细密的核算工作，才做出投入生产的决定。由于考虑到计划阶段的一个合理化，相当于投产后的十个合理化，所以新产品的计划阶段，也就是在还没有投产的阶段，对成本的决定是非常慎重的。成本决定，旨在对所进行的成本计划工作，是根据盈利计划，对包括在计划中的所有成本进行综合调整，探求合理的成本之后再做出决定的，所以要进行细致的核算工作。

丰田汽车公司改善生产成本的努力是无止境的。最近，他们又宣布，公司成功地开发出了成本变动分析系统“丰田成本控制法”。该方法通过分析预测产品生产时的成本变动，有效地进行成本管理，尤其有助于压缩成本。丰田汽车公司计划今后随时在日本的所有工厂中导入该系统。

此次开发的系统可以计算出资源投入量（产品下线时预估成本的依据）和实际资源投入量之间的具体金额之差。计算出的差额包括“原材料成本”、“劳动力成本”及“能源成本”等30多个项目。另外，还可以从资源投入比例及生产效率等各个角度来分析差额产生的原因，并提供给工厂管理人员等最终用户。

■ 丰田汽车公司认为，生产的计划是否合理、科学，将直接影响和决定生产过程的合理性，所以公司在还没有投产的计划阶段，对成本的决定就非常慎重。

通过使用该系统，生产一线的负责人不仅可得到每个产品的成本数据，而且还可以进行以工厂为单位和以流程为单位的成本管理。根据计算出的数据，可按月分析并确认在各个生产流程中的资源投入是否合理。另外，通过预测此后的变动，随之改进长期超过标准值的项目，就可以降低资源损耗以及成本浪费。

6.2 成本方案

在企业活动中，能否追求真正的经济性是关系到企业生死存亡的问题。丰田生产方式追求经济性的方法是通过减少工时来达到降低成本这一目的的。在这里，有两种判断是否降低成本的方法：一种是判断A方案和B方案中哪一个方案有利的“判定问题”；另一种是在A、B、C等许多方案中，看哪一个方案在经济上最有利于“选择问题”。

对于第一种判断是否降低成本的方法，就需要判断哪一方案最好的问题。例如，某种产品究竟是在本厂内部生产好，还是向外边订货好；为了加工某种产品，究竟是购买专用机器好，还是使用现在使用的一般机器好。遇到这种情况，判断的关键在于，首先要冷静地重新认识一下自己内部的条件，来不得半点自以为是，不能根据论据贫乏的经济计算，就得出向外边订货比本厂内部制造成本更低的结论。

关于“选择问题”，大野耐一曾举例说，在解决如何才能减少人员时，可以考虑以下几种办法：一种办法是购买自动化设备来减少人员；另一种办法是改变操作编组来减少人员；此外，还可以考虑引进机器人来代替人力。

■ 在企业活动中，能否追求真正的经济性是关系到企业生死存亡的问题。丰田生产方式追求经济性的方法是通过减少工时来达到降低成本这一目的的。

大野耐一说，最主要的是要在综合分析各种方案优劣的情况下，选择一种最好最经济的办法。“在做这种改进时，在研究的过程中，由于‘达到一个目的有许多手段和方法’，所以，首先应该列举设想出来的多种改进方案，然后综合起来一一加以研究，选择其中一个最好的办法。在没有经过充分研究的情况下便着手改进，往往会订出一个花钱过多而降低成本效果不大的方案来。假如，有一个方案，为了减少一个人，需要安装价值 10 万日元的电控装置。如果实施了这一方案，花 10 万日元减少一个人，那么，对丰田汽车工业公司来说，将是很合算的。但是，经过仔细研究以后，如能发现不通过花钱而仅仅通过改变操作程序就能减少一个人，那么，不妨说花费 10 万日元的方案是个失败的方案。”

6.3 成本控制

无论经济情况是上升还是下滑，丰田汽车公司的每个分支都会被要求削减成本、桌面项目和经费。但是，更低的成本要求也可能是实施更佳运营和服务实践的一个机会，可以在提供业务绩效的同时降低成本。丰田汽车公司进行成本控制的策略是多方面的。

6.3.1 从多环节着手

为了有效控制成本，丰田汽车公司主要抓了以下这三方面的工作：(1) 不同的经费项目：劳务费、材料费（直接的或间接的）、保全费等。(2) 不同工序：铸造工序、机械加工工序等。(3) 不同产品：不同类型汽车（车

■ 无论经济情况是上升还是下滑，丰田汽车公司的每个分支都会被要求削减成本、桌面项目和经费。但是，更低的成本要求也可能是实施更佳运营和服务实践的一个机会，可以在提供业务绩效的同时降低成本。

种）。

丰田汽车公司确定总的指标额，在广泛征求意见、与有关部门进行协商的基础上，向各个部门分配应负担的数额，即根据各部门的预算额、生产额等按比例进行分配。各部门把自己的负担额逐级分解下去。不同种类汽车成本的降低方法是按照不同的车种、相同的项目来进行比较的。这个过程的要点是：规划能满足顾客需要的产量；在制造过程中实现目标成本。

这样做不仅适用于本公司的车，而且也扩展到其他公司的车和进口车。更重要的是，这样不仅对降低成本极有好处，而且为计划部门提供了大量有用资料，可谓一箭双雕。

另外，降低成本的做法还体现在一些很不起眼的细小事情上，例如，尽量减少不必要的会议。有人曾指出，公司的各类会议，一开就是两三个小时，有些会议实际内容不多，而且常常不能按预定的时间开始，预定出席人也到不齐，结果就达不到预期的目的。公司对这种既费时费人还浪费钱的会议进行了精简，会议也由此节省了大约10%的时间。

不仅如此，丰田汽车公司把降低成本当成例行的公事，用制度去保证它，尽量为其创造良好的实施环境。自从1961年成立了成本会议，丰田汽车公司就逐渐把改善成本活动纳入正常化、规范化、制度化，并确立了按车种改善成本的方法。后来，随着新建工厂的增多，工厂之间出现了可比性，于是，从1965年起又设立了“工厂间比较委员会”，以推动各个工厂之间的降低成本活动。通过这种方法，各工厂之间同一道工序经过比较，互相取长补短，从而找出改进工艺、降低成本的最佳方法。

■ 不仅如此，丰田汽车公司把降低成本当成例行的公事，用制度去保证它，尽量为其创造良好的实施环境。

6.3.2 从省人化到少人化

丰田汽车公司成功的秘诀之一，即它每时每刻都在考虑用最少的人生产更多的东西。“少人化”这一经营思想，是大野耐一在长期的经营管理实践中摸索出来的。U型机械配置是实现“少人化”做法的有效手段。特别是U型生产线联结而成的“联合U型配置”，可以在需要减少时将各作业点减少的工时集中起来，以整数削减人员。在U型生产线上作业的多能工，依照标准作业组合表，依次操作不同种类的机械，在标准时间巡回U型生产线一周，返回起点。

其实最早，大野耐一在谈到降低生产成本、增加利润时，提的目标是“省人化”。后来却认为“少人化”不是比“省人化”更能反映事物的本质？所谓“省人化”就是节省人的意思，例如，以前十个人的工作减少到八个人来干，就节省了两个人，如果经营者开始时雇用很多人，后来不需要那么多，便要裁减；而“少人化”，则是根据产量而定，不固定人数，三个人能做，五个人也能做。所以，一开始就可以用较少的人去做。

如果不抓住减少生产成本这条根本原则，那种“省人化”带来的可能是高成本的后果。因为所谓“省人设备”，像土木建筑方面使用的起重机、推土机等机器，的确可以说是“省力化设备”。不过，问题在于部分自动化或局部自动化。在汽车制造厂里可以看到，在有几道工序的操作中，只在最后一个环节上装配省力的自动装置，其余的操作仍然用手工。那么，这种省力化是绝对不行的。完全实行包括人的因素在内的自动化，当然很好，但那种只想自己轻松之类的办法，反而有可能提高成本。

■ 丰田汽车公司成功的秘诀之一，即它每时每刻都在考虑用最少的人生产更多的东西。“少人化”这一经营思想，是大野耐一在长期的经营管理实践中摸索出来的。

丰田汽车公司强调，在用较少的人生产较多产品的问题上，应该是用人数来考虑。很简单，即使减少了相当于0.9个人的工时，也不能减少一个人而达到“省人化”。所以，首先应该考虑改进操作，其次再考虑改进设备。单从改进操作方面着手便可以节省出一半或1/3的工时，接着再实行自动化或改进设备。

丰田汽车公司的实践证明，“少人化”的确是提高生产力、降低成本的一条有效途径。1950年，丰田汽车公司因裁减人员发生过劳资纠纷。纠纷解决后，赶上了朝鲜战争带来的特别军需订货。在这一时期，丰田使用有限的人力做到了大增产。后来，一直在灵活地运用这一条宝贵的经验，从而能够用比其他企业少20％～30％的人力保证同样的产量。丰田生产方式培养出来的“丰田人”的创造力、努力和实践能力，使惊人的产量成为可能。

6.3.3 提高老设备利用率

陈旧的设备常遭被淘汰的命运。有些设备被认为是已经折旧完了，成本已经收回，什么时候淘汰都不算损失；甚至有些还被看成账面价格已经是零了，再投进改造费用不合算，不如换新的。这种说法在丰田汽车公司根本站不住脚。折旧费、剩余价格以及账面价格等都是在会计和税务上为了方便而创造出来的，而用诸如成本比较法、投资利润法等得出的老设备需要更新的结论，从逻辑上看似乎很严密，但它们只是在一定的前提之下才能够成立。

丰田汽车公司对于老设备有这样的观点：机器设备的价值不是取决于它的使用年限或型号的新旧，而是取决于它还保持着多大的开动能力。打个比方，即使是1925年左右购置的老设备，如果保养得好，现在还能保证100％

■ 丰田汽车公司对于老设备有这样的观点：机器设备的价值不是取决于它的使用年限或型号的新旧，而是取决于它还保持着多大的开动能力。

的开工率，在生产上起相应的作用，就不能说它的价值有丝毫下降。相反地，即使是一年前购买的新设备，如果维护不好，只剩下50%的开工率，那么它的价值已经降了一半。这样，就可以从保持多大开工能力这一点上来认识老设备的价值。大野耐一曾经说过这样一个生动的比喻：人年岁越大越成熟，反而是提高了价值，因此，对待年头久的设备，要像对待人一样，加倍予以重视。

在实践中，丰田认为无论是机器的大修还是设备的更新，如果不是经过充分保养而使其陷于这种报废状态，并用靠不住的判断继续主张更换设备的话，为此支出的费用将是庞大的。所以，应该保证老设备的利用率，降低成本。

案例：广州本田的成本控制要点

在成本控制方面，广州本田从创立之初就一直堪称楷模。主要表现在以下几个方面：

1. 投资成本。通过改造广州标致工厂，广本用了不到15亿元，9个月时间，就形成了3万辆生产能力。雅阁轿车上市后获得巨大成功，广本的利润积累逐渐丰厚。但是，从3万辆到6万辆，从12万辆再到如今的24万辆，广本始终是一步一个脚印地发展。厂房建设需要100米就建100米，有些厂房二楼暂时用不上，就连瓦都不盖。用广州本田执行副总经理曾庆洪的话说，仅投资成本一项，与其他企业比，广州本田就节省了一半还多。

2. 制造成本。在完成24万辆产能改造之前，广州本田的厂房曾经是国

■ 在实践中，丰田认为无论是机器的大修还是设备的更新，如果不是经过充分保养而使其陷于这种报废状态，并用靠不住的判断继续主张更换设备的话，为此支出的费用将是庞大的。

内主流轿车企业中最简陋的，但广本的现场管理水准之高又是出了名的。通过开展现场改善活动，提高产成品合格率和工作效率，减少跑冒滴漏，广本在制造成本不断下降的同时，雅阁轿车还获得了 J. D. power 本田海外工厂品质测评第一名。

3. 材料成本。广州本田一直致力于提高国产化率，目前，国产化率高达 80%，为广本配套的零部件厂家达 150 多家。为扩大采购规模以降低零部件成本，本田又在广州合资建立了出口基地，2004 年底，两厢飞度轿车将出口欧洲。

4. 费用控制。广州本田在这一方面更是有许多“绝招”：搞活动不请专业公关公司，由总经理办公室协调企业各部室抽调人员自行组织；从不铺张浪费讲排场，下线活动大多在工厂厂房里进行；虽然利润率在汽车企业中名列前茅，但人工成本与竞争对手比仍有优势。

——部分摘编自人民网：《成本控制是核心竞争力，向广本学学成本控制》，作者王政。

第七章

丰田的管理模式

可以这样说，在丰田汽车公司，上级领导驾驭把握着方向与快慢节奏以及组织协调工作，而下级部门与下级员工，就像一匹匹快马，在各自的专业领域中同步拉着企业往前奔；而在有些公司中存在着另一种方式，其特点是上级管理者掌握着大部分权力，使下级部门与下级员工经常依赖上级的指挥、指导，跟着上级亦步亦趋。一看便知，前者的发展速度快，而后者的发展速度慢。当一个公司的发展速度来自上级与多个下级的权力、动力、能量的乘积时，那么它就能发展成为一种超速模式，上级与下级同步，并具有自治、创新、发展的能力。

7.1 管理12要诀

推动管理创新，提高管理能力，讲究效率、注重方法，是搞好现代企业管理的必要手段。在长期的管理中，丰田汽车公司总结出了12条基本要诀。它流传很广，除了日本之外，世界上许多国家的管理者也都将其默记在心，以便随时指导自己的工作。

1. 所谓管理，就是为下属提供管理上的建议，调整总体的工作，并且

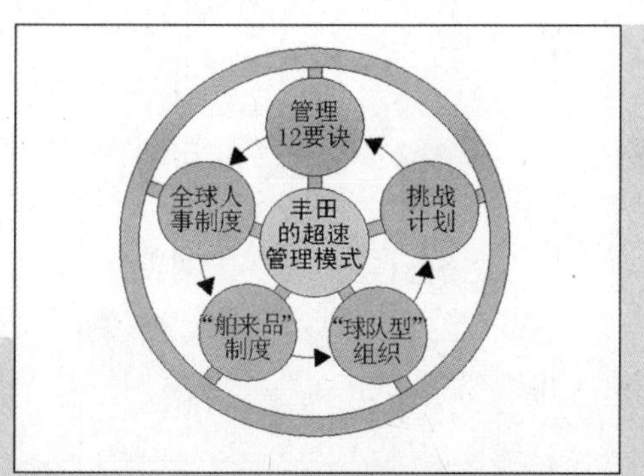

■ 可以这样说，在丰田汽车公司，上级领导驾驭把握着方向与快慢节奏以及组织协调工作，而下级部门与下级员工，就像一匹匹快马，在各自的专业领域中同步拉着企业往前奔。

借由沟通，协助下属解决工作上所面临的困难，畅通无阻地推动管理的循环。

管理并非管制。所以管理者必须是一位建议者、一位计划者，而不是一位监督者和管制者。

2. 所谓管理，就是为了能够更经济地推动管理目标施行，建立不浪费资源的作业体系，同时也为了使这些作业体系能够运作得更为有效率而建立管理制度。

任何一个部门都会同时存在着作业和管理的问题。一方面管理者以人、物、设备为对象，建立一套减少浪费的作业体系来提高生产力。而另一方面，管理者又必须时常为提升部、科、组各级的工作效率而思考如何在管理上建立一套体系。只有这样，才能提高整体组织的工作效率，并且达到降低成本的效果。

其方法有以下几种：

制定一套以人、物、设备为对象，不浪费人力资源的生产流程，并且运用工业工程的方法来提高劳动生产力。

运用提升整体效率的系统工程方法，有计划地改革、改善部门的运作制度或组织的体制。

3. 所谓管理，就是为了要达到所设定的目标值，选择应当优先处理的重点项目，根据实际的分析数据，并且清楚地了解项目的背景，以重点导向来积极推动管理循环。

工作不分领域，总会存在着形形色色、大小各异的项目。然而经营就必须要讲究效率，不能随便选择。因此需要依据目的将资料做分门别类、层层

■ 所谓管理，就是为了能够更经济地推动管理目标施行，建立不浪费资源的作业体系，同时也为了使这些作业体系能够运作得更为有效率而建立管理制度。

递进的分析，根据结果，依据质量、成本、交货期的种类选定优先的重点项目。而且，最重要的是重点实施选定的项目，以及将其实施效果反映到经营目的上。

4. 所谓管理，并不是一种简单的表面现象管理，例如将计划执行所产生不良现象的结果加以纠正等，而是探求这些现象的真正原因并加以排除的管理。

纠正不良现象的善后管理是一种着重于表面现象的管理方法，缺乏效率将导致成本长期居高不下。但管理者若能够从根本上找出产生不良现象的真正原因且能解决，将其转变为注重原因的管理方法，那么只需投入一次，便可以一劳永逸。以长远的眼光看来，这是非常有效率的。而管理者本来的职责就是真正地了解企业的基本理念，发挥其领导能力，督促下属实践该理念。

5. 所谓管理，并不只是一种事后管理，即在生产活动发生错误以后才进行善后补救，而是一种积极防患于未然的事前管理。

尽管许多事是很难做到完美无缺，但仍需要随时保持积极的态度，也就是要：

充分做好并强化事前的准备工作；

切实将准备工作所做的具体内容反映到品质上；

做好结果的考评、确认等工作，努力坚持开发防患于未然的体制。

这样不仅可以减少善后处理现象的出现，而且还可以享受收获的喜悦。但管理绝非是所有人员都各自为政，它必须根据高层主管坚定的决心，使全体员工、所有组织都能放眼企业的未来。同时，这也是革新员工长期的惰性、公司松散体制的重要工作。

■ 所谓管理，并不是一种简单的表面现象管理，例如将计划执行所产生不良现象的结果加以纠正等，而是探求这些现象的真正原因并加以排除的管理。

高层主管在新产品相关计划完成之后必须加以考评、反省，并且明确、制订下次计划的项目，拟订对策，以期待强化下次计划的实行效果。这一点也是十分重要的。

提高品质保证，必能带来极大的降低成本效果。这比做善后处理所付出的代价更为经济。

6. 所谓管理，就是负责 QCD（QCD 即 Quality 品质、Cost 成本、Delivery 交货期）的主管部门作为生产线品质保证的一个环节，必须贯穿从研发到市场全过程的机能，提供各种所需的支持服务。这种管理方法被称为机能类别管理。QCD 的主管部门必须根据品质保证的标准，确立可以防患于未然的体制，并由制造、检验等下层部门，事先向企划、设计等上层部门提出所期望的事项。

总而言之，QCD 的主管部门在新产品构思的阶段必须尽全力处理下层部门所期望的事项。而在量产上线以后，QCD 的主管部门则又必须尽职尽责，防止问题的出现。

7. 所谓管理，就是提高这样一种管理品质：把握好现有条件，充分利用以促进结果的产生。因为管理特性受到过程的支配，所以要想达到所设定的目标值，就必须提高这样的管理品质。无论在任何企业，目标就代表所有的结果。无论是成是败，都要看过程管理的优劣而定。这也就是特性与主要因素、目标与实施事项，或者可以说是结果与原因的管理。

8. 所谓管理，就是提升另外一种管理品质：为达到所设定的目标值，制定计划并实施之后检查确认结果及设定周期，针对达成率、生产效率或投资效率做多方面的考评、反省。

■ 所谓管理，就是提高这样一种管理品质：把握好现有条件，充分利用以促进结果的产生。

管理者为了达成自己主要管理项目的目标值，就必须让下属接受实施重点项目及达到目标值，并对实施结果定期检查或考评、反省。

此外，对于实施管理项目的过程，四个 M（Material、Machine、Method、Man）的实际情况必须亲自实地实物地考察和掌握，确认建议是否适当。之所以如此，是因为依据事实的建议更具有强大的说服力，这样才能提高管理品质。

9. 所谓管理，必须确定现在想获得怎样的目的，并选用适合的方法，运用所分析出的数据做出更为准确的判断，以及更有效率地进行经营运作以及品质等管理循环。

管理工作在选择优先项目或探求原因上，需要做许多大大小小的决策。此时最重要的是要明确界定到底想要知道的是工作能力，是流程，还是流程的正常、异常状况。这一点必须先界定明确，然后才是根据需要有选择地使用科学的统计方法，做出最正确的判断，提高工作效率。

10. 所谓管理，就是在吸取失败的教训之后，重新制订操作标准及程序，确定一个标准化章程，从而避免失败再次发生。

失败对于一个不断追求进步和创新的企业来说，是经常要面对的问题，但是，唯有吸取了第一次失败的教训，防止再度发生，这才是最为关键的。相反地，恐惧失败的消极管理者，对企业不会有任何贡献。

避免失败的发生要靠标准化。在新产品开发的竞争时代里，计划部的任务就是确保同样的错误不再出现第二次，尽可能地减少成本的浪费。没有任何成本所需付出的代价会比一再发生问题更高了。因此，防止损失再度发生，结果也就等于盈利。

■ 所谓管理，就是在吸取失败的教训之后，重新制订操作标准及程序，确定一个标准化章程，从而避免失败再次发生。

11. 所谓管理，就是上司为了确保自己的工作目标能够得到更好的实现，全面了解下属的工作任务，包括要领、周期等，并通过检查、建议等一系列有效的手段，督促下属实现双方的预定目标。

无论是高层管理者、中层管理者，还是低层管理者，他们的工作目标都必须通过下属才能得以实现。上司的目标之所以能够达成完全是靠下属努力的结果，这一点身为管理者绝对不能忘记。一旦发生问题的时候，上司必须为下属提供所必要的协助。

12. 所谓管理，就是不要在部门内独自处理那些需要部门之间相互支持的项目，而应该向有关部门申请给予支持，由主管部门召集关系部门、发挥确认项目、分配对策、调整等服务机能。

丰田汽车公司这 12 项管理要诀都和管理本质、工作效率息息相关。丰田汽车公司认为，既然企业的根本在于收益，那么轻视效率的管理也就不成其为管理了。

7.2 “球队型”组织

面对目标总是坚定不移地采取行动，拥有牢固的金字塔型的组织结构，堪称为“铁军”——这就是社会对于丰田的组织结构的一般评论。而且就连丰田汽车公司的人才也被看成是铁板一块，缺乏个性。总之丰田集团就是日本集团主义的缩影。实际上，这样的评价不尽正确。

足球的魅力在于能在看似无法突破的中场突破过人、冷不防地起脚射门、进球破门或在于前锋动作迅速地跑动、一脚射门等。在足球比赛中，是

■ 面对目标总是坚定不移地采取行动，拥有牢固的金字塔型的组织结构，堪称为“铁军”——这就是社会对于丰田的组织结构的一般评论。

选择射门还是过人突破，如何防守不让对方突破，如何在场中跑动等，所有这些动作，都依赖于球员们在面对足球的那一瞬间做出的判断。所有这些动作有如魔方游戏，只要每一步都正确，那么整个球队就能非常主动、灵活。而根据球队所面临的形势组织 11 人的队形，就需要有巧妙而强有力的组织机构。

对于企业来说，也是这样：与足球比赛中必须面对瞬息万变的场上形势做出迅速、正确的判断一样，企业必须对竞争和市场变化做出迅速反应，进行彻底、根本的改革，这样才能在经营竞赛中运用获胜的战略战术。丰田的组织把足球运动的原理运用其中，在企业内不仅保持着等级制度，而且在权力委托、政策决定、传达及横向合作等方面也能十分顺畅地加以进行。每个员工又都像足球球员那样积极主动、跑位灵活，也就是说每个职员的积极主动使丰田的整个组织充满活力。丰田不仅在生产系统方面，在组织上也追求精干型的风格。打个比方，丰田组织风格属那种发挥集体组织凝聚力的“德国战车式”球队，而与此相反，索尼的组织风格是那种最大限度发挥个人能力的南美足球类型。

今天的日本企业，正面临着以前不曾经历过的经营环境的激烈变化。迄今为止，日本企业虽然已经成功度过了两次石油危机的冲击和日元升值所带来的困境，并由此强化了企业抗御风险的能力。但今天经营环境变化所带来的非常困难的课题，按照以往那样的系统改良是难以解决的。在面临着市场饱和、市场全球化和环境问题等经营课题的严峻形势下，现在的日本企业都面临着艰难的状况。所以这就需要企业除了确立制造生产的基本战略外，还必须建立能够适应变化的具有活力的动态组织结构。特别是在充满变数与速

■ 丰田的组织把足球运动的原理运用其中，在企业内不仅保持着等级制度，而且在权力委托、政策决定、传达及横向合作等方面也能十分顺畅地加以进行。

度的市场中，要想有效地适应这样的市场状况，就必须拥有灵活、机动的组织构造。正如在球赛中，必须对球员的作用、配置、比赛的队形组合等不断进行有效的调整。如果队员为了防守，而只在后场等待，那么将很难取胜；球员只是带球、黏球而贻误时间，球赛也不能取胜。还有不能只用老的经验丰富的队员，还必须大胆起用年轻队员。丰田就是这样以上述原理为原则，成功地组织起了企业阵容，从而形成了一个坚强的战斗集团。为了组织起能尽可能多地给队员创造机会的有效攻击，足球队就必须建立起有效的阵容与队形。这个道理同样也适用于丰田的组织。

丰田从 20 世纪 80 年代后半期开始，便告别了那“过时的组织结构”，实现了向“为了成功的组织”的转变。

而且，自从公司设置了工厂环境委员会以后，丰田在汽车的开发、设计、生产、销售以及废旧车辆处理等所有环节，努力将可能给环境造成的影响减少到了最小的程度。1989 年，丰田对公司的组织机构进行了大规模的调整，废除了科、系两级机构，使原来的部、科、系这种金字塔型结构变成了平面型结构。通过这项改革不仅实现了迅速决策，同时由于每名职工都可以自由地参与公司各项工作，从而最大限度地发挥了全体员工的能力。

7.3 “舶来品”制度

1951 年，丰田英二到美国的福特工厂取经。在福特工厂参观的时候，他们感到该公司的建议制度不仅能对业务工作的进一步改善带来很好的效果，而且能调动广大职工参加企业管理的积极性，于是回国以后马上就采取

■ 丰田从 20 世纪 80 年代后半期开始，便告别了那“过时的组织结构”，实现了向“为了成功的组织”的转变。

了这种做法。

这个“舶来品”制度建立后不久，在 1953 年 2 月，丰田便开始征集对全公司有代表性的口号，“好产品、好主意”成为其中最有代表性的一条。此后，丰田工厂到处挂着“好产品、好主意”的大标语牌。

丰田的这个建议制度又称提案制度，其目的和精神完全像口号所体现的那样，是为了改善质量、降低成本，得到好产品，从而启发职工的创新精神，征集好主意，以使公司在世界汽车市场稳步发展。

建议可以是作业者个人下功夫想出来的，也可以是质量管理小组集体提出来的。

通常情况是这样的：首先，小组成员若向监督者报告有问题存在时，监督者要确认问题的困难程度，了解对其他业务和作业者的影响。接下来，监督者要仔细研究现在的状况，明确问题的原因，这个调查过程也可以弄清其他有关问题。然后，监督者应鼓励和奖励作业者为解决问题想办法，提出改善建议，并且由小组成员把选出的方案抄写在建议用纸上，投入建议箱。最后，由监督者分析各种解决方案，在其中挑选出最好的方案。丰田汽车公司设有很多建议箱，不论谁都能轻松愉快地去提建议。

关于建议的提出手续，丰田的方法与美国福特的几乎没有什么不同。这种独特的审查提案程序是：

（1）每个月的头一天，各工厂、部门收集提出的提案，并在“创造性思考”的记录本上登记。

（2）各工厂以及事务部门的分部就提案进行充分的调查、审议，到 20 日结束审查。奖金在5 000日元以下的提案可由分部的审查来决定。

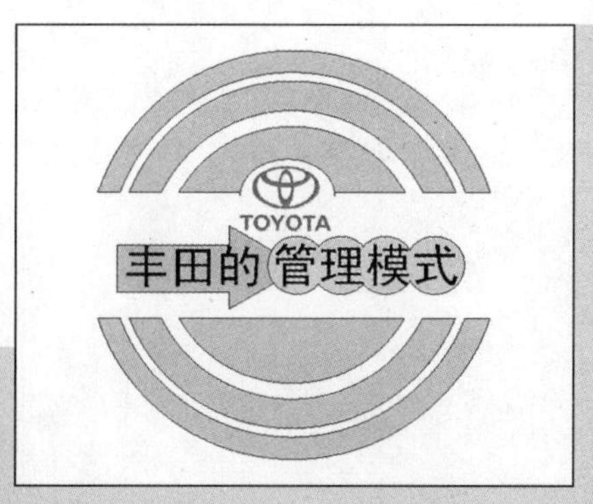

■ 这个“舶来品”制度建立后不久，在 1953 年 2 月，丰田便开始征集对全公司有代表性的口号，“好产品、好主意”成为其中最有代表性的一条。

（3）各工厂以及部门委员会对各分部评选出的6 000日元奖金以上的提案做进一步的调查研究。

（4）全公司的“创造性思考”制度委员会在每月月末进行审查，一般是就奖金在2万日元以上的提案进行专门审查。

（5）审查结果用审查结果一览表，或利用丰田报纸等，在公司内部广泛公布。决定采用的提案，通过审查员很快使其落实。

通过这些有秩序的步骤，提案的审查、评价系统方面运行非常迅速。

建议制度自建立以来，好建议层出不穷，贡献总额简直是难以统计。最初的一年，从各方面仅仅征集了183件。年度达到1 000件是在1955年，达到10 000件是在1965年。在1968年至1980年的13年间，共征集建议430多万件。

例如，在1975年至1976年6月的结算中，比较清楚的是制造部门的合理化效果是160亿日元，其中，由于动脑筋创新的建议，使间接材料费降低40亿日元。所谓间接材料费的降低，是指使用油脂品种的改变、回收方法的改善、工具的改善等。另外，还有一些贡献额很明显的事例，例如，利用试验过的车胎，每月贡献额50万日元；改进成型的成材比例，每月贡献额230万日元等。这些建议一旦被采纳，提建议者就可以获得500～100 000日元的会金。在很多的车间，把提建议所得的奖金，作为进修费和亲睦会、研究会的基金。

丰田汽车公司通过“好产品、好主意”这个活动，充分调动了职工的积极性和工作热情，又营造了团结友好的气氛，还为公司节省了一笔巨大的开支。

■ 丰田汽车公司通过“好产品、好主意”这个活动，充分调动了职工的积极性和工作热情，又营造了团结友好的气氛，还为公司节省了一笔巨大的开支。

7.4 “挑战计划”

由于已经不能再期待超越迄今为止所取得的经济成长，为了能够应对“高质量、低成本、大批量生产”的经济环境的激烈变化，丰田汽车公司汽车产业的经营战略面临着转变的问题。1996 年 7 月开始，丰田汽车公司引进了“挑战计划”。

“挑战计划”以环境的结构变化为基础，以多样性和创造性为核心，其目标是“建立这样一个企业，即企业拥有多样性的人才，这些人才能在多样化的领域中，发挥创造性的同时充满活力地进行工作”。

由于新招员工的人数并不充分，丰田汽车公司一直未能扩大组织，而且按照惯例论资排辈进行晋升，也使管理层职位大量增加，结果导致公司面临工作细分化和实际业务战斗力低下的不良局面。同时，公司员工的高龄化和高资格化日益严重。在这种情况下，丰田汽车公司认为有必要建立起适应 21 世纪要求的人事制度，从而将最大限度发挥个人能力的工作作为重点，实施了改革。

7.4.1 改革的三个方面

丰田汽车公司的“挑战计划”有三个方面。其中之一是在人才培育和人才利用方面的改革。在以前的职员教育中，是由骨干员工采取 OTJ（on—the—job training）方式进行职员教育，这是一种由骨干员工在日常业务中，对职员进行实地训练的实用型教育方式。在这种教育过程中，向职员灌输企

■ “挑战计划”以环境的结构变化为基础，以多样性和创造性为核心，其目标是“建立这样一个企业，即企业拥有多样性的人才，这些人才能在多样化的领域中，发挥创造性的同时充满活力地进行工作”。

业是个大家庭的意识和思想。可是随着终身雇用制的逐渐崩溃，这种教育方式出现了明显的弊端。因为，对于骨干员工来说，由于终身雇用制的动摇，在前途未卜的情况下，很难安心地对下属进行教育。从他的下属的角度出发，自己不一定一直在丰田工作，就没有必要为了公司奉献自己的一切。针对这种情况，丰田公司采取了相应的改革措施，具体有：

第一，改革就是为提高骨干职员的积极性、生产效率和发现员工教育的新方向，从而重新审视以往的人才培养的结构。丰田新的人才培育方向，具体是：①以有计划地培养多样化的高级人才的方式取代以扩大组织为前提的人才培育方式。②削弱年功制度的重要性，全面推行成绩标准。③为了留住能够开展新业务的多样性人才，培养也能活跃于公司以外的人才，提出适应劳动力流动化的积极对策。

第二，对事务技术人员的工作方法和思想意识的改革。其中，包含自我研究休假制度、自我启迪支援计划、V-TIME 制度、裁量劳动制等一些具体的政策和制度等。

第三，是组织、管理上的改革。具体的改革内容有：将组织结构与工作内容相结合，并重新进行认识和审查；以增强竞争实力和提高服务质量为目标的分社化应积极加以推进；对于一些重要、紧急的课题和跨部门跨组织的课题，组织由一些有一定期限的专门人员组成的项目工作组加以解决。

7.4.2 五个基本主题

具体来讲，这次改革分为 5 个基本主题，分别是：

（1）“消除论资排辈的要素”：将相当于科长级别的骨干职位三级以上的

■ 改革就是为提高骨干职员的积极性、生产效率和发现员工教育的新方向，从而重新审视以往的人才培养的结构。

管理人员的工资体系改为成果主义。对于科长以上的管理人员，其年龄和工作时间一律不与本人的待遇和晋升考虑在一起。废除了月工资中的基本工资。作为其替代物，按照不同的资格引进一定金额的资格工资，由此，只要资格相同，其基础工资人人平等。同时，停止了原来实行的区分 6 级业务能力工资的考核点，将其简化为“认真完成了所期待的工作，评分为 B”，“取得了超出期待的成果，评分为 A”，“即使在整个公司来说也是取得了出类拔萃的成果，评分为 S” 3 个阶段。但同时丰田汽车公司也考虑到，对于参加工作时间较短的新员工，用成果主义要求他们是不现实的，因此，成果主义只适用于管理人员。

（2）“以普通员工为前提进行培养和有效利用”：因为即使是大学本科毕业生也未必能够都获得管理职位，所以要培养拥有高度专门知识的专门人才，不仅在公司内部，在海外也要让他们有效地发挥自身的作用。作为专门人才，必须具备这四点：①具有很强的专业能力；②具有能够自行设计课题并解决该课题的能力；③具有推动事业发展的领导能力；④具有能够以世界为舞台有效发挥作用的意志和实行能力。

丰田汽车公司规定，要想成为专业员工，首先要决定成为哪种专业员工，然后进行职业申报。可以从“财务会计”“国内营业”“住宅事业”“信息系统”“海外相关业务”“材料采购”“生产技术”“质量保证”等 15 种部门中选出一种申报，并接受长达 10 个月的专业培训。

（3）“有计划地培养人才和明确培养责任”：对于各部门的经理，要培养部下成为被评价的对象。以前，丰田汽车公司实行的都是上司评价部下的“适应性评价制度”，而改革以后，变成了严格追问上司如何培养部下的责任

■ 作为专门人才，必须具备这四点：①具有很强的专业能力；②具有能够自行设计课题并解决该课题的能力；③具有推动事业发展的领导能力；④具有能够以世界为舞台有效发挥作用的意志和实行能力。

制度。与部下吵架或蔑视部下都被视为是上司的失职。

(4)“建立起新型经理的形象”：由公司将管理人员关于新型经理形象的意见汇集起来，并提交给骨干员工。例如，要求经理应该提示出新的发展方向，并给部下指出应该前进的方向。另外，也要求经理要让在专业知识和能力方面比自己强的员工或者前辈充分发挥他们的作用。为此，分别列出经理和普通员工的考核要素，通过改变评价标准来实现部门的意识改革，同时，为选拔符合经理条件的人员也引进了适应性评价进修制度。

由此，针对经理的考核要素进行了全面修改，设定了10项考核要素，而针对普通员工的考核要素则被压缩为经理的一半，将在专业领域取得成果的知识和能力定为50%，以作为考核的对象。

(5)“为在公司内外发挥应有的作用提供场所和进行支持”：明确了决定普通员工或经理的必要条件必然造成会有一些人不符合要求。即一般企业所谓的“靠边站的人”。在丰田汽车公司中，并没有将这些“靠边站的人”放任不管，而是找出包括公司外部的能够有效发挥本人所拥有的经验、知识和能力的场所。这种方法，不是将“靠边站的人”扫地出门，而是公司为他们提供在公司以外能够有效发挥作用的工作机会，维持终身雇用制度。

7.5 全球人事制度

急速推行充实人事制度的丰田汽车公司，继引进挑战计划之后，又于1999年引进了“全球人事制度”。这也显示了丰田汽车公司的战略构想，即在海外销售额超过日本国内销售额的情况下，为实现21世纪的可持续发展，

■ 在丰田汽车公司中，并没有将这些“靠边站的人”放任不管，而是找出包括公司外部的能够有效发挥本人所拥有的经验、知识和能力的场所。

在海外各地广招人才，以期培养出继承丰田 DNA 的经营者。

在该制度中，首先，将在总公司录用的主管人员和海外当地法人录用的国外主管人员一起作为“全球人才”进行登记，从而实现统一管理。为此，丰田在全世界统一了评价的标准。其次，以这些人才信息为基础，将日本国内的 200 个和海外的 100 个战略地位较高的职位，认定为“全球职位”。对于这些主管人员的评价，由以总经理为中心和总公司董事构成的“培养全球人才继承人委员会”进行审议，在晋升等人事变动中，也有效利用以上评价结果。

这种人事制度的最大特点，就在于让具有多种价值观和不同文化背景的人才掌握丰田汽车公司的经营哲学。因此，全球人事部将丰田汽车公司的企业文化进行了归纳，并于 2001 年 5 月，编辑成了一本要求干部所应遵循的行动规范和说明价值标准的《丰田之路 2001》。该书共有 14 页，分为日文版和英文版两种，共向公司员工分发了大约8 300册，其中英文版1 000册。

在这本《丰田之路 2001》中，介绍了历届丰田领导的意义深远的名言。例如，丰田喜一郎的“虽然有批评的能力，却没有实行的能力。这样的技术人员不可能造出汽车”，丰田英二的“即使是干了的毛巾，只要开动脑筋，就还能再拧出水来”，奥田硕的“什么都不改变是最差劲的”，等等，在这些领导的言语之中，让人感受到丰田的 DNA 确实被继承下来了。

同时，《丰田之路 2001》所要求的行动规范，概括来说，可以分为“智慧与改善”和“尊重人性”的两大支柱。在“智慧与改善”部分里，用“挑战”、“改善”、“现地实物”三个词语来表示，对于各自的内容也用简单的例子进行了说明。挑战意即以产品制造为核心，为实现梦想而发挥想象力，凭

■ 这种人事制度的最大特点，就在于让具有多种价值观和不同文化背景的人才掌握丰田汽车公司的经营哲学。

着勇气和创造力不断挑战。改善意即不断进行改善和改革，并有组织地进行彻底的学习。现地实物意即无论何事，都要进行实际操作，以实现目标。而在“尊重人性”里，用“尊重”、“团体协作”两个词语来表示。尊重意即尊重他人，坦诚相待，相互信任，相互理解，完成社会责任；并且，尊重利益享有者，提供丰田汽车公司的价值。团体协作意即尊重个人的人性，培养人才，发挥其综合能力。

案例1：福特的季度评审

在福特公司，艾科卡从季度财务报告中得到启发，确定了季度评审制度，即通过对员工绩效进行经常性的考核，帮助员工解决工作中的难题，规划下一季度的目标。这种评估体现了公司对员工的重视，同时，这种互相交流也有益于更好完成想法和建议，有助于上下沟通。

每隔3个月，各位经理和他的顶头上司下来检查以往的成绩，并规划下一季度的目标。这样季度评审可提高机构效率，不至于埋没人才。艾科卡在担任福特汽车公司福特分部经理时，注意到公司股东们每隔3个月就收到一份详细的公司财务报告，他们通过一年4次的财务报告对公司进行监督，并每年从公司盈利中分4次红利。

艾科卡从中获得启示，既然股东有每季度检查的制度，管理人为何不效仿一下？他开始研究制订一项制度，这套管理制度至今仍然沿用。

艾科卡经常问周围的关键人物，也要求他们问下属，逐级问下去，问这样一些基本问题：“你今后90天内的目标是什么？你的计划、重点和希望是

■ 在福特公司，艾科卡从季度财务报告中得到启发，确定了季度评审制度，即通过对员工绩效进行经常性的考核，帮助员工解决工作中的难题，规划下一季度的目标。

福特公司Logo

什么？你打算如何去实现你的计划？”

表面上看，这种程序似乎是员工对上级负责的一种更为现实的办法。但这种每季评审的制度更能使员工对自己负责。它不仅迫使每个经理人员考虑各自的目标，而且有效地提醒人们，不要忘记自己追求的目标。

季度评审制简便而有效。其原因有几条：

第一，允许每个人自主确定各自的目标。

第二，使经理更有积极性，工作更有效率。

第三，帮助把新主意传递到最高管理层。

季度评审促使经理人安静下来考虑所取得的成绩、下一步打算及实施方法。

这种制度的另一优点（特别在大公司中）是不至于埋没人才。如果每季度接受一次上级的评审，同时又间接地接受更上一级，乃至更高上级的评审，人才就很难会在系统中被遗忘。这样，千里马不会卧槽，南郭先生也难以鬼混。

最后一点也许最重要，就是这种制度促使经理人员与他的上级对话。假如上下级关系融洽，那当然无需造成这一种对话环境。但如果一位经理人员与他的上级的关系并不十分融洽，那么一年至少有四次需要彼此一起坐下来，部署商讨下阶段的计划。天长日久，随着了解的加深，工作关系也得到改善。

这种评审制度，也使上级的现象发生转变，发号施令的现象逐渐减少，上级逐渐成为下属的顾问或资深的同事。下级越是感觉到他自己确定了目标，便越会不畏险阻，勇往直前地去达到目标。因为这毕竟是他自己决定而

福特公司Logo

■ 季度评审制简便而有效。其原因有几条：第一，允许每个人自主确定各自的目标；第二，使经理更有积极性，工作更有效率；第三，帮助把新主意传递到最高管理层。

又为上级所批准了的。

在某个下级没有完成任务时，季度评审制同样有效。到时上级无需说什么，下级本人常常会把这个显然是痛苦的失败提出来。艾科卡的经验是 90 天到期后，未达到目标的人会自己进来，不用上级开口，就会为未达到目标一事道歉。如果连续几个季度都是如此，此人便会对自己产生怀疑。他会责问自己的过失，而不是责怪上司。他如果自觉的话会提出调到别的岗位。对于这样的人只要调到合适的部门，他就会获得事业上的成就和满足，而不应简单地解雇了事。

案例 2：本田营造自由的环境

宽松自由环境对培育人才的一个最大的好处在于，企业管理者大力支持员工大胆进行创新，寻找解决问题的最佳途径，也使得员工能够放开手脚，吸纳来自各方的先进知识，在短时间内迅速成长。在这种环境中培育人才，管理者要注意的一点是，必须要把握好员工培养的目的，注重于员工解决问题能力的培养，而不应该受资历或级别观念的限制，阻碍人才的快速成长。

本田公司自创业以来即不断向各类比赛挑战，借以提高技术，培育人才。社长久米把本田参赛的目的归结为三点，其中第三点是训练年轻的员工。他认为，在比赛中必须与世界各地强劲的对手竞争并取得胜利，既然参赛，如不获胜便毫无意义，这种状态就是考验能力的极限，让年轻的员工在极限状态下工作，可使他们在短期内迅速成长，与过去判若两人。久米说

■ 宽松自由环境对培育人才的一个最大的好处在于，企业管理者大力支持员工大胆进行创新，寻找解决问题的最佳途径，也使得员工能够放开手脚，吸纳来自各方的先进知识，在短时间内迅速成长。

过："如今的汽车绝不是十全十美的，肯定有若干地方需要重新考虑，一定还有无人发现的改良点，如果不能时时刻刻这么考虑的话，就开发不出风格独特的汽车。而经营者的工作就是为技术人员营造出能如此思考的环境。"

例如，负责新车开发的研究所，绝不强求员工"必须这样做"，或是要求绝对信服既定的方案，而是营造自由的气氛，让每个人能随意发表对现有车辆的疑问，并充分讨论。对于勤奋踏实的员工来说，如此良好的工作环境恐怕不大多见，如果说本田是幸运的，那么，在本田公司工作的员工也是幸运的。本田公司曾经发生过水冷气冷之争。因为当时政府颁布了控制车辆废气排放的标准，为了通过新的标准，年轻的技术人员认为必须采用水冷方式。但本田固执己见，坚持采用气冷方式。当时水冷技术正处于论证阶段，本田并没有去摘除这枝研究的嫩芽。藤泽担负起说服本田的使命，是当技术员，还是当经营者？最后藤泽迫使本田从两者中做出抉择，结果本田不得不为此折服，同意采取水冷方式，从而开发出具有划时代意义的低公害引擎CVCC。从这场争论中可以发现，年轻的技术人员即使面对创家立业的社长，而且是引擎方面的最高权威，也能大胆地直抒己见。这种自由宽松的气氛，才是本田飞跃发展的真正动力，是人才成长的适宜环境。

本田要研制世界通用的汽车，至于世界通用的汽车究竟是什么样的产品，那是技术人员要思考的问题。呆坐在研究所的办公桌边是领会不了"世界"的涵义的，所以公司平时就有计划地让他们到国外考察。一方面，置身于不同的环境，人的思路、想法就会发生变化，另一方面也是希望员工们对人们所向往的事物有深刻的了解。而且公司始终坚持新车研制小组尽量由观念、想法不同的人所组成，他们在一起热烈讨论就能迸发出智慧的火花。可

■ 负责新车开发的研究所，绝不强求员工"必须这样做"，或是要求绝对信服既定的方案，而是营造自由的气氛，让每个人能随意发表对现有车辆的疑问，并充分讨论。

以说，本田公司为培养员工倾注了极大的热情。

本田也曾面对过数次危机，其中有一次被迫停工 5 天，藤泽要求生产部门的员工在 5 天里必须提交题为“我的记录”的报告。藤泽对此做了说明：“本田公司在没有文凭学历的人手中发展成为世界上屈指可数的摩托车制造商，取得令世人震惊的辉煌成绩。换言之，本田公司将来能否继续发展，就看公司是否能再造就另一个本田宗一郎和藤泽武夫……不，无数个本田和藤泽，我希望各位能成为未来的本田宗一郎、藤泽武夫。何为本田和藤泽的特征呢？就是行家。我们绝不是细致周到的管理者，只是凭本能与直觉行事的粗俗鲁莽之人，面对组织完善的集团是无法生存的。但是如果不让行家发挥才能，便不能指望本田公司会发展成为独特而又富有魅力的企业。也就是说，要全体员工坦率地汇报自己所从事的工作，应该提高哪一方面的成果、做了哪些努力等，使同事之间及每个员工重新认识他人，认识自我，看看谁有哪方面的才华与技能，并在各自的部门里发掘行家能手。”

藤泽的这番话集中反映了本田公司对人才培育的重视程度，他们把人才的培养看成是关系企业生存发展的决定性因素。而事实已经证明，本田之所以能够历久不衰，正是由于有一批又一批的本田宗一郎、藤泽武夫这样的人物从中脱颖而出。

本田公司鼓励员工自由讨论，不受权威和上司的影响，大胆各抒己见，提出自己的解决方案，只要是对的，公司都会加以采纳利用。这种自由、重视人才的自由环境，成为企业培养优秀人才的温床。

■ 而事实已经证明，本田之所以能够历久不衰，正是由于有一批又一批的本田宗一郎、藤泽武夫这样的人物从中脱颖而出。

第八章

丰田的用人典范

当一个公司已经走过创办阶段，进入发展时期时，其招募人才已不再只是为了填补空缺，而是为了适应公司快速发展所面临的新的任务和新的压力，因此人才招募是件关乎公司生死存亡的大事。

丰田的“择优录取”就是为了把真正有才能的人安排到合适的岗位上去，这是丰田选拔人才的一项基本原则。从全面招聘体系到丰田汽车公司不搞学阀的做法，无一不体现了这项原则。

8.1 全面招聘

如今，人力资源越来越成为企业获取核心竞争优势的重要的资源之一。而人员选聘是企业获得人力资源补充的重要渠道之一，也是外部人才进入企业的唯一通道。因此，成功地开展选聘活动也就显得更为重要。

当有人问到丰田成功的秘诀时，丰田英二直截了当地说：“独创，绝不模仿他人，是我的哲学。”他所说的“独创”，也包含独特的用人手法。丰田同其他公司一样，每年从日本主要大学招收大学毕业生。所不同的是，丰田不喜欢成绩优秀的书呆子，而更愿意录用乐观向上、胸襟开阔、兴趣广泛的

■ 当有人问到丰田成功的秘诀时，丰田英二直截了当地说：“独创，绝不模仿他人，是我的哲学。”

大学生。丰田汽车公司认为，乐观向上的人肯下功夫，易于取得成功，尖子生过于自信，反而容易丧失创造性。

作为日式企业的典型代表，丰田是一个强调高效率的公司。其生产体系基于决策的一致性、工作轮换制、富有弹性的职业发展路线。这就需要头脑开阔灵活、适应力强的员工队伍，而不是因循守旧的教条主义者，丰田汽车公司的全面招聘体系正是为此而设计的。

总结起来，丰田汽车公司全面招聘体系的要点如下：

招聘具有良好人际关系的员工。因为公司非常注重团队精神，所以不仅仅考虑应聘员工的技能，还要考虑员工的价值观念。同时考察员工是否具备优秀的素质、持续改善精神、诚实可信等素质。全面招聘体系就是考察员工基于这些价值观念的团队精神。

品质是丰田汽车公司的核心价值观之一。丰田汽车公司生产体系的中心点就是品质，因此需要员工对于高品质的工作进行承诺。公司也在不断找寻对工作质量有责任感的员工。

强调工作的持续改善。通常丰田汽车公司在招聘初级员工时的面试时间达到 8～10 小时是非常正常的，有时还可能高达 20 个小时，大量时间和精力的投入是选拔人才的关键。新员工未进入公司前，必须为复杂的招聘过程付出时间和精力，这也是为什么丰田汽车公司需要招收聪明和有过良好教育的员工。基本能力和职业态度心理测试，以及解决问题能力的模拟测试都有助于良好的员工队伍形成。正如丰田汽车公司的高层经理所说：“受过良好教育的员工，必然在模拟考核中取得优异成绩。”

企业的需要和员工的价值观以及技能相适应。小组工作制、持续改善和

■ 丰田不喜欢成绩优秀的书呆子，而更愿意录用乐观向上、胸襟开阔、兴趣广泛的大学生。丰田汽车公司认为，乐观向上的人肯下功夫，易于取得成功，尖子生过于自信，反而容易丧失创造性。

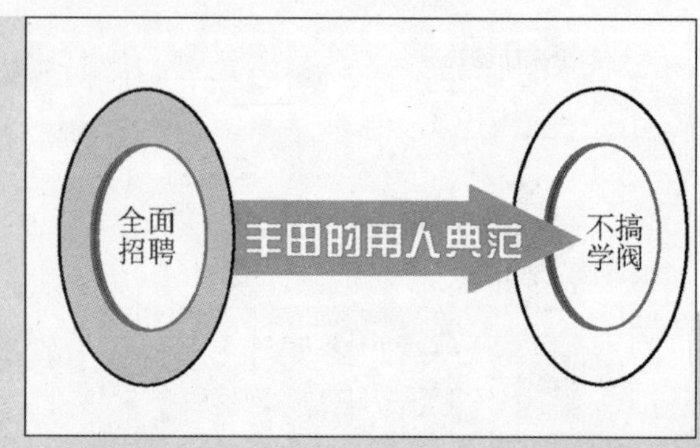

弹性工作制度是丰田汽车公司的核心价值观，录用员工的关键要素是解决问题的能力、人际关系技巧和优良品质的追求。

员工的自我选择也是重要的招聘过程。丰田汽车公司不论在招聘初期，还是在长达6个月的试用期中，都会给予员工双向选择的机会，同时淘汰不能胜任的员工。整个全面招聘体系需要应聘员工做出同样的牺牲，员工需要花费大量的时间并竭尽全力才会入选。

近年来，面对经济社会中所发生的巨大变化，丰田汽车公司也开始要求员工掌握层次较高的专业知识。也就是说，公司中出现了向专业员工集团方向发展的动向。

这一动向从2001年度丰田的入社典礼中就可看出。这次典礼是4月2日在丰田体育中心第一体育馆举办的。会上，张富士夫总经理致词说："我希望，各位都能够积极地面对变化和竞争，每个人都能够拥有不会输给别人的专业，经常保持作为专业人才的目的、意识和热情，毕生都在积极地致力于自我钻研。同时，也希望大家能够充分地理解和继承丰田汽车公司各位前辈建立起来的'丰田的优势'和众多优良传统及精神财富。并且要经常拓宽视野面向世界，志当存高远，不断磨炼自己，使自己作为能够为他人和社会作出贡献的人而不断成长。"张富士夫总经理不仅要求这些新进人员成为一名优秀的社会人，还要求他们具有专业人才的意识。他还提到要员工们不懈努力："即使丰田汽车公司被评价为'优胜组'，但如果我们怠于努力，就会连公司的继续存在都很危险。"

在中国，丰田公司所需要的人才首先要对自己的职业生涯抱有强烈的规划意识，并具有很高的工作热情。其次要能够独立思考，而非等待上司告诉

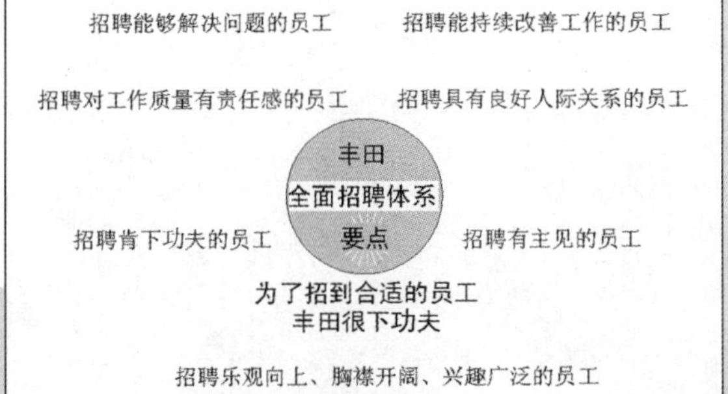

招聘能够解决问题的员工　招聘能持续改善工作的员工

招聘对工作质量有责任感的员工　招聘具有良好人际关系的员工

丰田
全面招聘体系
要点

招聘肯下功夫的员工　招聘有主见的员工

为了招到合适的员工
丰田很下功夫

招聘乐观向上、胸襟开阔、兴趣广泛的员工

■ 小组工作制、持续改善和弹性工作制度是丰田汽车公司的核心价值观，录用员工的关键要素是解决问题的能力、人际关系技巧和优良品质的追求。

自己应该怎么做。这种有判断力、行动力的人才非常受丰田公司的青睐。最后，丰田公司还希望来应聘的人充满活力与能量。因为随着今后丰田在中国的事业快速发展，要开展的工作非常之多，有时候很难做到准时下班，那些充满活力、能胜任有挑战有压力的工作的人才当然是丰田公司求之不得的。

8.2 不搞学阀

近年来有些企业在用人标准方面对学历和学校的要求越来越高，一些企业一口咬定非知名高校的人才不要，结果挑选了一批又一批人员，经过一段时间才发现，由于各种原因造成的留存人数并不多，只好继续招聘，周而复始地造成了人力物力的很大损失。因此，企业应该根据自己的情况，以适用为原则，广招天下英才。

丰田汽车公司的用人政策一直以来都是“不搞学阀”，并不规定一定要从哪所学校招收人员，而是放宽政策网罗天下人才。这种用人方针好处在于：一是能切实根据公司的具体情况选拔适当的人才；二是使得公司的人才结构得以平衡，从而使所选人才在自己的职位上能够做到有条不紊，与其他人员团结合作，即节省了领导人员的时间和精力，又能使团队的工作质量和工作效率都得到提高。

在其他许多日本企业中还存在“学派”现象。例如东大派（东京大学学派）、庆应派（庆应大学学派）、早稻田派（早稻田大学学派）等，每个学校的前辈和晚辈都在公司内部形成了各自的派别。这样，久而久之，企业在某些方面就会出现问题。但是丰田汽车工业公司和丰田汽车销售公司都不从特定的学

■ 丰田汽车公司的用人政策一直以来都是“不搞学阀”，并不规定一定要从哪所学校招收人员，而是放宽政策网罗天下人才。

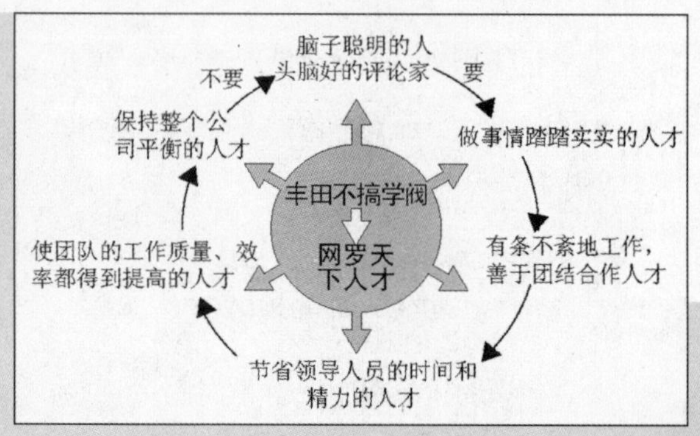

校招收大量的人，而是网罗“天下的人才”，这是创业以来的招工方针。所以在丰田汽车公司里，公司员工毕业的学校很分散，没有学派这种现象存在。

例如，丰田章一郎毕业于名古屋大学工学系，奥田硕毕业于一桥大学，张富士夫毕业于东京大学经济学系，毕业学校各不相同，并且录用的对象也遍及日本全国各地。

在丰田汽车公司内部，无论是汽车工业公司，还是汽车销售公司都没有学阀。丰田汽车公司的一位负责人说：“不搞学阀，目的在于搞好整个公司平衡，只选脑子聪明的人反而不好，只要做事情踏踏实实的人就可以。不要头脑好的评论家。”

“不搞学阀”的用人原则同样被贯彻到了丰田的其他海外公司中。不同于其他外资或合资汽车公司对人才学历的严格要求，四川丰田公司有一种很“开放”的用人观，即真正的人才应该是“有能力且又能体现在成果上的人”，这种人无论何种学历都会受到重用；而那些即使有很高的学历但没有成果或没有能力的人则相反。四川丰田销售部负责人就曾亲自带过一个只有高中学历的下属，这个下属学历虽低，但他能努力向老员工学习，自己又努力去实践，后来成为了销售部的一名骨干。

除了白领以外，四川丰田还非常重视蓝领工人。公司负责人一直在强调：掌握传统手工艺的工匠是制造业得以生存发展的生命线。因而只有善待他们，尊重他们的劳动，制造业才能有发展。在四川丰田，人才的概念是广义的，手艺精湛的工匠同样是不可多得的人才。也许正是如此，四川丰田才可能达到 2005 年生产 1 万辆柯斯达，冲击市场占有率 10%的目标。

■ 丰田汽车公司的一位负责人说：“不搞学阀，目的在于搞好整个公司平衡，只选脑子聪明的人反而不好，只要做事情踏踏实实的人就可以。不要头脑好的评论家。”

案例：福特的“员工参与计划”

在福特公司内部已形成了一个“员工参与计划”。员工的投入感、合作性不断提高，福特现在一辆车的生产成本减少了195美元，大大缩短了与日本的差距，而这一切的改变就在于公司上下能够相互沟通。内部管理层和员工改变了过去相互敌对的态度，上级关心下属，也使员工对企业产生了“知遇之恩”，从而努力工作促进企业发展。

（一）尊重每一位员工

这个宗旨就像一条看不见的线，贯穿于福特公司管理企业的活动中，同时也贯穿于企业领导的思想之中，其体现在：

1. 要使员工真正地感到自己是重要的

贝克经理在谈到自己对于员工的态度时说：“当我每次看到某个人的时候，我都要一丝不苟地对待他们，使他们认识到自己的重要性。心不在焉只会给他们带来伤害。”所以他在与工人相处时，都以友好、平等的态度来倾听他们的谈话，帮助他们解决各种困难。这样一来，员工们会以更加高昂的士气去进行工作。

2. 要认真聆听员工意见

福特公司认为，在装配线上的员工们由于每天与生产线接触，因而，往

■ 在福特公司内部已形成了一个“员工参与计划”。员工的投入感、合作性不断提高，福特现在一辆车的生产成本减少了195美元，大大缩短了与日本的差距，而这一切的改变就在于公司上下能够相互沟通。

福特公司Logo

往比领导更熟悉生产情况，他们完全可能想到经理们所想不到的意见来提高劳动生产率。此时，领导是否能够倾听员工意见便至关重要。如果当员工找你来谈关于公司生产经营等方面的建议，或其他有关企业的事宜，而被你拒绝时，则会使他的自尊心受到伤害，而对工作感到心灰意冷，最终影响企业劳动生产率。特别是青年人，往往会因为受到上级的责难怀恨在心而以怠工、生产次品来进行报复。

3. 对每一位员工都要真诚相待，信而不疑

福特公司曾经向员工公开账目，这一做法使员工大为感动。实际上这种做法对员工来说无疑会产生一种强大的凝聚力，它使员工从内心感到公司的盈亏与自身利益息息相关，公司繁荣昌盛就是自己的荣誉，分享成功使他们士气更旺盛，而且会激起他们奋起直追的感情。这就是坦诚关系的妙用。

（二）全员参与生产与决策

这一点是福特公司在员工管理中最突出的一点。公司赋予了员工参与决策的权力，缩短了员工与管理者的距离，员工的独立性和自主性得到了尊重和发挥，积极性也随之高涨。

“全员参与制度”的实施激发了员工潜力，为企业带来巨大效益。“参与制”不仅在福特公司，而且在美国许多企业，以至世界各地都被使用和发展着，实践证明：一旦劳动力参与管理，生产效率将成倍提高，企业的发展将会获得强大的原动力。

福特公司Logo

■ 尊重每一位员工：1. 要使员工真正地感到自己是重要的；2. 要认真聆听员工意见；3. 对每一位员工都要真诚相待，信而不疑。

第九章

丰田式的人才培育

利润提供企业发展的动力，人才提供企业发展的能力。两者结合，企业才能发展。丰田的管理者常说："我们公司最宝贵的是人，推销产品比制造产品重要，而培训人才比推销产品更重要。"企业只有拥有优秀的人才才能发展，因此人才始终占据丰田发展战略的中心地位。

丰田现任会长张富士夫曾说过："这几年，生产都相继实现了机械化和自动化。但是，制造机械也好，正确应对意外事件也好，所有这些都是需要人来解决的。产品制造，通常都是由于参与其中的'人'和'专有技术'的积累才得以实现的。我相信'制造优良产品时，先要培养优秀的人才'。这些，都是在日常的业务和日复一日的改进过程中，从前辈到后辈一代一代地培养并继承下来的。近来，全球化浪潮的发展，使得我们有机会和全世界的人一起工作。所以，我认为，我们应该以这个 50 周年为契机，学习前辈们参与'造物育人'所走过的足迹以及热情，将这些作为丰田汽车公司的 DNA，进一步使其进化和发展成为 21 世纪所需的遗传因子，并确确实实地将这些传给后辈们。"

■ 丰田的管理者常说："我们公司最宝贵的是人，推销产品比制造产品重要，而培训人才比推销产品更重要。"

9.1 企业大学

丰田将员工视为珍宝，十分重视对人才的培养。自成立以来，丰田汽车公司一直把“造物”之前先“育人”作为企业的经营目标。这是基于即使是“产品制造”，归根到底并不是机器制造产品而是“人在制造”的理念。

1974 年 10 月，在获得官方的许可后，丰田汽车公司设立了丰田财团。其目的是要“尽企业的社会责任”，而不考虑“对丰田汽车公司的回报”。丰田英二担任理事长。财团不仅面向日本国内，而且面向世界，主要实施大范围的扶持研究的活动。

丰田财团是一个赞助研究的机构，丰田英二认为要栽培、帮助渴望深造的社会青年，同时真正地教育他们成为有用的人才，自办大学应该是最好的途径。

1981 年 4 月，丰田汽车公司创办了丰田工业大学。其目标是培养“有益于国家的人才和开发型技术人才”，为那些有求学精神但又没能升入大学的年轻人打开求学的大门。该校学制 4 年，学生全部住校。这所独具特色的大学实行“一对一教育”，注重“在大学学习的基础上到实际的工厂中去抓住现实问题进行研究”，因此，教学效果显著。1984 年还设立了研究生院，招收已经工作的大学毕业生，由企业推荐，经考试合格才录取。英二说：“在丰田工业大学学习过的学生回到各企业去，如果为公司的事业作出贡献，那么，从长远眼光看，等于为国效力，企业也因此而能够留住本公司的优秀员工。”

■ 丰田将员工视为珍宝，十分重视对人才的培养。自成立以来，丰田汽车公司一直把“造物”之前先“育人”作为企业的经营目标。

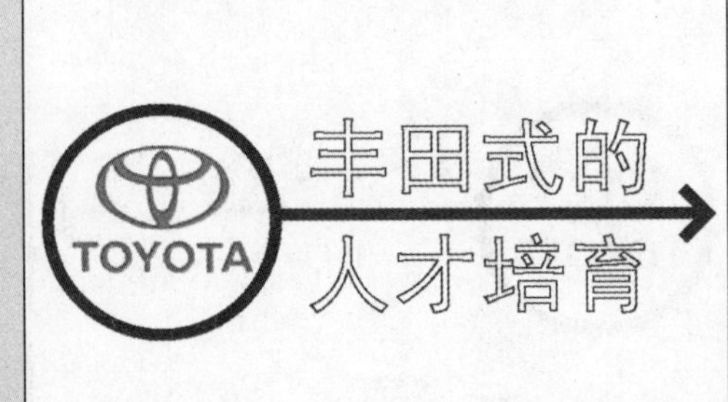

不仅在丰田汽车公司，在所有企业中，都有一批能力极强、本人也非常希望上大学的员工，却因为种种原因而没有继续升学。企业固然可以用提供奖学金、在职进修等方式帮助这些员工完成学业，但是目前学校教育过于偏重“教书”而忽视“育人”，而丰田工业大学则希望能培养出具有开拓精神的高级人才。

要培养优秀的学生，首先要有优秀的师资，老师不仅包括学识渊博，同时还要有教学的热忱，并且认同丰田大学的教育方针。例如，如果学生全部住校的话，教师至少也应该抱有跟学生共同食宿、以身作则的热忱才行。丰田汽车公司首先选定由东京大学的长尾不二夫教授担任丰田工业大学的第一任校长，并由他成立一个招聘中心，专门募集全国的优秀教师。

1985 年春，第一届毕业生顺利完成学业。丰田工大每年招收新生 80 人，坚持宁缺毋滥的原则，并不强求非要收到满额。而丰田工大的研究生院主要是为了那些从其他大学毕业后进入企业工作，但仍有心深造的人而设置的。从企业的立场来说，两年的时间不算长，一般允许它的员工出来进修学习。当然，毕业生必须回到原单位工作。从丰田工大毕业后回原单位工作的人，也很可能再度回到母校研究生院深造。

随着丰田人才培育理念的不断延伸，1982 年 7 月，丰田创立了国际经济研究所。这是丰田英二和公司领导人“重新评估汽车业的未来”后作出的决策。该研究所是一家股份公司，接受第三方委托开展研究工作，原则上靠委托经费运作，但现在仍然主要靠丰田汽车公司的委托进行运作。

而到了 2002 年 1 月，为了将公司的经营哲学、价值观、履行实际业务的方法等变成大家所共有的思想，并培养能够担负 21 世纪的全球性丰田事

■ 工大每年招收新生 80 人，坚持宁缺毋滥的原则，并不强求非要收到满额。而丰田工大的研究生院主要是为了那些从其他大学毕业后进入企业工作，但仍有心深造的人而设置的。

业的人才，丰田汽车公司对内部有关人才培养的构造进行了包括硬件和软件在内的彻底改变。设立了负责牵引全球性丰田人才培养任务的机构——丰田学院。该学院是培养未来的经营者和中层干部的人才教育机构。第一任校长由张富士夫总经理担任，负责企划和运行的秘书处由全球人事部长兼任秘书长，加上专职人员，共有 16 人。丰田汽车公司的教育事业逐渐成为公司发展的坚强后盾。

9.2 延展式教育

在当今的世界里，各国都对人才的培养开始加以重视。日本的企业还明文规定，企业管理者负有培养下级的责任，并将企业管理者培养下级的能力作为考察其称职与否的重要指标。丰田汽车公司很重视对员工的在职培训，它实施员工培训的目的不仅仅是为教育而教育，它还要求员工们在培训中接受具体的工作训练，而且这种教育从职业教育一直延展到个人生活领域，教育的内容也极具多样化。

9.2.1 教育内容

曾任丰田汽车工业公司总经理的石田退三在《商魂八十年》一书中，谈到有关培养丰田式人才时说：“事业在于人。人要陆续地培养教育，一代一代地持续下去。任何工作，任何事业，要想有所发展，最要紧的一条就是造就人才。”而曾任汽车销售公司总经理的神谷正太郎在《跟着汽车化前进》一书中，说道：“员工不单纯是提供劳动的人，我们的资产是人才，推动企

■ 丰田汽车公司很重视对员工的在职培训，它实施员工培训的目的不仅仅是为教育而教育，它还要求员工们在培训中接受具体的工作训练。

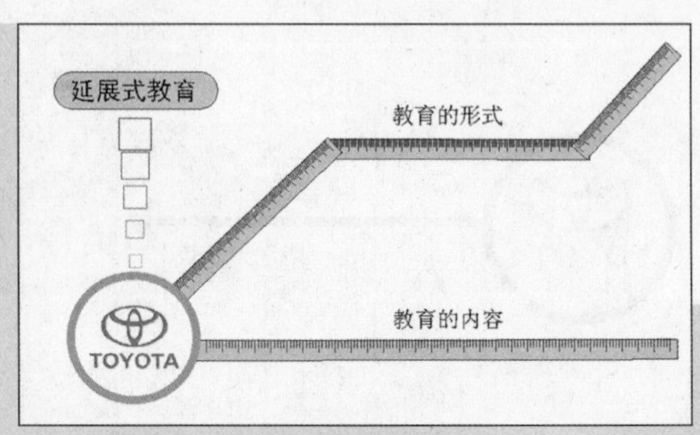

业发展的是人，也就是员工。”

无论是丰田汽车工业公司，还是丰田汽车销售公司，尊重人的这一思想在根本上是与培养人才一脉相通的。虽然两公司在业务性质、企业作风和人事教育等方面各自不同，但思路认识却是一致的。

丰田汽车工业公司对新参加工作的人员，有计划地实施企业教育，目的是把他们培养成为具有独立工作本领的人。这种企业教育，可以使受教育者分阶段地学习，并且依次升级，接受更高的教育，从而培养出高水平的技术队伍。

丰田汽车工业公司的企业教育，有通过工作来提高业务能力的教育，有业余教育，而且还有发挥员工个人的上进心（自我启发）的教育。丰田汽车公司的企业教育从这三种不同角度，通过各种不同形式已经形成了制度。其中“个人对口鉴定制度”和“自己申报制度”就是为了使员工最大限度地发挥他们个人的才能。

所谓“个人对口鉴定制度”，原来是上司对部下工作的适应性所做的鉴定，但是在丰田汽车工业公司方面，不仅由顶头上司给作鉴定，而且还要参考其他部门的上司和员工的意见进行鉴定。例如，股长要提升为课长时，除了顶头上司给作鉴定外，还要从其他部门选派出 5 个人，就其领导能力和观察问题的能力等 20 多项内容进行鉴定。

“自己申报制度”的内容是，在年度初让每个员工定出一年的工作指标，年度末完成了多少，自己的能力能否适应现在岗位上的工作等，由员工本人向上级进行申报。

在丰田，教育的范围不仅限于职业教育，而且还进一步深入到个人生活

■ 无论是丰田汽车工业公司，还是丰田汽车销售公司，尊重人的这一思想在根本上是与培养人才一脉相通的。

领域。对这方面，经营管理者非常认真努力的就是所谓的“非正式教育”。丰田汽车公司负责人事工作的人在谈到这种活动时，曾指出：“光靠提高工资和福利保障等，还不能充分调动员工的干劲，仅仅在经济方面、物质方面给予满足不行，人不是光凭这一些而工作的，但也不是自发地产生干劲的。当人们觉得自己的能力能够发挥、自己在不断成长、自己的实力也在提高的时候，当觉得自己的想法和自己所做的事情受到公司和上司承认的时候，当对自己所从事的工作觉得有兴趣的时候，人们才能感到有干劲。”

9.2.2 教育形式

一个公司就整体而言，管理工作就像木桶上的箍一样，没有箍，桶就会成为一堆木板，无法盛水。箍的固定作用，能使公司各独立的部门结合在一起，实现预期的目标。日本企业都非常重视集体的力量，各企业都努力在企业组织内部建立一种“伙伴”型的工作关系，塑造团队协作精神。

对于丰田汽车公司来讲，管理者认为人与人之间的各种活动是广义的教育，它可以从侧面来调动员工的干劲。为此，丰田创造了一系列精神教育的活动形式，作为培养这种干劲的土壤。

丰田汽车公司通过各种非正式的活动来培养团队精神。非正式活动是以非正式的形式设计的，其方向、方法也是多种多样的。把一般单纯由福利保障部门处理的事情，作为培养人才的基础而纳入到员工日常生活中去，这种做法在丰田叫做“人与人之间关系的各种活动”，是丰田独有的东西。

非正式教育包括以下几个方面：

■ 对于丰田汽车公司来讲，管理者认为人与人之间的各种活动是广义的教育，它可以从侧面来调动员工的干劲。为此，丰田创造了一系列精神教育的活动形式，作为培养这种干劲的土壤。

1. 公司内的团体活动

丰田汽车公司内有很多“亲睦团体”，如：

男子团体：由高中毕业员工组成的丰生会；由被提拔的员工组成的丰隆会；由丰田工业高等学院毕业员工组成的丰养会；由自卫队退伍员工组成的丰荣会；由大学毕业员工组成的丰进会；由大专毕业员工组成的丰泉会；由短期大学毕业员工组成的丰辉会；等等。

女子团体：由高中毕业员工组成的绿色会；由大学、短期大学毕业员工组成的绿色俱乐部；由中学毕业员工组成的若叶会；由被提拔的员工组成的若草会；等等。

此外，丰田汽车公司还有按籍贯成立的同乡会，按毕业学校成立的某某同学会，按工作岗位成立的有如某某部、某某课，按地位成立的有如部长会、课长舍等，按爱好成立的运动部会（如网球，棒球及其他）和教养部会（包括围棋、诗歌等各种相同爱好）。因此，每个员工都自然而然地要参加几个团体。

假如这些团体每个月搞一次聚会，每个人每周至少能出席这种社交聚会一次。公司员工通过参加这些聚会，既开展了社交活动，又有了互相谈心的机会。为了这种聚会，丰田汽车公司准备了体育馆、集会大厅、会议室、小房间等设施，供自由使用。至于聚会活动的内容和形式，公司概不插手，也不限制。员工用个人的会费成立这种团体，团体内的领导人是互选的，并且采用轮换制，所以，每一个人都有当一次领导人来发挥能力的机会。

这些团体都有一个共同点，即每一个团体都把本团体作为成员之间亲

■ 公司员工通过参加这些聚会，既开展了社交活动，又有了互相谈心的机会。为了这种聚会，丰田汽车公司准备了体育馆、集会大厅、会议室、小房间等设施，供自由使用。

睦、自我启发、有效地利用业余时间、不同职务的成员相互交流的场所。这些团体都认识到，只有企业繁荣了，公司内的团体才能得以发展。

2. “个人接触（PT）”活动

“个人接触”活动，原意为“Personal Touch”，是个人与个人相互接触的意思，是丰田汽车公司1970年以后建立的一项制度。

1972年，为了帮助新参加工作的人熟悉新环境，丰田汽车公司采取了个人接触的形式，即选出一位前辈，把他确定为新参加工作的员工的专职前辈，这位前辈负责对所有事情的向导任务。对新员工来说，这确实是一个很好的做法。

3. 丰田俱乐部活动

丰田俱乐部的活动也是生动活泼的。丰田俱乐部是教养部会、女子部会、运动部会、车间修养部会的总称。这些会，由负责的常务董事担任名誉会长。丰田俱乐部的活动与公司内的团体活动齐头并进，公司内的团体搞的是个人本位的活动，俱乐部的活动则使公司团体从横向方面联系起来。

所有这些非正式活动的目的在于，从每个人的潜意识中，消除精神上的孤独感，避免员工产生怄气不干的思想，从而把每个人的干劲调动起来。

4. 个人接触恳谈制

个人接触恳谈制（即领导个人接触制度）是工长、组长、班长对员工施行“协助者”的教育，是一种进行“商谈”的训练。

■ 所有这些非正式活动的目的在于，从每个人的潜意识中，消除精神上的孤独感，避免员工产生怄气不干的思想，从而把每个人的干劲调动起来。

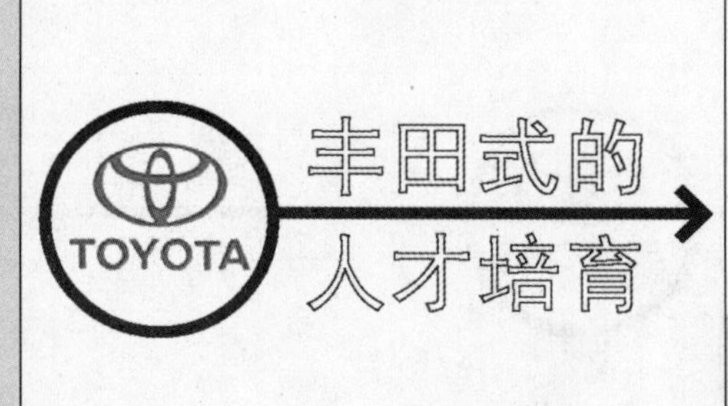

班长一到车间，就管理指导各种业务，是车间的前辈，也是协助者；是质量管理小组的领导，又是降低成本运动的推动者；同时还是“动脑筋创新”建议的汇总者。在开展这些工作的过程中，一方面能对员工实施一对一的指导训练，有针对性地提高其技能技巧，另一方面，不断提高作为企业管理人员的素养。之所以说丰田汽车公司的骨干管理阶层很能干，也是因为他们经过这样多方面锻炼的缘故。他们掌握了系统的技术知识，又具备了车间人事管理的经验，领导能力得到较大加强。

丰田英二总经理，因为本身并不是一个能说会道的人，所以对于人们为系统的教育在宣传劝说方面的努力，给予很高的评价。他说：“人事管理的关键，在于通过教育使人明白事理。”在福特工厂，也是以工长为单位，采用这样的教育制度，可是，由于劳资关系不一样，其成果也是有一定限度的。丰田英二根据在福特工厂参观学习的收获和丰田原来所积累的经验，建立了现在独特的管理教育体制。由于管理教育是以“通过教育使人明白事理”为基础的，所以各车间独立自主地实行了各种各样的办法，其形式灵活多样，有很大的特色。

个人接触恳谈发展到了后来不再局限于仅以人事工作为主题，而扩展到了“故乡通信”等做法。班长、组长每月轮流给新员工的家长写信，进入公司的第一个月，由组长写信和寄送小组照片，接着寄送丰田画报和丰田报。第二个月，由班长用明信片通信。同时，还发给新员工一个笔记本，以便随时记下多种多样的感情、希望和体会。笔记本每周由工长或组长看一次，并提供帮助。就这样，不知不觉地就把新员工包容到它的气氛之中了。

■ 丰田英二总经理，因为本身并不是一个能说会道的人，所以对于人们为系统的教育在宣传劝说方面的努力，给予很高的评价。他说：“人事管理的关键，在于通过教育使人明白事理。”

9.3 销售精英塑造

在神谷正太郎设立丰田汽车销售公司之初，丰田汽车公司就极其重视对销售人员的培养教育。丰田汽车公司坚信，只有培养出销售精英，才能在销售工作中取得最后的胜利。因为不管企业能用多么先进的技术生产出汽车来，如果卖不出去，那就不能称之为好的商品，从这个意义上说，销售人员是支撑丰田汽车公司的尖兵。

9.3.1 汽车销售公司进修中心

1974 年，丰田汽车销售公司为了培养销售精英，在名古屋市郊外 10 公里的日进镇高原地带，花 20 亿日元，建起了一所具有现代化设备的宏伟建筑，这就是丰田汽车销售公司进修中心。拥有如此规模的教育机构，在企业界是少有的。

进修中心的教师被称为“技术指导”，全都由从汽车销售公司和丰田销售店挑选的具有销售经验的人员来担任。教师采用两年轮换制，这是为了经常参照新的市场情况，使讲座有新鲜内容，防止重复老一套。这里使用的教材是经营管理协会、教师团、丰田汽车研究中心合作编写的教科书，是紧密结合汽车市场实际情况和需要而编写的。进修者，一次 25 人为一个班，从全国的销售店招收，以 4 天为进修的期限。每年都有15 000名左右的人轮流集中在这里进行学习。

丰田系统经销店有 252 个，在每年 4 月，新招收的销售人员约 3 000 名。

■ 在神谷正太郎设立丰田汽车销售公司之初，丰田汽车公司就极其重视对销售人员的培养教育。丰田汽车公司坚信，只有培养出销售精英，才能在销售工作中取得最后的胜利。

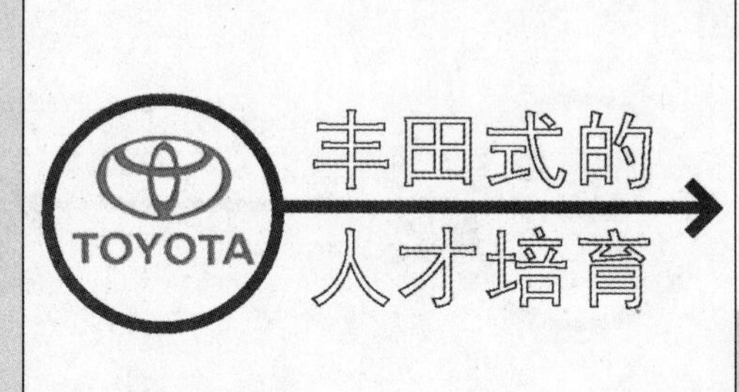

丰田汽车销售公司进修中心把这些人分成10组，每周2个组，用5周时间进行预备教育。负责对这些新人进行教育训练的人，是在进修中心学完了“训练员讲座”的人员，他们是工作岗位上的副课长或股长，兼任这里的业务指导和教育工作。

新参加公司的人员，在进公司之前，不仅要学习销售理论、销售的社会作用、销售人员的立场和资格、举止动作的礼法、商谈的一般规则等基础理论课，还要了解丰田汽车公司的概况、公司销售思想等，其目的在于使他们认识到当一名丰田汽车公司的销售人员是幸运的，能高高兴兴到岗位上去。

进修中心还对新员工进行“推销工作三原则”的教育。这三个原则是：

(1) 施展自己的本领。销售人员首先推销自己的人品，取得顾客的信赖，从而创造一个能够亲切交谈的气氛。为此，必须尽力给人一个好印象，并诚恳热情相待。

(2) 宣传商品的价值。为了使顾客对车感兴趣，销售人员要说明车的效用，大力宣传商品的优越性，因此需要掌握充分的商品信息。

(3) 讲明价格。如果前两个重要条件能很好地被理解，那么按适当的价格出售是能够做到的。

“推销工作三原则”被规定为销售时的基本态度。

除此之外，进修中心还把“销售人员讲话方法”作为一门重要的课程来开设。其七种基本形式如下：

(1) 照话学话法。“您说的完全正确。所以……”，首先肯定顾客所说的，然后再在他说的基础上说自己所要说的。

(2)“但是”法。“您说的完全正确，但……”，肯定对方的说法，而且

■ 进修中心还对新员工进行“推销工作三原则”的教育。这三个原则是：(1) 施展自己的本领；(2) 宣传商品的价值；(3) 讲明价格。

不马上反驳顾客，如果你尊重顾客，顾客也能听一听你的意见。

（3）运用资料法。“如果是那样的话，请您看一看这张表”，接着拿出一些事例和资料。

（4）用实例说话法。“如果是按月付款，筹措资金是很易办到的。例如……”，举出一个实际例子。

（5）转移话题法。“价格我们暂时不谈，您先看一下款式……”

（6）不定法。“您说的我们还不能完全确定……”

（7）不理睬法。“对不起，您说的我们目前还无法做到……”

无论采用哪种方法，进修中心强调的是，要好好倾听顾客的意见，而且要能迅速找出说服顾客的要点。并且，丰田汽车公司不管在什么情况下，绝不允许说其他车的坏话和缺点，这是一条铁的原则。

9.3.2 提倡自我管理教育

丰田汽车公司把销售人员的自我管理作为培训的一大支柱。因为销售人员的工作是独立进行的，这种工作的性质使销售人员容易产生惰性，也容易萎靡不振。在这种情况下，销售人员加强自我管理就显得尤其重要。在自我管理的方法上，如对工作的认识、建立价值观念、养成计划性、培养实践能力、妥善安排时间、不间断地学习、注意健康、克服不良情绪、全神贯注地工作等有关方面的教育，丰田汽车公司都抓得非常细致。

在自我管理的方面，主要有这些方法：

（1）培养对工作的兴趣，充分肯定工作的重要性。

（2）要有计划性，把为计划所耗费的时间和精力，看成是为取得成功所

■ 丰田汽车公司把销售人员的自我管理作为培训的一大支柱。因为销售人员的工作是独立进行的，这种工作的性质使销售人员容易产生惰性，也容易萎靡不振。

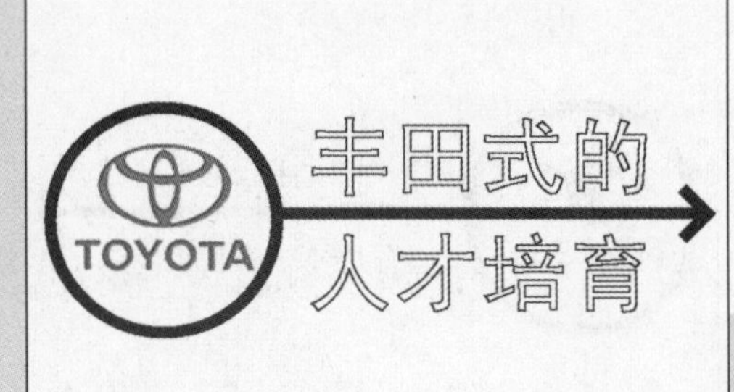

进行的最好的投资。

（3）培养坚强的意志，保持旺盛的斗志，坚信这样能引导自己走向胜利。

（4）进行充分的研究，因为不在反复研究的基础上制定的计划总是会出现破绽的。

（5）要尽量把时间有价值地利用起来，时刻牢记：你浪费掉的时间已成过去，唯有明天在等待你。

（6）要集中精力于工作，不要寄希望于明天，尽全力做好今天的工作。

（7）不断地读书学习，这样可以增加知识，提高技术。

（8）注意健康。

那么，销售人员又是怎样按照这些方法进行自我管理的呢？以下是一个丰田销售精英的自述：

“我认为自我管理，首先就是苛求自己。我把一个星期的工作计划分为上午和下午两部分，把要走访的地方分为六部分，每天走访其中的一个部分，这样一个星期结束后，我就转完了我负责的整个地段。我把这种做法一直视为绝对的、至高无上的命令来执行。上午专门接洽生意或做类似的工作。所谓硬闯和推销管理工作，都安排在每天下午去搞，下午 4 点以后搞交货、修车等工作。我的工作计划大体上就是这样来定的，并坚决执行。参加工作的第一年，往往都是我一个人在陌生的街道上转来转去，觉得非常难以忍受，有时也深感推销这项工作太乏味。可每逢这种时候，我就勉励自己说，自己痛苦的时候别人也痛苦。我也常有萎靡不振的时候，遇到这种情况，就一定在星期天去登山，当我一步一步克服前进中的困难而登上高山之

■ 在自我管理的方面，主要有这些方法：（1）培养对工作的兴趣；（2）要有计划性；（3）培养坚强的意志；（4）进行充分的研究；（5）要尽量把时间有价值地利用起来；（6）要集中精力于工作；（7）不断地读书学习；（8）注意健康。

巅时的那种激动心情，简直就和接受订货、交出汽车时的激动心情完全一样。”

丰田汽车公司的销售人员是有工作量指标的，丰田系统称之为销售定额。这种销售定额每月都下达给每个销售人员，新销售人员每月 3～5 辆，10 年以上经验的销售人员 13～14 辆。之所以下达销售定额，原因之一就是为了让销售人员更好地自我管理，以约束易产生惰性的推销工作。

■ 丰田汽车公司的销售人员是有工作量指标的，丰田系统称之为销售定额。这种销售定额每月都下达给每个销售人员，新销售人员每月 3～5 辆，10 年以上经验的销售人员 13～14 辆。

第十章
不朽的丰田缔造者

卓越的企业家以自己高尚的人格力量塑造和培植卓越的企业文化。一位经营者，不需要是万能的人，却必须是品格高尚的人，因为后者往往更能吸引人才。企业家的高尚人格往往能在员工中形成向心力、凝聚力和内应力。它是企业走向兴旺发达的强大动力源。而卓越的企业文化当然离不开企业家高尚的人格力量所形成的这个动力源。

不难想象，如果没有丰田佐吉、丰田喜一郎、丰田英二、神谷正太郎这样大批具有卓越素质和才能的管理者，丰田就不会有今天的繁荣和纵横天下的气势。这些不朽的丰田缔造者，他们为丰田汽车公司做出巨大贡献，不但创造了经济奇迹、物质财富，更创造了无比可贵的精神财富。正所谓，成功的企业首先必然有优秀的企业家，然后才会有良好的运营、内部管理以及优秀的企业文化。

10.1　发明大王——丰田佐吉

丰田佐吉是丰田汽车公司的开山鼻祖，也是日本大名鼎鼎的“发明大王”。他的一生可以说是日本近代化进程的一个缩影。他在织机发明中运用

不朽的缔造者

TOYOTA

发明大王——丰田佐吉

丰田汽车生产之父——丰田喜一郎

销售之神——神谷正太郎

丰田大总管——石田退三

第三代掌门人——丰田英二

丰田汽车的真英雄——奥田硕

■ 不难想象，如果没有丰田佐吉、丰田喜一郎、丰田英二、神谷正太郎这样大批具有卓越素质和才能的管理者，丰田就不会有今天的繁荣和纵横天下的气势。

的“一旦发生次品，机器立即停止运转，以确保百分之百的品质”的思考方式，形成了今天丰田生产思想的根基。

丰田佐吉是一名优秀的工程师，他共取得了84项专利，并创造出35项最新实用方案。他最重要的、堪称是划时代的发明，是他在1896年完成的“丰田式汽动织机”。这台织机不仅是日本有史以来第一台不依靠人力的自动织机，而且与以往织机不同，它可以由一名挡车工同时照看3～4台机器，极大地提高了生产效率；另一方面，佐吉在织机的质量方面做了很大改进，使得这台织机织出的布料质量之好以及织机本身的可靠性之高无不令世人瞩目，很快就得到了极高的评价。在这项发明中特别值得一提的就是其“纬线断线自动停机装置”，装有这种装置的织机当纬线发生断头时能马上自动停车。直到100多年后的今天，这种装置仍然被大型织机所使用，足以看出佐吉这项发明的影响的深远程度。

1910年佐吉从欧美考察归国后，便开始对自动织机进行改进工作。1926年，他终于研制成功自动换梭织机。这种织机上的张力机构、自动换梭机构、投梭机构等重要部分基本上已经具有现代织机的形态，是日本织机制造技术赶上当时世界先进水平的标志，曾在世界各国得到广泛应用。这一年，丰田佐吉创办了自己的丰田自动织机制作所，后来这里成了丰田集团的发祥地。丰田自动织机的美名一度享誉海内外，甚至在号称“世界的纺织工厂”的英国也引起轰动。就连当时世界排名第一的纺织机械厂家——英国普拉德公司也向丰田佐吉发出了购买专利权的请求，最终佐吉在1929年以10万英镑（合当时的100万日元）的价格转让了这项专利的使用权。

通过那次欧美旅行，佐吉看到欧美各国日益普及的汽车，深切地感到

■ 丰田佐吉是一名优秀的工程师，他共取得了84项专利，并创造出35项最新实用方案。他最重要的、堪称是划时代的发明，是他在1896年完成的“丰田式汽动织机”。

"今后将是汽车的时代"。他强烈地预感到了生产日本国产汽车的重要性，进而决意将开发国产车的愿望委托给长子喜一郎。

1930年佐吉逝世，临终前，丰田佐吉将儿子丰田喜一郎叫到跟前，给他留下了作为父亲的最后一句话："我搞织布机，你搞汽车，你要和我一样，通过发明创造为国效力。"他还亲手将转让专利所获得的100万日元专利费交给儿子，作为汽车研究启动经费。虽然未能亲自创办汽车工业，但丰田佐吉把自己的抱负播种延续，促成了丰田汽车公司的开创。

10.2 丰田汽车生产之父——丰田喜一郎

作为丰田佐吉的儿子，丰田喜一郎背负着父亲的殷殷期望。1933年，丰田喜一郎在纺织机械制作所设立汽车部，开创了丰田汽车公司制造汽车的历史，并于4年后成立了丰田汽车工业公司。他为丰富丰田生产方式而提出了"Just In Time（即时到位）"，并不遗余力地推行这一理念，被称为"丰田汽车生产之父"。

10.2.1 立志于造车

丰田喜一郎出生于1895年，青年时便被父亲送到东京帝国大学工学系机械专业读书。大学毕业后，他来到父亲的丰田纺织株式会社当了一名机师。经过10年磨炼，丰田喜一郎担任了管技术的常务经理。然而，目光远大的他并不满足于眼前的成就。当他发现汽车能给人们带来极大方便时，预感到这一新兴行业具有广阔的发展前景时，决定将其作为自己的终身事业，

■ 1933年，丰田喜一郎在纺织机械制作所设立汽车部，开创了丰田汽车公司制造汽车的历史，并于4年后成立了丰田汽车工业公司。

而丰田佐吉也打算创办汽车工业，父子可谓是不谋而合。

丰田佐吉去世以后，丰田喜一郎于 1933 年设立了汽车部，并将一间仓库用作汽车研制的地点。从此，丰田喜一郎以此为基地进行汽车研发工作，他购回一辆美国雪佛莱汽车发动机进行反复拆装、研究、分析、测绘。在研究这台发动机的过程中，他产生了指导日后丰田汽车公司发展战略的认识观点："贫穷的日本需要更为廉价的汽车。生产廉价汽车是我的责任。"

由于汽车是一种复杂的机器，喜一郎花费了一年半的时间，才研制出第一台发动机样机。这台发动机没有正式名称，只叫做 A 型发动机。这时恰逢日本政府鼓励国内公司开发汽车市场，这对喜一郎来说可是大好时机。

为了真正开始汽车制造，丰田喜一郎建立了制钢厂、机器制造厂、仓库、材料实验室。此外，他还购买安装了汽车试制不可缺少的机器。在引擎、汽车骨架、车身等有关的部件上则以美国雪佛莱车为参考进行设计。接下来他要考虑的就是如何廉价地大规模地生产出形态优美的汽车车身。在这个方面，丰田参考了当时世界上具有代表性的大众汽车的流线车型，并投入了巨大人力、物力进行研究。

1937 年 8 月 27 日，丰田喜一郎成立"丰田汽车工业株式会社"，地址在爱知县举田町，创业资金为1 200万日元，拥有职员 300 多人。公司刚刚成立，就遇上了一场几乎使其倒闭的危机。当时，席卷资本主义世界的经济危机强烈地冲击着日本经济，尽管总厂的兴建、设备的引进、原材料的采购等急需大量的资金，但市面上银根奇缺，借贷无门，而此时初期的投资已经消耗殆尽，公司已经到了山穷水尽的地步。这个时候，侵华战争爆发了，丰田

■ 1937 年 8 月 27 日，丰田喜一郎成立"丰田汽车工业株式会社"，地址在爱知县举田町，创业资金为1 200万日元，拥有职员 300 多人。

汽车公司与其他许多生产厂家一道被纳入了战时军需工业品的生产轨道，陆军将其所有库存货车一次购光，这才使其摆脱了危机。

10.2.2 创立“丰田生产方式”

丰田喜一郎颇有战略家的眼光，自一开始组织汽车生产，他就注意到了要从基础工业着眼，从而提高整体素质。他注意到要使材料工业、机械制造、汽车零部件业与汽车工业同步发展，就必须为汽车的大批量生产创造必要的条件，因此，日本人称他是“日本大批量汽车生产之父”。

为确保产品质量，实现大批量生产，喜一郎在自己的企业中进行了一系列试点。首先，他将全公司的工厂结构进行了调整：将新川工厂改为爱知钢铁公司；将机床生产部改为丰田机械公司；将车身部改为丰田车身公司；将电气安装部改为日本电气安装公司。经过调整，公司实现了自身结构的专业化、合理化、科学化，从而改变了大一统的混乱生产格局，公司的专业化程度、管理水平、技术水平、生产能力都有了大幅度提高。

接着，丰田喜一郎为使工厂内部的生产结构更适合于专业化生产，他又对其进行了调整。他以汽车总装厂为中心，把社会上零散的零部件厂组织起来，有计划地把自己的生产需要同他们的技术结合起来，利用外部订货的方法，实行零部件生产的扩散。他将组装汽车所用到的所有零部件分为内制品和外购品两大类，其中，内制品又分为内部制造件（技术难度大，进货价格高者）和准内部制造件，外购品分为一般外部订货（一般商务就可生产）、特殊订货（需要给予技术指导或需要使用特殊设备的零部件）、专门订货（只有使用专门设备才能加工的零部件）三种。

■ 丰田喜一郎颇有战略家的眼光，自一开始组织汽车生产，他就注意到了要从基础工业着眼，从而提高整体素质。

丰田喜一郎创出了后来风靡全球的“丰田 JIT 生产方式”。如果按照传统做法，汽车生产从铸件到半成品都要先入库，需要时再取货、加工，加工好的零部件每天也要依工厂生产需要办理入库、出库。按照这一程序动作，无形之中加大了库存。丰田喜一郎的创新之处在于将传统的整批生产方式改为弹性生产方式。按照他的模式组织生产，工人和工厂都可得到好处：工人“每天只做必要的工作量”即可，早做完者早下班，做不完者可加班；工厂无需设置存货仓库，无需占用大量周转资金，许多外购零部件在付款之前就已被装车卖出了。他所提出的“Just In Time”，经后来的公司副总裁大野耐一进一步发展之后，成为完善的“丰田生产方式”。今天，“丰田生产方式”已超越国别、行业，成为世界许多国家企业争相学习的先进经验。

10.3 销售之神——神谷正太郎

神谷正太郎是丰田喜一郎在开始创业时亲自选拔的在销售方面的负责人，他被视为“丰田喜一郎的心腹”，人称“销售之神”“销售大师”。丰田汽车公司今天之所以能取得令人瞩目的成绩，和神谷正太郎的努力是分不开的。如同丰田喜一郎奠定了丰田汽车公司的生产基础一样，神谷在 40 年的时间里，建立了日本第一流的丰田汽车公司的销售组织。尽管他说自己从未卖出过一辆汽车，但他在汽车销售方面所表现出来的远见卓识向人们证实了他无愧于“大师”这一称号。

■ 神谷正太郎是丰田喜一郎在开始创业时亲自选拔的在销售方面的负责人，他被视为“丰田喜一郎的心腹”，人称“销售之神”“销售大师”。

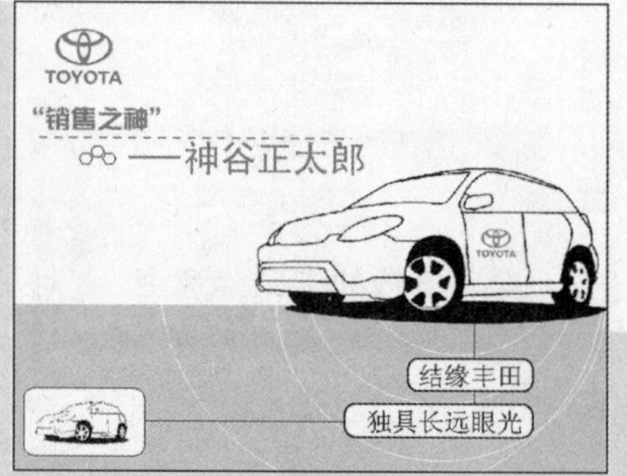

10.3.1 结缘丰田

幼时的神谷天资聪颖，机敏过人，被看作神童。义务教育毕业后他考进了名古屋的一家商业学校，这家学校非常重视“贸易立国”，在当时曾以“世界乃吾之市场”的校训闻名遐迩。1917 年，当神谷从该校毕业时，由于品学兼优而被校长直接推荐进入了当时日本数一数二的大商社——三井物产公司。在那里工作了 7 年之后，神谷意识到，在特别看重门第和学历的三井物产中，无论多么具有才干终归难有出头之日。他感到不能将自己的未来寄托给这家公司，于是离开了三井物产。

1925 年，神谷只身前往伦敦自立门户，开了一间“神谷商事公司”，做钢铁批发生意，老板加女打字员，总共才两个人。可惜，世界性经济萧条发生，神谷的生意越做越难，他当机立断：停业。1927 年，神谷踏上了回国的旅途。这成了神谷人生的大转机。

神谷回日本后，冷静地观察分析国内市场情况，看中当时正在扩张势力的外资企业——美国通用汽车公司和福特汽车公司。这两家公司都录用了他，他选了通用汽车。从此以后，神谷就在汽车领域开始纵横驰骋。凭着出众的能力，他在通用汽车迅速晋升为大阪总公司副总经理，令许多人羡慕不已。

后来，神谷结识了正在致力于国产汽车生产的丰田喜一郎。此时，也是神谷认为“外国汽车全盛时代即将告终”，开始考虑离开通用汽车转到国产汽车厂家的关键时刻。促成神谷和丰田喜一郎会见的是丰田纺织公司经理冈本藤次郎。冈本不仅和神谷都是爱知县人，他还是神谷的母校——名古屋商

■ 后来，神谷结识了正在致力于国产汽车生产的丰田喜一郎。此时，也是神谷认为“外国汽车全盛时代即将告终”，开始考虑离开通用汽车转到国产汽车厂家的关键时刻。

业学校前十班的老前辈，是神谷在西雅图三井物产公司工作时期提拔过他的一位知己，因此对神谷很了解。

尽管与神谷初次谋面，喜一郎却有相见恨晚的感觉，他力邀神谷加入丰田汽车公司。毕竟这之前喜一郎对神谷的人品及其在美国通用汽车的成就早有耳闻，交谈之后更坚定了他力劝神谷加盟的想法。而神谷也非常钦佩喜一郎的热情和胸襟，当即应允在一个月后离职前往丰田工作。

在谈他进入丰田汽车公司的动机时，神谷曾说："我对喜一郎的认真和诚实佩服得五体投地。实际上当时我还没有决定辞去在美国通用汽车公司的职务，而是被喜一郎对我的信任所感动，才下了辞职的决心。工资也事先不知道，后来听到是 120 元，吃了一惊，只有通用汽车公司的 1/5。但进丰田汽车公司的动机不是为了钱，而是由于有振兴国产汽车的责任感，因此也不那么把钱当成问题了。"

丰田喜一郎也曾回忆说，神谷一句"需求是创造出来的，是可以不断加以开辟的"给自己的印象极为深刻。神谷和丰田两人配搭成为一对亲密的合作伙伴，共同致力于发展大众化汽车的事业，可谓是丰田发展史上绝妙的一笔。

10.3.2 独具长远眼光

神谷对丰田汽车公司最大的贡献是，他提出了"顾客第一，销售第二，制造第三"的基本理念。在神谷的销售策略当中，首先，要提到的就是"顾客第一"主义。同时，他也将各种有关销售的制度付诸实施。因为有在通用汽车公司工作过的经验，神谷对美国各种有关汽车批量销售的制度可说是了

■ 神谷对丰田汽车公司最大的贡献是，他提出了"顾客第一，销售第二，制造第三"的基本理念。

如指掌。他一直认为，对于汽车这种昂贵的商品来说，必须采取分期付款的形式才可能实现大量销售。于是从加入丰田汽车公司的第一天起，他就向喜一郎提出了采用按月分期付款方式销售汽车的建议，并从 1936 年起开始实施。他还实行推广了把汽车在销售店的零售价格全部公开的制度，即“定价销售”制度。这种形式可以让顾客心中有数。

神谷还有一个见解：“汽车本身的质量和价格固然重要，但让人们在经济上能够消费得起汽车也是不容忽视的。”所以从构筑丰田汽车公司销售网的最初阶段，他就开始致力于销售店的服务体系和零部件供应体系的充实。而且，在战后刚刚步入汽车批量销售时期的最初阶段，他就已经预见到二手车市场必将给汽车的销售带来深刻影响，从而早早就针对二手车市场制定了妥当的对策。

不仅如此，为了使大量销售成为可能，神谷把目光瞄准了潜在的需求层，为此创办了驾校。在一些人看来，这样做套住了相当一部分资金，而且把精力投在这些与汽车销售没有直接关系的事情上难免有“不务正业”之嫌，但神谷坚持认为今天做一些前期投资，对今后销售的发展是必不可少的。没过多长时间，神谷的这些预见就初见成效。在之后日本进入汽车时代进程中，他所付出的这番努力更是发挥出了难以估量的作用。

汽车的普及在带来巨大利益的同时也产生了诸如交通事故、环境污染等社会问题。神谷很早就意识到这个问题，他提出“汽车是公共产业”的观点，主张开发少公害或者无公害的汽车，并在晚年为维护交通安全和保护自然环境倾注了大量的心血。神谷被誉为“日本汽车产业中最具国际意识的首脑”。但他自己常说：“别人往往是在考虑 1 年之后的事情，而我不过是在冷

■ 神谷还有一个见解：“汽车本身的质量和价格固然重要，但让人们在经济上能够消费得起汽车也是不容忽视的。”所以从构筑丰田汽车公司销售网的最初阶段，他就开始致力于销售店的服务体系和零部件供应体系的充实。

静地考虑 3 至 5 年以后的事情而已。”

神谷也是最早想到要把日本生产的丰田轿车出口到美国去的人，他说“对于经商来说，最重要的莫过于对时机的把握”。通过对美国市场的多次考察，在了解到美国的小型汽车市场已经开始形成之后，他建议丰田生产在美国市场上具有竞争力的小型汽车。1955 年 8 月，两辆丰田皇冠轿车在横滨被装上轮船销往美国，神谷所做的努力不可小视。同年 10 月，神谷在美国成立了销售公司，它成为丰田在美国最早的销售基地。尽管当时向美国出口轿车显得有些为时过早，但令人惊奇的是，不久后，丰田汽车在美国的销售就形成了燎原之势，以至由此而引发了被世人瞩目的日美贸易摩擦。神谷在促进出口方面所做的贡献得到了社会的高度评价，他本人由此而获得了 1967 年度的“内阁总理大臣赏”，并于 1968 年被授予了“二级功勋旭日重光”勋章。

20 世纪 60 年代末到 70 年代初，神谷认为日本不应该回避资本自由化的问题，与其消极等待还不如采取积极的行动，创建一个可以抵御资本自由化冲击的体制。他提出了在丰田设立一个每年产销 200 万辆汽车体制的大胆设想，同时强调要想尽快达到这一目标，就必须扩大和强化日本国内外的销售力量。同时他认为这点也是实行资本自由化后日本的国产汽车能与国外产品开展竞争对抗的唯一方法。实施这种策略之后，1971 年丰田汽车的实际销售量达到了 195 万辆，基本上完成了预定的目标。

在国际化的背景下，神谷又提出，对外来资本不应该采取排斥的态度，相反应该本着共存共荣的基本原则与其开展公平的竞争。正是在这样的指导思想之下，丰田在美国以及欧洲、亚洲的许多国家和地区与当地的汽车生产

■ 神谷也是最早想到要把日本生产的丰田轿车出口到美国去的人，他说，“对于经商来说，最重要的莫过于对时机的把握”。

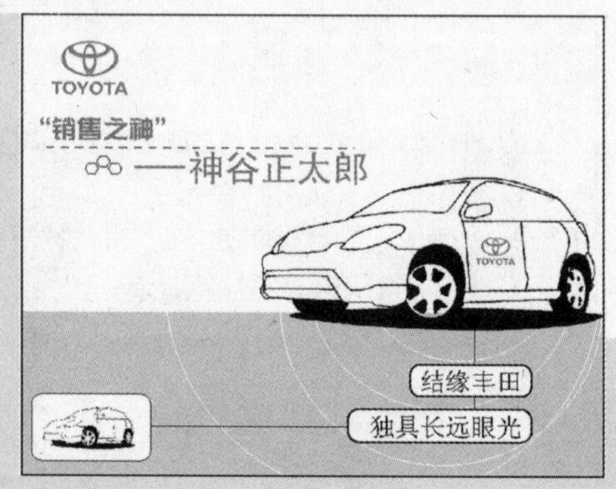

厂家开展了真诚的合作，不仅给双方带来了经济利益，同时也实现了与所在国共同发展的目标。

神谷生前常说："请你们等着看，丰田一定会壮大起来。"事实正像他所预言的那样，丰田今天不但已经成为了举世闻名的大企业，并且还在不断地发展壮大，而神谷正太郎就是构筑起丰田伟业的第二代精英之一。

10.4 丰田大总管——石田退三

丰田汽车公司从一个地方企业，发展成世界性规模的大企业，虽说是一个家族企业，却始终没有出现家庭内讧，其中，"大总管"石田的存在，具有决定性的影响。

10.4.1 辗转进入丰田

石田退三于 1888 年 11 月生于爱知县多郡小铃谷村（现常滑市）的一户姓泽德的贫穷农民的家里。退三的母亲的一个远亲、后来对石田一生有重大影响的儿玉一造，力主"让退三上学读书"，石田才有机会进入滋贺一中。在这 5 年里，石田一直受到儿玉一家的照顾。儿玉一造的弟弟利三郎后来入赘丰田家，做了丰田自动织机制作所的总经理。石田从此同丰田汽车公司结缘。

石田用功读书求知，渴望有朝一日出人头地。但是，世事难测。他从滋贺一中毕业后，再没能有机会进高等学府读书。25 岁时入赘石田家，泽德退三从此变成了石田退三。后来经儿玉一造介绍，石田到名古屋服部商店做

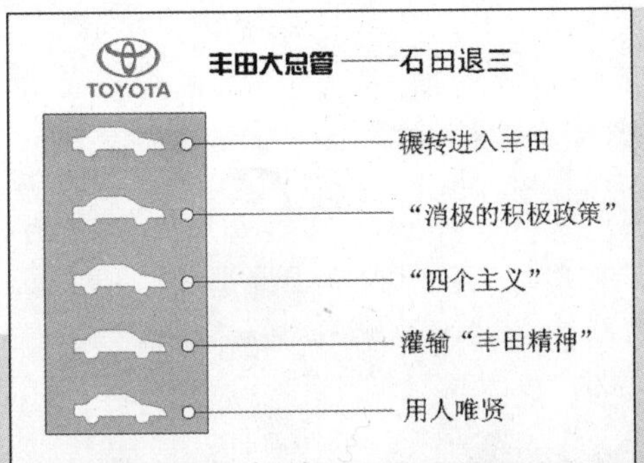

■ 丰田汽车公司从一个地方企业，发展成世界性规模的大企业，虽说是一个家族企业，却始终没有出现家庭内讧，其中，"大总管"石田的存在，具有决定性的影响。

店员，得到老板服部兼三郎的用心调教。

1927年，石田的人生出现了一次重大转机。他再次听从儿玉先生的劝告进入丰田纺织公司工作，成为了大发明家丰田佐吉的一名忠实弟子，并与佐吉建立起了亲密的私人关系。佐吉常对石田说的一句话就是：“你是商人，商人就要赚钱。”这种观念逐渐深入石田的意识中。

日本战后经济萧条，工潮迭起。丰田喜一郎领导的丰田汽车工业公司背着10亿日元的债务，陷入经营危机，罢工旷日持久；喜一郎引咎辞职。石田接受董事会的决定，临危受命，接替喜一郎出任总经理。

“自助者必有天助”，石田走马上任不久，日本经济开始复苏，石田趁着大好时机，使原本濒临破产的丰田汽车公司，神奇地发生着变化，公司很快转亏为盈。公司摆脱了财政赤字后，他又将所赚的钱全部投入到生产设备的更新和扩充上。之后，石田认识到强化生产设备的重要性，又加大了投资，截止到1956年底，他共计在设备上投资达58亿日元。在石田担任丰田汽车公司社长的这11年间，丰田汽车公司为国家做出了不可磨灭的巨大贡献。从皇冠牌轿车开始，丰田汽车公司向市场推出了众多品牌的轿车和卡车。所有这些成就可以说都是全面实施“石田式经营”的结果。

10.4.2 “消极的积极政策”

战后，随着日本经济的复苏，工厂的生产进度突然变得非常紧迫，几乎忙不过来了。然而，此时，石田却发布了如下的指令：

1. 员工人数暂时不予增加，依目前的人数做适当调配，尽可能以提高效率来弥补。

■“自助者必有天助”，石田走马上任不久，日本经济开始复苏，石田趁着大好时机，使原本濒临破产的丰田汽车公司，神奇地发生着变化，公司很快转亏为盈。

2. 为适应特需生产需要，每天加班两个小时。

3. 继续进行更新产品型号的研究，但实施前需有充分的准备时间。

4. 考虑到利润，引进3.8亿多日元的更新设备资金。

这就是石田所谓的“消极的积极政策”，石田表现出了在一个经营者面临顺境时的态度。而石田的“消极的积极政策”，可总结为以下两点：

不增加人手。如果趁公司景气的时候不断增加人手，那么一旦到了不景气时，就会耗掉大量资金。换句话说，如果对方是人的话，即使没有工作，也必须付给他工资；但是，如果对方是机器的话，空下来的时候，机器就可以关掉，也不用花钱，忙起来的时候，再开动就好了。

设备合理化。战前，织布机是一种高科技商品。直线如果断了，机器就会自动停止，而横线如果没有了，机器还是继续运转，即使不停机，也能继续作业。可见若是机器性能好，就能节省许多人工，石田在做自动织机的时候，就经常说这些话，所以这一想法也被带进了汽车制造厂。

10.4.3　“四个主义”

石田式经营可以简单归纳为石田所倡导的“四个主义”。用石田自己的话说就是“理所当然地认真做好每一件理所当然的事情”，即合理的赚钱主义、设备第一主义、无借款主义和彻底杜绝浪费主义。

具体说来，这四大主义就是：首先，经营者的使命要通过满足社会需求来赚钱。就丰田而言，就是要生产卖得出去的“物美价廉的车”，这就是“合理的赚钱主义”。其次，因为汽车行业的发展速度很大程度上依赖于机器设备的效率，所以投资尤其要以提高效率、降低成本为目的，这点非常重

■ 石田式经营可以简单归纳为石田所倡导的“四个主义”。用石田自己的话说就是“理所当然地认真做好每一件理所当然的事情”，即合理的赚钱主义、设备第一主义、无借款主义和彻底杜绝浪费主义。

要。所以设备投资必须根据周密的长期经营计划合理地、有计划性地进行，这就是所谓的“设备第一主义”。再次，因为“谁有钱谁就能赢得最后的胜利”，所以为了发展技术和扩大生产规模，企业必须拥有雄厚的、可以自由支配的自有资金，这就是石田的“无借款主义”。最后，石田认为企业应该在经营上做到公私分明，杜绝浪费。他说：“企业对社会承担着确保盈利的责任，因此企业应把每名职工的聪明才智都集中起来，为增加企业的经济效益而努力。”这正是他极力倡导彻底杜绝浪费的真正目的。在这四个主义中，设备第一主义和无借款主义是石田式经营的两大支柱。

根据这四个主义，石田在推行他的经营方式时，还特别强调了三个目标，那就是“造物、造钱、造人”。所谓造物就是要生产出物美价廉的汽车，所谓造钱就是要让丰田有钱可赚，而所谓造人则是指培养大批具有“丰田精神”的企业员工。而在这当中，石田认为造人又是造物和造钱的基础。

10.4.4 灌输“丰田精神”

石田退三不断地把他所理解的这些“丰田精神”灌输给企业的员工，并把这种精神不断地推行到公司的发展之中。石田经常讲，他只是佐吉老先生所创立的丰田传统精神的“传令兵”，石田式经营也就是在这种精神指导下不断展开的。同时，他对丰田精神也有自己独到的理解，可以归纳总结为 7 点：

丰田汽车公司创业以来的方针就是依靠日本人的智慧与技术，建立轿车产业。

要有好的产品、好的思考。好的产品自然是指好车。好的思考则是指

■ 石田退三不断地把他所理解的这些“丰田精神”灌输给企业的员工，并把这种精神不断地推行到公司的发展之中。

“如何造出好车、卖出好车，以及如何改善好车”。

要有“乡巴佬精神”。“乡巴佬纯粹、勤奋、执着、认真、不怕苦、不怕累、肯学习。乡巴佬精神是值得自豪的丰田精神的结晶。”石田还说自己就是个“乡巴佬”。

要有“不屈的斗志”，他说这是“丰田汽车公司永不泯灭的精神”，“说到底一句话，非做不可的做，要做就做到底，排除万难去做成做好”。

一定要“依靠自己的力量”，“自己的城自己守”，“自己公司的事要自己负责，不靠别人而靠自己的力量去做”，也就是“独立自主的精神”。

要“合作一致”，“事业不是一个人所能办成的事，人和比什么都重要”。

注重“培养人”，事业成败取决于人。任何事要取得重要的发展，必须打好“培养人”这个基础。

10.4.5 用人唯贤

石田从一开始就坚持，以丰田汽车为中心的丰田集团是丰田家的产业。这点与神谷正太郎不同，石田毫不忌讳地公开声明自己是一个“总管”，他是最讨厌假公济私的。他自己花零用钱也要记账，从某种意义上，可以说明他是想把个人消费和公司区分开来。石田也不允许自己的亲属进入公司。

与此同时，石田非常关心丰田家的后代，把他们都安排在丰田集团内工作。例如：把在东海银行的丰田英二的弟弟芳年安置在丰田自动织布机公司内；把在东大从事研究的丰田利三郎的儿子信吉郎，安置在丰田纺织内，而信吉郎的弟弟，原本在三井银行的祯吉郎，则被安置在日本电装。不过，他并不单纯是把丰田家的人安排在领导岗位上而已。因为，他认为，让一个无

■ 石田毫不忌讳地公开声明自己是一个“总管”，他是最讨厌假公济私的。他自己花零用钱也要记账，从某种意义上，可以说明他是想把个人消费和公司区分开来。石田也不允许自己的亲属进入公司。

能的第二代继承事业，反而会引起纷乱，派阀斗争还会发展成家庭内讧，公司前景当然也就不堪设想。例如，曾担任丰田自动织布机专务的丰田利二郎的长子幸古郎，在工作中表现不理想时，石田便毫不客气地把他降为普通的董事。

石田退三的成绩在丰田汽车公司今日的繁荣中得到充分的体现。丰田人至今仍然尊敬他，并永远不会忘记他的卓越功绩。而日本政府颁发的“一级功勋瑞宝勋章”代表了国家对他一生贡献的最高评价。

10.5 第三代掌门人——丰田英二

丰田经过多次失败，最终成功试制出了 SA 型客车。然而当时的日本提倡分期付款买车，货款往往很难收回，丰田又陷入了破产的边缘，一直到二战结束，公司的资金问题才得以解决。在那艰难的岁月中，力挽狂澜的便是丰田英二，因此丰田英二往往成为丰田神话中的重点话题。在丰田英二时代，车厂吸取了以往的教训，不但放眼世界，而且还积极推行精简行政和提高灵活性的方针。现在，丰田汽车公司市值已超过美国汽车业三巨头通用汽车公司、福特和克莱斯勒的总和，这一切要归功于这个勤勉、倔强、绰号为“黑暗中的公牛”的丰田英二，是他最终把丰田打造成一个世界顶级的赚钱机器。

10.5.1 坚忍卓绝的经营者

丰田英二是丰田喜一郎的堂弟。他于 1913 年 9 月生于名古屋。他的父

■ 现在，丰田汽车公司市值已超过美国汽车业三巨头通用汽车公司、福特和克莱斯勒的总和，这一切要归功于这个勤勉、倔强、绰号为“黑暗中的公牛”的丰田英二，是他最终把丰田打造成一个世界顶级的赚钱机器。

亲平吉是丰田佐吉的弟弟。平吉曾一度帮哥哥佐吉干活，英二出生的时候，他们就在名古屋城的附近，独立经营了一家织布工厂，因为家就在工厂所在地，所以，英二的少年时代便在机器中度过。英二很小的时候，就显示出对机械的兴趣。后来，他成为丰田汽车公司的社长。

在丰田英二担任丰田汽车工业公司社长的 15 年间，正值日本经济高速发展，跃升至世界经济大国的历史时期，他把丰田汽车公司带入了 20 世纪 80 年代和 90 年代进一步大发展的新时期。丰田英二从 1972 年至 1980 年还连续 8 年被选为日本汽车工业会会长，统筹整个汽车行业的事宜，对日本汽车产业的整体发展也做出了重要贡献。

丰田英二担任社长的 15 年间，丰田取得了无数让世人惊奇的成绩：1968 年实现年产 100 万辆汽车的目标；1969 年实现了在日本国内年销售 100 万辆汽车的目标；1972 年实现了累计生产1 000万辆汽车的目标；1973 年实现了在日本国内销售累计1 000万辆汽车的目标；1980 年确立了年产3 000万辆汽车的体制……业绩数不胜数。

还在上小学低年级的时候，才被允许接触蒸汽机的英二，就颇让大人伤脑筋，连每年一度清扫汽锅时，也喜欢跟在大人后面，甚至跑进尚有余温的汽锅里，给作业员惹麻烦。小学五年级的时候，名古屋开始有了无线电广播，英二便马上动手做了一台矿石收音机收听广播，直到旧制高中毕业以前（19 岁），英二一直生活在工厂里。

英二的伯父佐吉，虽然对自己的儿子喜一郎非常严厉，然而对比喜一郎小 18 岁的英二，却像对待孙子一样喜爱。英二小学二年级的暑假，佐吉还曾带他到中国的上海去。

■ 在丰田英二担任丰田汽车工业公司社长的 15 年间，正值日本经济高速发展，跃升至世界经济大国的历史时期，他把丰田汽车公司带入了 20 世纪 80 年代和 90 年代进一步大发展的新时期。

1936年春天，英二从东京帝大毕业，便进入丰田自动织布机制作所。他最初的工作地点在东京，喜一郎命他在芝浦的东京汽车旅馆中设立研究所。后来，他做过与汽车有关的各种各样的技术工作，譬如分解购进的德国造前轮驱动汽车，把有关零部件画成图，对东京周围的汽车制造厂家进行调查等。

东京汽车旅馆是一个公司名，以经营收费车库为主。当时由于囤积汽油，所以车库的规定要比现在严得多，必须是防水构造很强的非露天建筑才能核准。于是丰田便出资投建了这个东京汽车旅馆。G1型卡车的展示会就是在那里举行的，后来成为芝浦工厂，现在则是丰田科技人员研究所所在。

1937年5月，丰田英二被调入总公司的“监查改良部”，专门负责“逐一解决用户投诉的汽车质量问题”。同年8月，丰田汽车工业株式会社正式成立，丰田英二虽然不是公司管理人员，但也作为创立总会的成员出席了成立大会。1938年11月，丰田举母工厂建成，丰田英二制定了机械安装计划并指挥实施。同时，还创立了“汽车用螺丝规格”，即由英制改为公制，后来，它成为日本的标准规格。此后，丰田英二成为工作机床研究会的负责人，使得零件加工的精度和效率得到大幅度提高。

1945年，32岁的丰田英二由公司最年轻的董事晋升为常务董事。他继承了丰田喜一郎所倡导的“Just In Time”的想法，建立了丰田生产方式的基础。战后恢复时期，英二根据他在美国福特汽车公司考察时得到的启迪，提倡在丰田汽车公司内开展“动脑筋提建议运动”，在合理化和降低搬运成本上下功夫并取得了明显的成绩。

■ 1945年，32岁的丰田英二由公司最年轻的董事晋升为常务董事。他继承了丰田喜一郎所倡导的“Just In Time”的想法，建立了丰田生产方式的基础。

10.5.2　卓越贡献

1955年，丰田汽车公司向市场推出了经典产品“皇冠（CROWN）”轿车。英二直接参与了开发研制，并亲自把第一辆“皇冠”车开下了生产线，接着又造出了豪华“皇冠”车。英二说：“‘皇冠’车完全是自力更生造出来的，标志着丰田汽车工业公司走上了正轨。”1958年，丰田建设元町工厂时，成立了“新厂建设委员会”，由时任名誉会长丰田章一郎担任委员长，英二作为辅佐对章一郎的工作进行帮助。元町工厂是一座可月产10 000辆汽车的大厂，当时的月生产量达到了5 000辆。元町工厂的建立为丰田在今后与日本汽车厂家的竞争中创造了良好的条件。

丰田英二自进入丰田汽车公司以来，长期从事设计研发工作，所以，他在管理上同样抱有实证态度，努力将西方经验和丰田实际结合起来。

在主管技术的副总经理丰田英二的领导下，丰田汽车公司先后造出了皇冠、花冠等名牌轿车，销路极佳。但是，英二十分清醒，他强调：“名字叫得再好听，至关重要的产品本身如果不好，就卖不出去，这是明摆着的。”

1967年10月，中川社长猝死。当月，丰田英二因人所公认的能力和业绩而出任社长。在就职后的首次记者招待会上，有记者问：“是不是因为你是丰田家的人才当上社长的?”英二斩钉截铁地回答说：“我想，因为我适合做社长，所以才被选上的。”

上任之初，参观福特轿车厂的时候，英二发现福特一个工厂日产轿车比丰田一年的产量还高。回国后，英二立即对生产进行检查，发现工人在操作过程中浪费了大量时间。他决定将每个环节上的浪费现象逐个击破，风靡全

■ 1967年10月，中川社长猝死。当月，丰田英二因人所公认的能力和业绩而出任社长。

球的丰田生产方式的基础由此产生。

在担任社长期间，丰田英二领导全公司成功地解决了尾气排放限量问题，使丰田汽车公司生产的所有型号的汽车都达到了尾气排放限量标准，大大地提高了汽车制造技术水平；还成功地克服了20世纪70年代两次石油危机所带来的困难，并且成功地应付了资本自由化的冲击。

尤其值得注意的是，丰田英二在任期间做了3件极富战略眼光并具有长远意义的大事：他创办了丰田财团、丰田工业大学和国际经济研究所，使丰田汽车工业公司成为一个不只是制造好汽车，而且对日本社会乃至世界都做出相应贡献的著名企业。此外，丰田一向注重佐吉、喜一郎时代的发明和基础研究，英二也继承了这种想法。1980年，英二把1960年成立的“丰田中央研究所”迁到了新的地址，规模也扩大了一倍，丰田英二风趣地说，这些重大决策都不是“靠掷骰子做出”的。事实上，他平均一年出国两次以上，去过40多个国家，非常了解国际政治风云、经济形势、科技进步的情况，尤其是汽车产业的新情况、新动向，从而能够做出不拘泥于眼前利益的重大决策，使丰田汽车公司始终走在时代前列。

在丰田汽车公司面临大发展的挑战与机遇面前，丰田英二总结1950年丰田分为汽车生产和汽车销售两个公司的经验教训，丰田英二和公司领导人经过反复慎重研究，作出了一个非常重大的决策：将销售和生产两个公司再次合并成一个公司，但并非简单地回到分开前的状态。1982年7月1日，新生的“丰田汽车公司”正式宣告诞生，丰田英二则如中国古代圣人孔子所言“功成身退吾之道”，辞去社长的职务，退任会长。

■ 丰田英二创办了丰田财团、丰田工业大学和国际经济研究所，使丰田汽车工业公司成为一个不只是制造好汽车，而且对日本社会乃至世界都做出相应贡献的著名企业。

10.6 丰田汽车的真英雄——奥田硕

现任丰田汽车公司总裁的奥田硕并不是人们所认为的那种典型丰田人物，也不是创建并几乎不停地经营丰田汽车公司达几十年的丰田家族的一员。1995年，奥田从68岁突患中风的丰田达郎手中接管公司时，公司已丧失其自夸的优势。然而，倔强的奥田从来没有动摇过收复失地的信心。他的目标是：在下一个10年中让丰田汽车占有世界汽车市场份额的10%～15%。

奥田硕为人勤奋刻苦，他身材高大，鬓角略长，颇具绅士风度。其工作热情也很少有人能与之相比。奥田的成功靠的是自己不懈的努力，他从未得益于任何的家族关系。奥田一家住在名古屋郊外，奥田的父亲经营一家小证券公司。在少年时奥田硕就有极强的求知欲，而且极富主动精神。当家里每个人都入睡后，他常常在半夜起床学习。而在柔道俱乐部周末休息地，当其队友在豪饮米酒的时候，奥田常常会埋头读书。奥田一个月要阅读十几本书。他喜欢阅读政治回忆录，特别是日文版的亨利·基辛格和玛格丽特·撒切尔的作品。他说："当我感到无聊的时候，我便重新阅读我最喜欢的歌德诗篇。"

成年后的奥田硕一直在丰田汽车公司工作，从事过会计、采购和国内外销售等工作，在业务知识方面很少有人能够和他匹敌。奥田工作起来马不停蹄，尤其是他有一种可贵的务实精神，公司研制的每一辆丰田汽车和竞争对手的许多新产品他都要试开，每年他还要到海外旅行约10次，进行他自己的"情报收集"，并且在每个电视广告播出之前都要亲自审查。

■ 奥田硕为人勤奋刻苦，他身材高大，鬓角略长，颇具绅士风度。其工作热情也很少有人能与之相比。奥田的成功靠的是自己不懈的努力，他从未得益于任何的家族关系。

与其他丰田家族的人不同的是，奥田工作方式直截了当，有直言不讳的脾性。Furman Selz 公司的汽车分析人员玛丽安娜·凯勒说：“他很直率，不在乎阐明自己的观点，我们已习惯于日本经理说话时的含糊其词，而他确实与众不同。”几年以前，丰田的底特律竞争对手出口了一批不适应日本狭窄街道的笨重轿车，奥田毫不掩饰地称他们为“傻瓜”。

奥田直截了当的方式，在丰田汽车公司根治日本人所称的“大公司病”时起了作用。20 世纪 90 年代初期，决策缓慢和遍及企业上下的自大导致了丰田公司重大的失误。当美国和日本的消费者需求外观迷人的越野车型时，丰田汽车公司在生产其款式保守的轿车的同时还拙劣地推出了几项关键的产品。它在美国推出了发动机动力不足的 T100 型轻型货车，还有 1995 年针对日本市场重新设计的花冠轿车，这种轿车看上去既脆弱又低劣。更为糟糕的是，随着日本经济衰退加深，丰田的利润也在降低。

1997 年 1 月，英国表示不愿加入欧洲货币联盟，奥田对此马上做出反应，表示这有可能促使丰田汽车公司重新考虑在欧洲的投资选址计划，当时此番言论在伦敦引起了轩然大波。这并非是毫无根据的威胁。丰田汽车公司当时正考虑在欧洲大陆选择何处为基地，建立一座 16 亿美元的工厂。这项投资将使丰田汽车公司绕开高进口税，制造丰田的“欧洲轿车”。这种轿车将在欧洲迅速发展的微型轿车市场上与福特汽车公司和菲亚特汽车公司竞争。丰田汽车公司有可能选择法国北部的钢铁生产基地——朗斯城。

成功地进行企业文化改造，以便使受传统桎梏的丰田汽车公司在观念上更加国际化，是个很棘手的问题。奥田承认这可能会需要几年的时间。他加大了打破总部金字塔式的企业结构的力度，将工资和业绩挂钩而不是和资历

■ 与其他丰田家族的人不同的是，奥田工作方式直截了当，有直言不讳的脾性。

挂钩，并力主提拔一大批在 20 世纪 80 年代繁荣时期受雇而事业上又颇多不顺的 30 岁左右的经理们。许多年纪较大的经理，好听的头衔被取消，并委以较小责任以便给较年轻的经理们让位。

然而，在奥田长期的职业生涯中，他赢得了公司内部许多人士的深深爱戴。他有 1/3 的时间在丰田城里度过，常常和公司里的 1 万多名工程师聊天，谈谈他们最近的工作。他还特别注意接触年轻的工程师。会计师科班出身的奥田能够准确地抓住技术细节，这使年轻工程师对他非常敬佩。丰田汽车公司的5 000名日本经销商也因为他将广告费用提高了 30%，并就市场营销征询他们的意见而非常喜欢他。

同时，奥田背后有强有力的丰田家族支持，特别是 80 多岁高龄的长者丰田英二和现任董事长丰田章一郎。奥田努力增大支出以在中国台湾建立一个分厂。这涉及到旷日持久的谈判，丰田英二虽然一时也曾心怀疑虑，但是奥田最后还是获得了他的支持。后来，丰田汽车公司的中型花冠车在中国台湾一炮打响。

在缓解 1995 年美日汽车贸易纠纷方面，奥田硕和丰田章一郎也起了重要的作用。随着华盛顿咄咄逼人的官员准备对日本豪华汽车征收 100%的惩罚性关税，他们悄悄地透露了丰田汽车公司未来采购美国零部件的计划。其他的公司也尾随其后。这一行动虽激怒了大权在握的日本通产省，但它却结束了这场危机。

然而奥田并没有将注意力仅仅集中在美国及欧洲。国内事务他也没有忽视，丰田汽车公司已在国内受到比其规模小 2/3 的本田公司的压力。本田公司在日本一直是丰田强有力的竞争对手，它以其 Odyssey 微型面包车和 CR-

■ 然而，在奥田长期的职业生涯中，他赢得了公司内部许多人士的深深爱戴。

V 四轮驱动的多用途运动车抢走了丰田汽车公司在日本的一大块销售额。

奥田坚信，在市场份额方面即使只丧失几个百分点也会带来危险的结果，他已经做好了迎接挑战的准备。公司设在丰田城的三个主要设计室已推出了一系列可与本田匹敌的车型，如 Ipsum 微型面包车和 Spacio 客货两用轿车。他还提高了经销商的奖励，每辆车约为1 500美元，以使这些新车型能够迅速开出展厅。为了确保丰田汽车公司再也不会被打个措手不及，奥田不断地督促工程师提高将款式概念变成实物的速度。直到最近，丰田汽车公司 24 个月的产品开发周期一直是其标准。福特汽车公司和其他公司为了达到相同的水平一直在竭力奋斗。奥田估计，一般的行业兴衰都以半个世纪为周期。如果汽车行业也是如此，他想让丰田汽车公司早有准备。在这种发展情况下，现在的奥田被看作丰田汽车公司的真英雄。

案例：劳斯莱斯的缔造者

100 多年前，罗伊斯和罗尔斯一见如故，相遇之后两人联手缔造了劳斯莱斯这一经典品牌。

1863 年 3 月 27 日出生的亨利·罗伊斯 9 岁丧父，少年时卖过报纸，送过电报，饱尝生活艰辛。但罗伊斯有一双巧手，在机械方面悟性极高。1884 年，21 岁的罗伊斯创立了一个从事电气和机械业务的公司。1904 年，罗伊斯手工制造出了他的第一辆汽车。

出生于 1877 年 8 月 27 日的查尔斯·罗尔斯和罗伊斯有着完全不同的背景。罗尔斯出身贵族，在伊顿公学和剑桥接受教育，后混迹于伦敦上流社

■ 奥田估计，一般的行业兴衰都以半个世纪为周期。如果汽车行业也是如此，他想让丰田汽车公司早有准备。在这种发展情况下，现在的奥田被看作丰田汽车公司的真英雄。

车中贵族劳斯莱斯

会，很有些花花公子的味道。但罗尔斯并非玩物丧志，他在伦敦开了一家汽车销售店，且一直有志于将他的名字与刚刚问世不久的汽车联系在一起。

安排罗尔斯和罗伊斯见面的是后来被称为罗罗公司“教父”的亨利·埃德蒙兹。1904 年 5 月 4 日，在埃德蒙兹的介绍下，罗尔斯与罗伊斯在曼彻斯特米德兰旅馆共进午餐。两罗一见如故，高谈阔论汽车工业发展前景。之后，罗尔斯仔细观赏了罗伊斯刚刚制造出来的那辆汽车。进一步商量过后，两人同意，罗伊斯公司生产的汽车专供罗尔斯公司销售，这些汽车的品牌被冠名为“罗尔斯·罗伊斯（Rolls－Royce)”，简称劳斯莱斯。

回到伦敦以后，罗尔斯非常激动，逢人便说：“我发现了世界上最伟大的工程师。”罗伊斯确实出手不凡，他制造的劳斯莱斯汽车在市场上获得了巨大成功。1906 年 3 月，罗罗公司正式宣告成立。公司成立后就开始生产六缸的“银色幽灵”牌汽车，这种汽车当时被喻为“世界上最好的汽车”。“建造世界上最好的汽车”也因此成了罗罗公司的座右铭：如果存在最好的，设法使它更好；如果不存在，就设法将它创造出来。直到今天，劳斯莱斯仍然是轿车界“豪华极致”的代名词。

遗憾的是，1910 年，年仅 33 岁的罗尔斯在驾驶“莱特飞行者”飞机时遇难，成为第一个死于空难的英国人。1933 年，罗伊斯辞世——联手打造劳斯莱斯的两人，就这样先后离开了人世，留下了一个永恒的传奇。

车中贵族劳斯莱斯

■ 遗憾的是，1910 年，年仅 33 岁的罗尔斯在驾驶“莱特飞行者”飞机时遇难，成为第一个死于空难的英国人。1933 年，罗伊斯辞世——联手打造劳斯莱斯的两人，就这样先后离开了人世，留下了一个永恒的传奇。

第十一章 丰田的企业文化

企业文化的核心是企业的一种共有的价值观，是企业员工共同的信仰，它是指导企业和企业员工行为的哲学。没有强大的企业文化，没有卓越的企业价值观、企业精神和企业哲学信仰，再高明的企业经营战略也无法成功。

20世纪50年代以来，日本的经济发展异军突起，这令一向不正眼看待日本的美国企业界人士大为惊奇，到了70年代，日本产品在世界市场上的风行，有力地挑战了美国的地位。丰田汽车公司就是这其中的一支重要力量。究其原因，丰田汽车公司强大的企业文化对于实现自身的目标具有不可估量的作用。它可以说是丰田立身于社会所必需的精神支柱。

11.1 追求创新

汽车行业是经济领域中一个技术密集型的产业，而技术的发展总是与时俱进，任何一个企业在这方面都是不进则退的，能否及时创新也就成了关乎汽车制造企业存亡的重要课题。丰田汽车公司在发展汽车工业的艰苦过程中，始终把追求创新作为主要的目标。

从1930年起，丰田汽车真正的创始人——丰田喜一郎就开始了汽车小

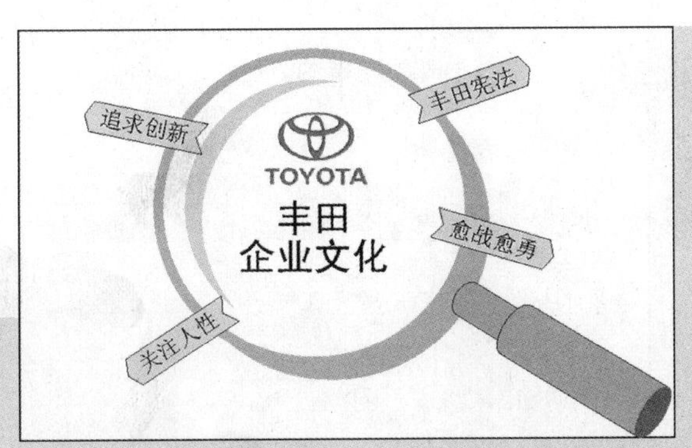

■ 丰田汽车公司强大的企业文化对于实现自身的目标具有不可估量的作用。它可以说是丰田立身于社会所必需的精神支柱。

型汽油发动机的研究，并于1933年在丰田自动织机制作所内设立了汽车部。1936年，日本第一辆汽车丰田AA型轿车问世。与当时的汽车大国美国的方型轿车相比，丰田AA型轿车考虑到了空气阻力，采用了流线型设计。丰田上下无不以此创新为荣。

20世纪40年代，以美国福特汽车公司为代表的“大规模生产模式”横扫全球。为了学习“规模经济”的真谛，来自世界各地的企业家们怀着朝圣般的心情，汇集到美国的底特律朝觐、参观和学习，再把这种当时最先进的生产模式带回到自己的国家和企业。那是一个“大规模生产模式”放之四海而皆准的时代。1950年春天，丰田英二也来到底特律，对福特公司的工厂进行了三个月的考察。与其他参观者不同，他很快得出结论：“大规模生产模式”不适用于日本，福特的生产体制还能再改进。在当时，这实在是一个冒天下之大不韪的结论。但是，就是从这个“冒犯”性的设想开始，丰田英二和在生产制造方面富有才华的大野耐一一起创造了“JIT生产模式”。现在人人都当作一个艰巨任务的所谓“流程重组”，本质上就是照着“精益生产模式”重新塑造自己的企业组织结构。可以说，相对于“大规模制造模式”，具有原创性和革命性的“丰田JIT生产方式”是真正的创新。

丰田汽车公司的另一项被称为“动脑筋创新”的建议制度，则早在20世纪50年代就开始实施了，可以说它是丰田创新精神的一个典范。

丰田汽车公司首先设立动脑筋创新委员会，制定了建议规章、奖励办法等。然后，在各车间设置建议箱，成立“动脑筋创新”小组，组长对提建议的员工进行有计划的帮助，使员工可以自由、轻松、愉快地提出建议；在各部门则分别设立建议委员会，把鼓励提建议的方针贯彻到公司的各个角落。

■ 可以说，相对于“大规模制造模式”，具有原创性和革命性的“丰田JIT生产方式”是真正的创新。

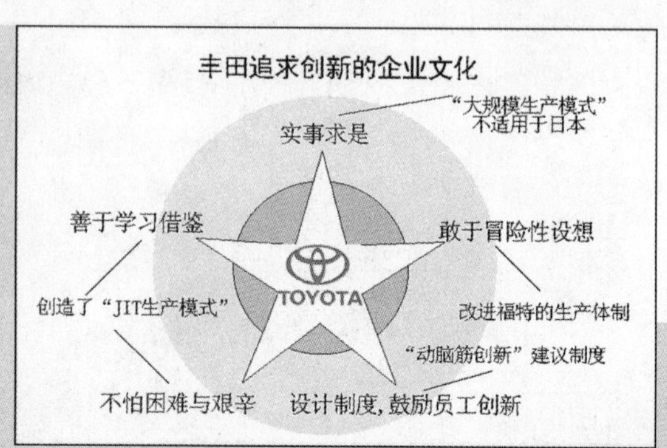

为鼓励员工积极提建议，丰田汽车公司将提建议制度与奖励制度紧密相联，其审核标准分为有形效果、无形效果、利用程度、独创性、构想性、努力程度、职务减分等 7 个项目，每个项目以 5～20 分的评分等级来评定分数，满分为 100 分。相应的奖金最高为 20 万日元，最低为 500 日元，对于特别优秀的建议，则给予特别的奖励。

"动脑筋创新"建议制度在丰田汽车公司实施仅一年，就征集了 183 条建议。至 20 世纪 70 年代后，每年收集到的建议达 5 万余条，大大调动了员工的工作热情，为丰田的发展提供了源源不断的动力。

丰田汽车公司最受人推崇的创新主要体现在其产品技术方面。在 20 世纪 90 年代早期，丰田曾推出更多的汽车型号，提供更多的选择，但是价格高出了市场能承受的程度。所以，2002 年，丰田公司重新把工程技术人员分成三组——前轮驱动车组、后轮驱动车组和卡车组，使各组内部不同项目比较容易使用统一零件。在权衡产品的统一和分化与合算地共用零件方面，丰田汽车公司走出了一条不同于其他公司的新路子。

近年来，丰田公司在产品开发上又上了一个新台阶，这使得它的竞争者胆战心惊。多数汽车公司按顺序开发类似的型号。先设计"佳美"小轿车，然后设计"佳美"小客车。这样可以减轻工程技术负担，确保一种型号的问题在另一种型号开始研制以前解决。但是丰田公司是几种类似的型号同时开发，工程方面的工作是重要的。这使比如说悬置小组能同时研究几种不同的方案。这种创造性的项目重叠开发方式使丰田公司从设计到投产的时间可以节省 15%，工程设计时间可以节省 50%。在这种新的方式下，丰田公司的高产似乎无与伦比。在过去两年，它推出了 18 种新车型或重新设计的车型，

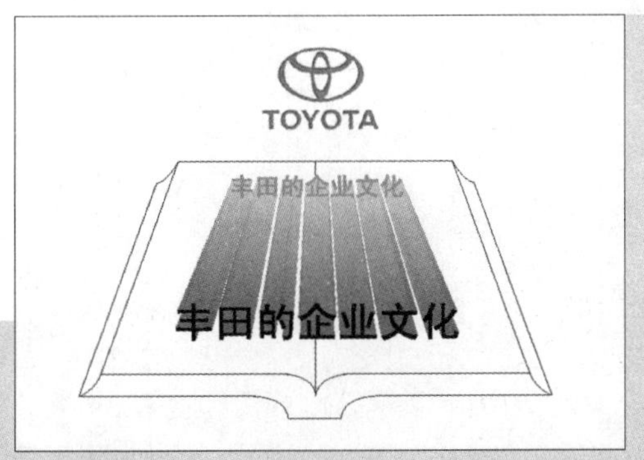

■ 为鼓励员工积极提建议，丰田汽车公司将提建议制度与奖励制度紧密相联。

其中包括新的“花冠”，在日本、欧洲和美国有不同的型号。几种日本车型，如普利维斯，从批准设计到投产只用了 14 个半月的时间，创下了业界的纪录。

除了努力推出新型号外，丰田汽车公司在技术方面的创新也让人眼花缭乱。它在 2003 年年底成为第一家出售成批生产合型发动机汽车的公司，这种汽车由电动机推动，电动机的能量来自电池块和 1.5 升的汽油发动机，前者使汽车开动，后者使汽车保持行驶速度。由于发动机的工作少了，普利维斯每加仑汽油可行驶 66 英里，排出的二氧化碳只有普通发动机的一半。

丰田宣布它在发动机设计方面有了新的突破，令业界大为吃惊。1998 年款的“花冠”汽车 120 马力的发动机比以前少用了 25%的零件，重量减轻了 10%，燃料利用率高 10%，价格大大降低。原因是丰田公司取消了几个支架，把它们与发动机铸在一起；它还合并了几个电子传感器。这些变化以及日元对美元汇率的下跌，使 1998 年款“花冠”汽车的价格比 1997 年款的价格令人吃惊地降低了1 500美元。

丰田公司在技术上再显身手，宣布它在研究 21 世纪初取代以汽油为动力的内燃机的发动机方面居领先地位。公司总裁奥田硕说，公司在调动一切力量研究燃料室技术（fuelcell），在 2005 年以前生产出这种汽车。燃料室通过氢氧化学反应发电，不产生有害气体。梅塞德斯-奔驰汽车公司已经宣布它可望在 8 年内研制出燃料室汽车，但显然丰田决心超过它，而从它孜孜追求的创新精神来说，这极有可能。

■ 丰田公司在技术上再显身手，宣布它在研究 21 世纪初取代以汽油为动力的内燃机的发动机方面居领先地位。

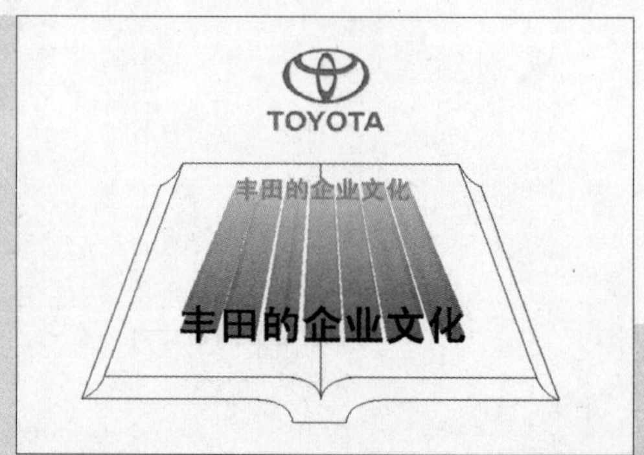

11.2 丰田宪法

企业不论规模大小都应有自己的“经营哲学”，视之为企业的栋梁之柱，并把抽象的经营理念“具体化”，作为员工行事做人的座右铭。日本经营专家上野明说：“能使经济增长经常保持辉煌业绩，这并不容易。如果企业家掌握独特的经营哲学，并将其渗透到企业组织最底层的话，在经济低潮时就会有很强的抵抗力，景气时期发展的能力便会更加出类拔萃。”因此可以说，企业独特的经营哲学是企业将来迅速发展的潜在动力。

1992 年，丰田汽车公司制定了《丰田基本理念》，这其中记载了丰田的经营哲学，可谓之“丰田宪法”。《丰田基本理念》指出了丰田在企业的活动中承担的社会使命，表明了对于顾客、公司职员、交易客户、社会和股东这样的利益享有者，丰田汽车公司希望提供何种价值，以及如何能够实现《丰田基本理念》，是在丰田汽车公司工作的人们应该共同拥有的价值观和采取的行动。

1997 年，在时任总经理奥田硕的领导下，经过了再次修改，“丰田宪法”的内容如下：

一、遵守国内外的法律及其精神，通过公开且公平的企业活动，力争成为受国际社会信任的企业市民；

二、尊重各国、各地区的文化与习俗，通过扎根于各地的企业活动，为经济和社会发展作出贡献；

三、以提供清洁且安全的商品为使命，通过所有的企业活动，参与舒适

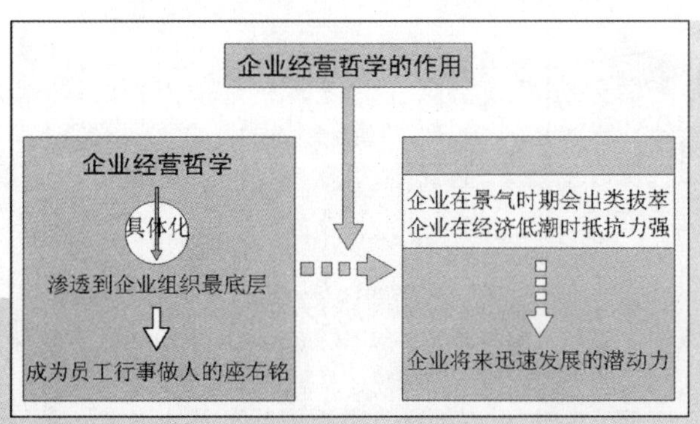

■ 企业不论规模大小都应有自己的“经营哲学”，视之为企业的栋梁之柱，并把抽象的经营理念“具体化”，作为员工行事做人的座右铭。

地球与富裕社会的建设；

四、致力于各领域尖端技术的研究和开发，提供符合世界各地顾客需求的充满魅力的商品和服务；

五、以劳资双方的相互信任和责任为基础，创造出能够最大限度提高个人的创造力和团体协作优势的企业文化；

六、通过在全球展开的革新性经营，力争实现与社会的协调发展；

七、以开放的商业活动为基础，致力于相互研究和创造，实现长期稳定的发展和共存共荣。

从这部“丰田宪法”中，可以看到丰田不满足于现状，追求更高的附加价值，并为此而继续努力；尊重所有的利益享有者，将员工的成长与公司的发展紧密结合在一起。同时它也要求所有丰田员工都要牢记这两点并付诸行动。可以说“丰田宪法”是21世纪的丰田汽车公司发出的宣言，即丰田要力争成为全球性企业。

11.3 关注人性

一些历史悠久的跨国公司，之所以能够历久不衰，甚至在业界独领风骚，与其独特的用人之道不无关系。他们在用人方面一致表现出对人性的关注，这种关注直指人心，上升到个体内在的心灵层面，使员工始终在宽松的环境里自由呼吸，并与企业共同成长。

丰田汽车公司特别提出“既要造车，又要造人”。在培养员工的同时，丰田的确做到了以人为本。

■ 可以说“丰田宪法”是21世纪的丰田汽车公司发出的宣言，即丰田要力争成为全球性企业。

丰田宪法

一、遵守国内外的法律及其精神，通过公开且公平的企业活动，力争成为受国际社会信任的企业市民；

二、尊重各国、各地区的文化与习俗，通过扎根于各地的企业活动，为经济和社会发展作出贡献；

三、以提供清洁且安全的商品为使命，通过所有的企业活动，参与舒适地球与富裕社会的建设；

四、致力于各领域尖端技术的研究和开发，提供符合世界各地顾客需求的充满魅力的商品和服务；

五、以劳资双方的相互信任和责任为基础，创造出能够最大限度提高个人的创造力和团体协作优势的企业文化；

六、通过在全球展开的革新性经营，力争实现与社会的协调发展；

七、以开放的商业活动为基础，致力于相互研究和创造，实现长期稳定的发展和共存共荣。

丰田汽车公司制订了一项员工的“终身”计划：要求员工从进入公司起就开始在流水线上作业，每天的生活轨迹就是流水线——宿舍两点一线。两年后，工段长建议员工购买小型的丰田车，购车款由公司预付。5 年后，还可搬进一套单元房，并且换一辆中型汽车，等等。

丰田非常重视人的性格差异以及人的需求。在他们看来，在现代社会，人就是财产，是最重要的资源。企业会根据每个员工的综合素质与能力来安排工作，确定不同的物质待遇，创造条件尽量满足每个员工的需求。即使才能突出的下级职员与顶头上司关系不睦，也能够保持正常工作甚至可以得到越级提拔重用，超过原来的上级。因而，日本企业内部竞争的激烈往往能够成为增强企业内部活力的一个非常重要的手段，它促使每个员工都会依靠自己勤奋工作来争取晋升，而不是借助其他不正当手段获得升迁。

丰田汽车公司内部关心人、培养人、造就人的具体行动比比皆是，随处都体现了公司内部关注人性的企业文化。比如，公司举办了各种非正式活动，丰田的一位中层干部说：“进入公司后到处是陌生的面孔，会感到寂寞，但只要一参加这些非正式的活动，自然而然地就会产生伙伴意识。这样，即便平常不能和上司商量的事情，在这种场合也能够轻松地商量。交流顺畅之后，人的干劲自然也就出来了。”

此外，丰田汽车公司还奖励员工开展体育等业余活动。公司所拥有的设施的充实程度也令其他公司非常羡慕。面积达 63 万平方米的体育中心内，设有田径场、两座体育馆、橄榄球场、足球场、12 个网球场、室外相扑场、日本箭术场、室内游泳馆、西式箭术场、垒球场、硬式棒球场、软式棒球场等设施。另外，为了使单身员工业余生活过得充实，公司还设立了附属于 2

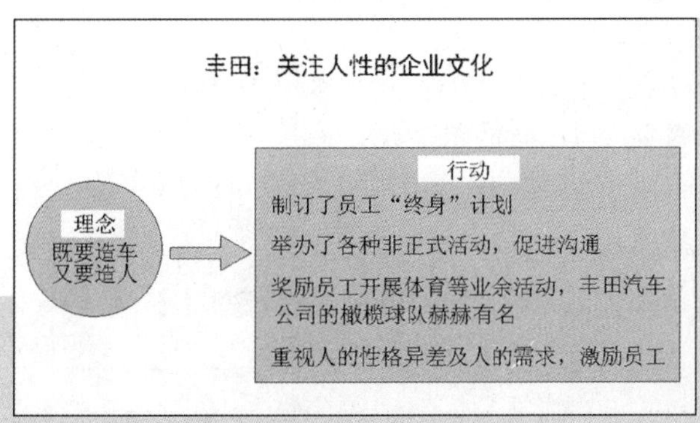

■ 丰田汽车公司内部关心人、培养人、造就人的具体行动比比皆是，随处都体现了公司内部关注人性的企业文化。

万间单身宿舍（其中女性单身宿舍为1 150间）的体育设施，其中有体育馆 4 座、体育场 4 个、网球场 5 个。

丰田汽车公司的橄榄球队赫赫有名。有很多员工在足球、垒球、滑冰、游泳以及滑雪等项目中大显身手。此外，插花、茶道、琴、诗歌朗诵等进行素质培养的团体也很多。工作之余，员工们大多根据各自的兴趣爱好度过愉快而充实的闲暇时光。

11.4 愈战愈勇

自创立以来，丰田汽车公司的决算中没有出现过一次赤字，可谓是超级优秀的企业。即使遇到 20 世纪 90 年代中期的日元升值的各种困难，在集体努力下，都一一渡过了难关。对此，奥田硕说："正是因为丰田汽车公司有像金太郎糖一样的体制（日本糖果的一种，无论怎么切都还是露出金太郎的脸状的棍状糖果），所以才能够将生产能力提高到现在的水平。听上去金太郎糖好像不是很好，但我个人深感，在高速经济成长时期，这是提高生产能力、生产率的一个很大的要素。根本在于，推动金太郎糖集团的指导方针和理念，明确此事并确实履行才是持续发展的重要原因。"从中可看出，丰田汽车公司无论在顺境还是逆境中，都能保证一定利润的提高。

1973 年 10 月，第四次中东战争引发了世界范围内的第一次石油危机。这次石油危机的爆发，给世界经济，尤其是汽车制造业造成了沉重的打击。仅在 1974 年 1 月一个月，石油价格就增长了 3 倍。这种价格上涨不仅带动了汽车零部件价格的上涨，还带动了原材料等价格的急剧上升。由于生产资

■ 自创立以来，丰田汽车公司的决算中没有出现过一次赤字，可谓是超级优秀的企业。

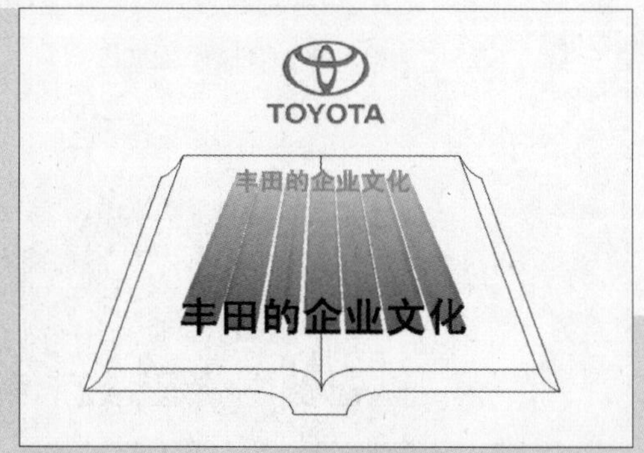

料的严重不足和汽车的普遍涨价，整个汽车市场的销售一直呈下降趋势，这次石油危机造成了严重的影响，其中石油价格的高涨也部分抑制了消费者对于汽车的购买欲望。在这段时间里，丰田汽车公司的各种汽车被迫两次提高价格，第一次平均提价7%，第二次平均提价10%。随着汽车的两次提高价格，丰田汽车公司的产品销售量也逐渐下降。不过，在这次石油危机中，丰田汽车公司还是抓住了发展的契机。公司人员进行技术公关，除了对“废气排放限制”的重点研究之外，还加强了对汽车质量的研究力度。

这种“愈战愈勇”的精神在当初丰田皇冠型小汽车打入美国市场的过程中表现得更加明显。丰田皇冠进入美国市场后，遇到了很大的困难。当丰田的皇冠车在美国高速公路上以每小时80英里的速度试车时，很快就出现很大的噪音，汽车的功率也急剧下降。后来，丰田汽车公司不得不把车从美国运回日本，公司总部仍然咬紧牙关，坚守“不能认输，打入美国市场”执着信念，在6年后又把改良后适合美国道路的皇冠输送到那里的市场，并获得巨大成功。加藤在回忆录上由衷地写道：“除了一种要实现最高理想（打入美国市场）的炽热抱负在支撑着我们以外，别无所有。我们做了一次又一次的努力，坚韧精神也用到了极限，并削弱了自己的竞争能力，但我们仍然继续干下去。我们下了决心，每退一步就一定要进两步。”

19年后，丰田汽车公司在美国市场上稳稳地站住了脚跟。

在日本经济不景气的近几年，丰田汽车公司的销售量却几乎不受影响，这使得它的经营方法再度受到人们关注。在日本的一些世界知名企业都相继采取裁员措施的时候，唯独丰田汽车公司从不裁员。丰田没有关闭一家工厂和解雇一个工人，正以其140亿美元的现金资金（这被人羡慕地誉为“丰田

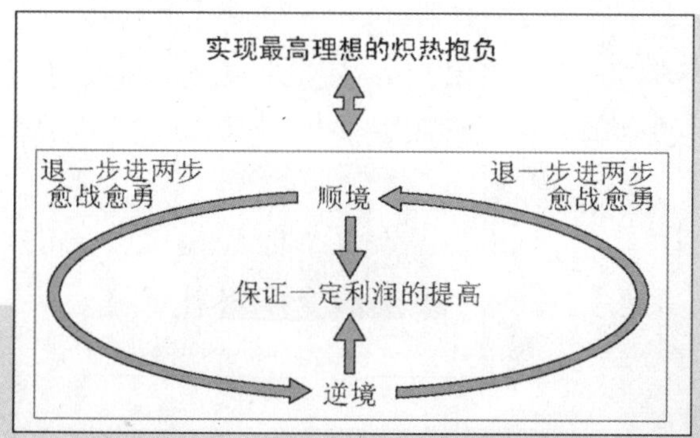

■ 加藤在回忆录上由衷地写道：“除了一种要实现最高理想（打入美国市场）的炽热抱负在支撑着我们以外，别无所有。

银行”）的实力奋力前进。当多数日本企业开始重新审视原来的雇用体系时，时任董事长的奥田硕却说：“不能保证雇用的经营者最好剖腹谢罪。”在20世纪80年代末日本泡沫经济时期，产品成本急剧上升。正是这种不懈的热情使丰田汽车公司摆脱了日本经济的萧条期。

进入20世纪90年代，美国经济经过长期低谷之后，开始逐渐回升，而日本经济则徘徊不前。同时，由于多年来美日贸易巨额逆差，导致美元大幅下跌，日元急剧升值。如此一来，日本汽车价廉优势不仅荡然无存，甚至每辆汽车价格要比美国汽车贵2 000日元。经济衰退已迫使诸如日产、马自达和本田这些竞争者达成车型共享的协议。而丰田汽车公司在过了一段时间后，突然开始展示出它潜在的力量。在顺利渡过难关后，丰田的现金储备又开始增加。

证券分析家曾说“这场经济衰退越持久，丰田的相对状况就越好”。在股票市场上，股民对丰田的热情长期不减，从1994年3月到1995年3月的一年中，丰田股票上涨了60％。

■ 而丰田汽车公司在过了一段时间后，突然开始展示出它潜在的力量。在顺利渡过难关后，丰田的现金储备又开始增加。

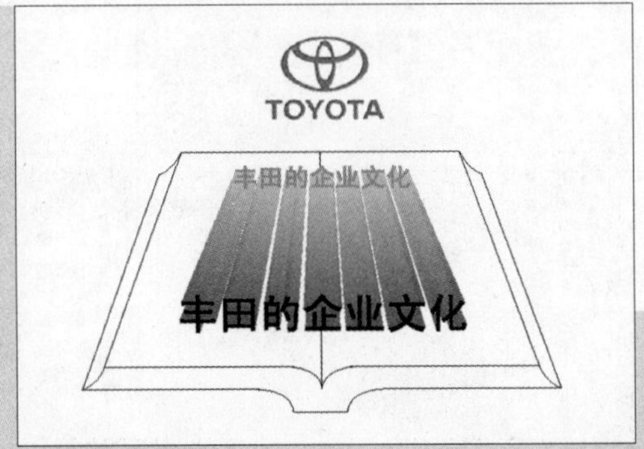

第十二章

丰田的产业革新

在大众的印象中，丰田是一家非常保守的公司。曾经有一个日本通这样评价丰田汽车公司："就算以日本人的标准来衡量，丰田无论是在政治、车的款式设计、财务还是改变模式方面都堪称是个非常保守的公司。"但是，从另一方面来说，丰田又是一个非常创新的公司，其企业文化的核心是"创新，永远不志得意满，永远领先市场一步"。正是这种创新精神带领着丰田突破旧的传统，不断超越对手。

12.1　技术革新

能够保持稳定发展的技术型企业，在面临那种大变革甚至是瓦解的危机时，都会积累起取得突破的能量，其中技术是推进变革、壮大企业的重要力量。相反，那些处于被动地位并忽略技术的公司，只能走下坡路，或者继续保持其平庸的地位。

丰田汽车公司历届的领导深知，技术创新是一个持续不断的过程，企业凭借具有核心竞争力的技术可以迅速占领市场。但要保持市场占有率，必须持续不断更新技术和产品。企业的核心技术，对企业发展具有深远影响。只

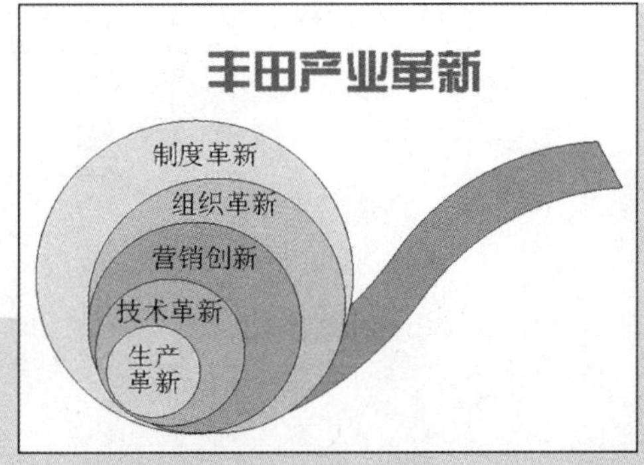

■ 丰田汽车公司历届的领导深知，技术创新是一个持续不断的过程，企业凭借具有核心竞争力的技术可以迅速占领市场。但要保持市场占有率，必须持续不断更新技术和产品。

有不断推陈出新，企业才能不断发展壮大。持续的技术创新能够不断地推出适应市场需要的新产品，并能使企业永远保持旺盛的生机和活力。

12.1.1　人优我新

人常说，创业容易守业难。这句话对参与国际竞争的丰田来说同样适用，打开市场难，巩固市场更难。丰田汽车公司进入美国市场后就受到了多方挑战：德国大众和丰田都属小型车，售后服务也不比丰田差；实力雄厚的福特、通用汽车公司在政府的支持下也开始了小型车的开发；美日间的贸易摩擦，或多或少使美国公众的自尊心受到挫伤。在这种情况下，丰田为巩固市场，抓住消费者由追求外观豪华和车速转到追求经济和安全的变化，采取了“人优我新”的战略，并获得了成功。

但是丰田人并没有满足，为创造出具有全新价值的轿车，第九代 Corolla（花冠）开发团队决定从零出发，这在当时看来不可思议，日后却被证明是成功的关键。

从此，在第九代花冠的设计中，要创新就要将打破既定的框架的思路贯穿于全部研制开发过程中。几乎已经确定下来的外观设计被再次推倒重来。为获得更准确的数据，与竞争车型的对比实验也被移到欧洲实地进行。为了让身高不同的驾乘人都能够轻松上下，工程师们在车内空间和座椅布局方面下了好几个月的功夫。“忘记以前所做的一切”，这是参与研制开发工作的所有成员的共同认识。他们严格要求自己，为了同一个目标而努力。他们贯彻的新 Corolla（花冠）开发理念，正是为了适应新世纪的快节奏的生活方式，并满足人们对汽车整体高性能的需求，在看似冲突的各种性能要素间找到最

■ 丰田为巩固市场，抓住消费者由追求外观豪华和车速转到追求经济和安全的变化，采取了“人优我新”的战略，并获得了成功。

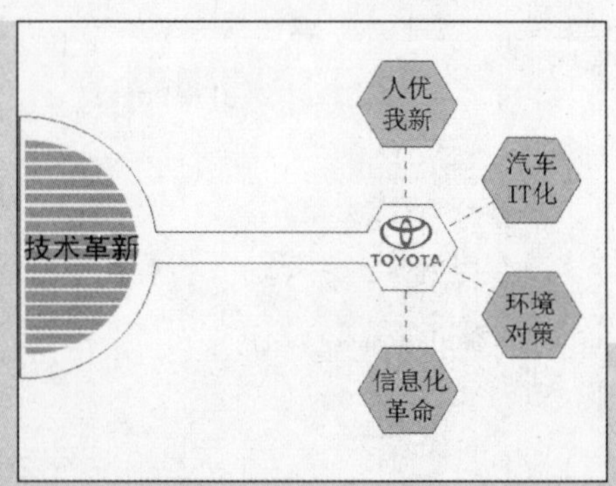

佳平衡点：动力强劲且车内宁静，车体宽大且操控灵活，外观动感且内饰豪华，安全预防可靠且撞击保护出色。整车设计在追求更高的顾客满意度方面可谓绞尽脑汁、全力以赴。而今，凝聚着设计人员的勇气和智慧的新 Corolla（花冠）已然登场。

1970 年，美国发布了限制汽车排放废气的“马斯基法”，而丰田在此之前就已经把竭尽全力开发省油和净化技术列为自己的发展战略，从 1964 年开始了汽车废气净化技术的研究。为了研制废气再循环装置和催化剂转换器，丰田 7 年间投入了1 000亿日元的资金和10 000人的力量。仅废气处理系统就开发出丰田催化方式、丰田稀薄燃烧方式、丰田触媒方式三种，并很快在“追击者”高级轿车上安装了这种装置，从而在这一领域把美国人远远甩在了后边。同时，还与其他日本汽车厂家一起开发出了可以节约燃料25%～30%的省油车。以后又开发出了防止事故发生和发生事故后保证驾驶人员安全的装置。这对在遭受石油冲击之后，渴望开上既经济又方便轿车的美国人来说，正中下怀。5 年间，在其他厂家的汽车销售直线下滑的情况下，丰田车的销售量却增加了 2 倍。

为了满足不同层次、不同爱好的消费者的需求，从 1965 年起，丰田又把不同的车型、发动机、传动装置、座位、颜色、轮胎进行不同方式的组合，形成“皇冠”“花冠”“光冠”等几大系列的数百种不同样式的轿车，仅 1978 年开发的“花冠牌”系列就有 100 种样式。丰田把这种策略称作“扩大选择范围的体制”。

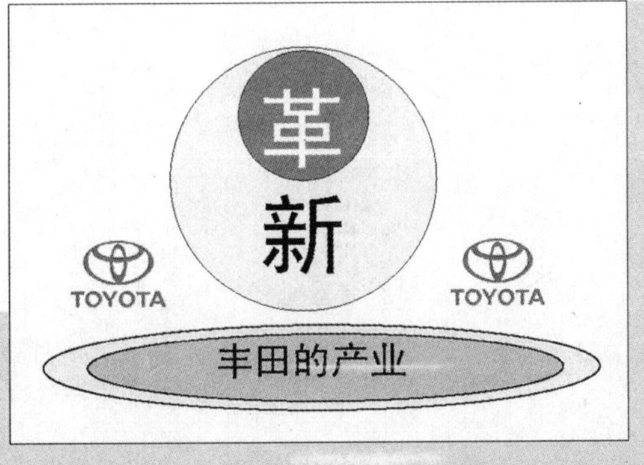

■“忘记以前所做的一切”，这是丰田参与研制开发工作的所有成员的共同认识。

12.1.2　汽车 IT 化

丰田汽车的 IT（信息技术）化可大致分为 4 个方面：（1）通过 IT 完成汽车这种交通工具的革命性变革；（2）高度发达的道路交通系统（ITS）中基础设施不可或缺；（3）与其他企业一样，为提高公司内外的业务效率，丰田极为重视 IT 化；（4）以 KDDI 为中心投放2 500亿日元的 IT 投资。

新一代交通系统——“IMTS（智能多模式交通系统）”是丰田在汽车的 IT 化方面的创新。

可以把 ITS 想象成在埋有导向钉（具有与车辆间保持通信功能）的道路上无人驾驶的多车箱公共汽车。在乘客较少时可以离开导向钉，每辆车都由驾驶员驾驶，可以在普通公路上行驶。鉴于一些国家拥挤的交通状况，IMTS 将来有望成为最基本的交通手段。2001 年 4 月份，IMTS 作为一种输送手段首次在日本“淡路农场”投入使用，在载客行驶的实用化方面迈出了第一步。

事实上，丰田是在赔钱搞 ITS。但是正如丰田汽车公司主管信息通信业务的三吉进副总裁所说：“ITS 是即使赔钱也得搞的业务”。因为 ITS 能解除交通堵塞，使每年高达 1 万人的交通死亡人数有所减少。如果不这样做，汽车本身就可能遭到社会的排挤而靠边站。这样的重任落到了拥有汽车市场 40％份额的丰田的肩上，确实有相当的压力。

三吉进刚进入丰田的时候，如何提高汽车“行驶、转弯、刹车”这些基本功能是技术人员要解决的课题。过了不久又增加了环境性能和安全性能。而现在，丰田又产生了“信息性能”这一新的评价项目。例如，有的汽车所

■ 新一代交通系统——“IMTS（智能多模式交通系统）”是丰田在汽车的 IT 化方面的创新。

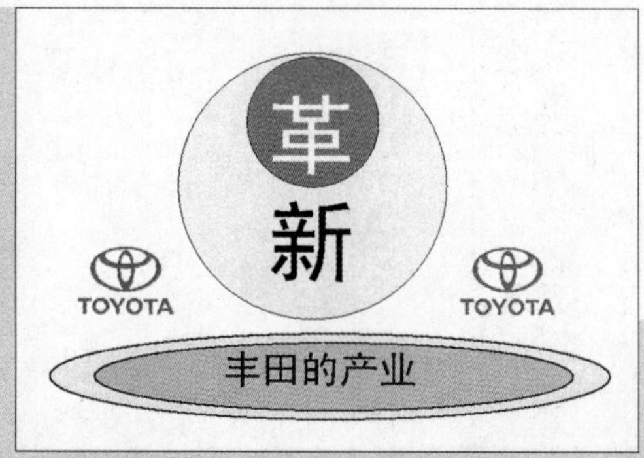

使用的车载导航器上可以显示前方左手有转弯而且是下坡等信息。而以后的汽车则可以根据周围状况自动调整引擎和刹车装置的状态，即使驾驶员没有注意下坡和转弯，汽车也会自动将速度降到安全的范围之中。

另外，丰田汽车公司还向 KDDI 投入2 000亿日元的巨资、直接参与通信公司的设计，目的就是为了使用所有的 IT 技术来构筑防盗对策。即使万一被盗也可以利用自动报警系统通知警方，使追踪变得轻而易举。

目前丰田每年都有超过1 000亿日元的 IT 投资，能够在这样的项目上投入如此之大，除了丰田汽车公司恐怕在全球再也找不到第二家。但丰田汽车公司认为，往后离开通信技术造车将无从谈起。优先考虑汽车的“信息功能”是制造富有魅力汽车的决定性因素。

——部分摘编自人民网《汽车 IT 化，丰田勇当其冲》

12.1.3 信息化革命

为迎接高度信息化社会的到来，1995 年，丰田汽车公司启动了“信息系统高度化项目”，即在丰田集团所有公司中从生产销售到管理等推进信息化。

通过整个集团公司推进高度信息化，取得显著成效的业务改革之一就是实现了办公无纸化。据称，丰田汽车公司内部一年使用的办公用纸达到 3.3 亿张，每位员工人均每天使用 19 张，总重量达 200 吨之多。为此，各个部门都开展了以用量减半为目标的办公无纸化运动，并基本上达到了预期目标，由于估算一张纸的使用成本（以发生在购买、印刷、复印、公司内部邮件传送、分发、存档和作废等上的工时为基础进行估算）大约为 80 日元，

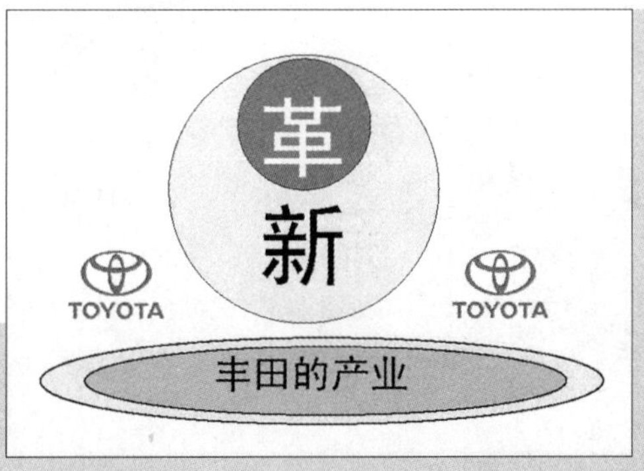

■ 但丰田汽车公司认为，往后离开通信技术造车将无从谈起。优先考虑汽车的“信息功能”是制造富有魅力汽车的决定性因素。

成为一项非常大的节约项目，这一连串的努力都与利润的提高密切相关。

丰田汽车公司在推进信息化过程中，最具特色的是推进销售方法的信息化，公司成功地开发出了手提电脑的 PAL（汽车生活之友）。被称为销售伙伴的 PAL，是一种销售人员和顾客在交谈时能够瞬间提取必要信息的信息终端，现在，该终端在销售最前沿发挥着巨大的威力。据统计，各销售店在日常业务中向丰田汽车公司各营业部提交的各种营业成绩的报告业务达 80 种之多。以前，这其中的 60 种业务是采用纸张进行的。为进行统计、过账等，销售店耗费了大量的时间和精力。若将销售店方面提供的书面数据再次输入电脑，丰田汽车公司方面也要耗费许多不必要的人力资源。一家销售店每个月光是耗费在这种报告、业务上的纸张就高达1 000张左右。而这种用于销售店销售人员的手提电脑 PAL，加上并编制出能够制作商谈购买新车时的报价单和订单以及计算分期付款、保险的软件，在一瞬间就能提供顾客想了解的信息。这种被大量编入了所谓商谈支援功能的 PAL 使用起来十分快捷。

PAL 不光是能够简单地制作订单，也能够利用在制作月初的销售计划与每日报告的制作、管理等方面，从而对改进业务、杜绝浪费发挥巨大的作用。可以这样说，自从引进 PAL 之后，自主制定计划进行战略性营业活动成为可能。PAL 成为了构筑与顾客之间的信任关系所不可或缺的工具。

PAL 并不仅限于是支援销售活动的终端，也是构筑和介绍库存功能，将一线销售人员的顾客信息反馈回丰田汽车公司内，协调生产，制作适时的商品计划等相结合的系统。以前，销售店的信息也同时被收集到丰田汽车公司，作为生产、商品企划的参考，但其功能和作用远不及 PAL。PAL 还能

■ 丰田汽车公司在推进信息化过程中，最具特色的是推进销售方法的信息化，公司成功地开发出了手提电脑的 PAL（汽车生活之友）。

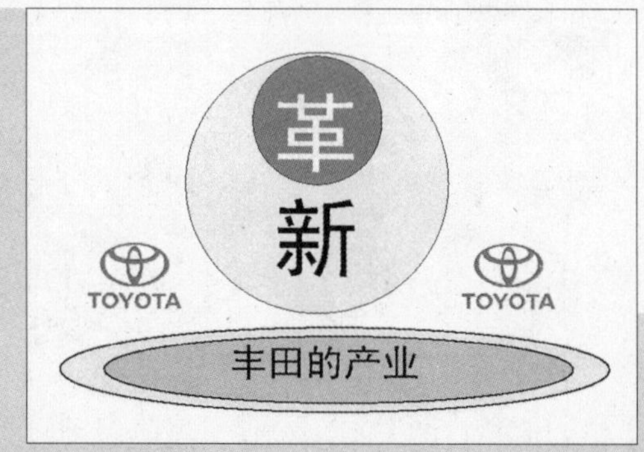

应用于卫星通信，其速度、容量和使用方法更是效率极高。

12.1.4　环境对策

早在20世纪60年代，丰田就开始研究环境对策来减弱汽车废气对环境的影响。在石油危机发生的前后，汽车产业面临着限制废气排放的问题，在这种背景下，丰田新设立了开发规划室和东富士研究所等机构，加强了研究开发体制，技术部门也各自开始了解决环境问题方面的研究开发。1972年，日本政府一个汽车公害专门委员会举行了题为“汽车废气排放许可限度长期设定方案”的中期质询答辩会。在会上，日本政府提出了与美国玛斯基（美国1970年制定的环境保护法）相同的废气排放限制目标。根据这个日本政府确定的限制目标，丰田在许多新的技术领域不断进行开发研究，例如开发应用触媒技术解决废气排放问题的系统，通过燃烧控制技术对引擎进行改良，开发燃气涡轮发动机、轮子发动机、电力汽车等。

丰田在提高燃料利用率和利用性能的同时，还进行了销售低公害汽车的活动。从1965年到1977年的13年间，丰田的技术开发部门的人员增加了约5倍。在研究设施建设方面也有了很大改善，建设了包括引擎实验室、辅助电子零部件试验场在内的技术8号馆和可靠性试验场。

另一方面，1974年丰田汽车公司提出了节省能源、节省资源的策略方针，并在全公司范围内开始推进。针对节省能源的问题，也采取了许多措施和对策，如减少窗口旁边和过道的照明、防止压缩空气的泄漏、降低暖气的温度等。针对节省资源方面，丰田汽车公司从有效使用材料的目的出发，成立了“减少废弃物联络会”，并积极开展废弃物减半的活动。1974年5月，

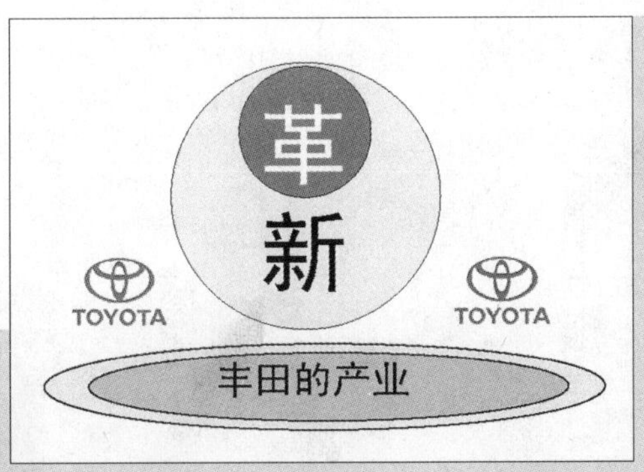

■ 早在20世纪60年代，丰田就开始研究环境对策来减弱汽车废气对环境的影响。

丰田设立了节省能源对策委员会，在组织层面上完善全公司的能源节省促进体制。同年9月，丰田又把“资源、能源、对策”作为公司业务检查的课题，从而以长远的眼光来看待并强有力地开展节省资源的活动。在丰田公司的技术部门，也开展了类似的活动。技术部门在积极推进零部件的标准化和削减零部件件数活动的同时，还通过车辆重量规划活动，积极致力于有关车辆轻型化的技术开发。丰田的生产部门也通过提高燃烧炉的热效率等措施确立了彻底的节能生产技术。在这些措施的基础上，丰田进一步于1975年3月组织了从技术方面辅助节能对策委员会的节能技术开发联络会，积极推进有关节省资源—节省能源方面的技术开发。

12.2 生产革新

世界在改变，新兴科技不断发展，客户需求也千变万化。相应地，制造企业的生产方式也必须与时俱进。丰田汽车公司正是由于注重不断生产革新，提高工作效率，才得以有突飞猛进的发展，并在与世界汽车巨头通用、福特等公司的较量中脱颖而出。

12.2.1 全新的生产方式

在世界汽车制造业中，论产量而言，当数通用汽车公司和福特公司最多。论自动化程度，要数德国奔驰公司最高，他们生产的小汽车90%以上的点焊都是自动化的。但是要论劳动生产率而言，却是丰田汽车公司第一。丰田汽车公司平均每个员工的年产汽车量在60辆以上。而通用汽车公司和

■ 丰田汽车公司正是由于注重不断生产革新，提高工作效率，才得以有突飞猛进的发展，并在与世界汽车巨头通用、福特等公司的较量中脱颖而出。

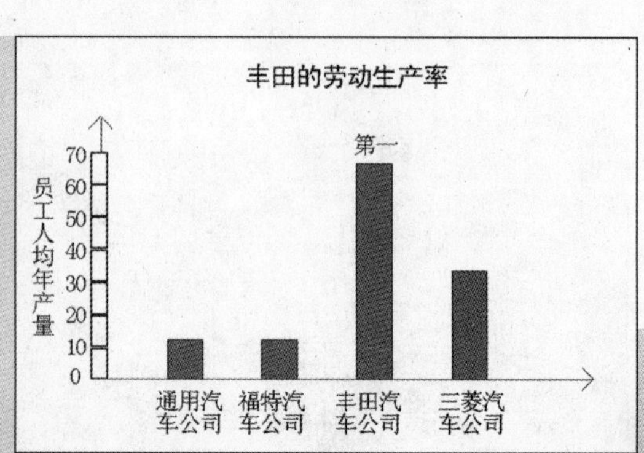

福特汽车公司在欧洲新设的工厂，每个员工的年产量仅在 11 辆左右。以劳动生产率高自称的三菱汽车公司，每个员工年产量也不过只有 33 辆。丰田汽车公司正是采用了全新的生产方式，才创造出了如此高的劳动生产率。按生产额计算，丰田汽车公司的员工平均每人每年可以做 30 多万美元的生意，而福特公司平均每人每年只有 10 万美元，通用汽车公司则不足 8 万美元。相比之下，美国人的生产力只是丰田的 1/4 而已。丰田汽车公司不断努力杜绝浪费，降低生产成本。连续两年稳居销售排行榜首位的新型花冠车，正是由于彻底降低了成本，比起旧款车来，新款车的生产成本降低了大约 30%，从而一举获得成功。

当初为降低成本，丰田汽车公司开始着手设计自己全新的生产方式，也就是现在人们所熟知的丰田生产方式。这套生产方式的主要内容是，通过消除生产环节的所有浪费来缩短产品从生产到顾客手中的时间。丰田生产方式，是以消灭生产过程中的浪费为主要思想，力求提高所有环节的运作效率，不做无用功。它的诞生极大地促进了丰田汽车公司的发展，在很大程度上改变了世界汽车制造行业的竞争规则，使得美国三大汽车公司感到了前所未有的竞争压力。丰田在这场竞争中，成功地控制了竞争格局，最终取得了胜利。

在生产上，丰田汽车公司追求的是“零储备、零库存”，并在需要的时候，按照需要的数量，生产出顾客需要的产品。为保证零库存，丰田又设计出了看板制度。在这种制度下，很多生产零件是等到下一制造环节需要前几个小时才开始上线生产。为了保证这个过程中不发生延误，丰田汽车公司采用了全新的拉动方式，也就是说，在需要时，由后一道工序的工人到前一道

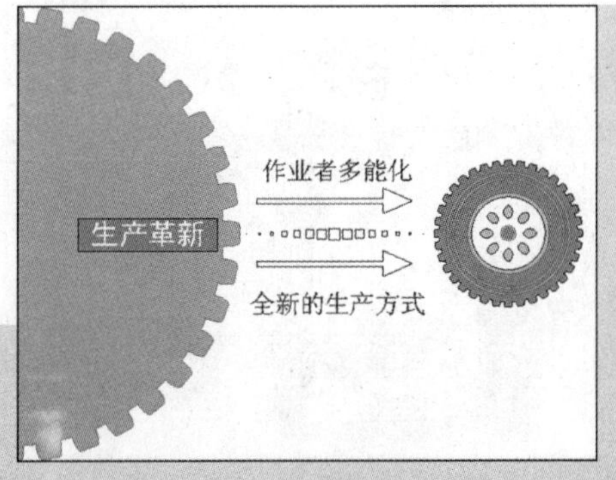

■ 当初为降低成本，丰田汽车公司开始着手设计自己全新的生产方式，也就是现在人们所熟知的丰田生产方式。

工序那里去领取生产用品。这一方式极大地压缩了丰田汽车公司的生产库存。

这套看板制度，是为配合自动化生产线而专门制定的。过去，各个工序的生产很不协调，员工们都想多加工一些零件，而一旦下一道工序跟不上，只好把堆积如山的零件送到仓库里存放起来。这样必然增加了输送仓库的运输工作和仓储费用，再加上破损，至少造成25％的浪费。这种浪费降低了经济效益。从表面上看，个别工序是超额完成了工作，实际上是得不偿失，造成整个工序的生产率下降。相反，如果前一个工序生产减慢，也会使下一道工序停工待料，同样也影响了劳动生产率。丰田汽车公司的看板制度，就是为了克服各个工序只顾自己的现象，从而做到统筹安排，灵活运用。原件得到充分供应，也避免了中间产品的积压。看板制度就是为了尽量减少这种资源浪费而定做的。丰田汽车公司把浪费看成是自身最大的祸患，他们将浪费的种类细分为加工的浪费，等待上造成时间的浪费，库存积压的浪费，等等，而浪费之中最不能让人容忍的是制造过多过滥的浪费。看板制度的创始人是大野耐一，他最热衷于削减中间产品的库存。

时至今日，丰田父子提倡的创新精神在汽车生产线上的延续一直没有停止。丰田汽车公司自行设计了一种自动化的生产线，以追求更大的生产效率。这种生产线不同于传统的直线式输送，它穿梭往来于零星分布的操作人员之间，在整个车间里到处都是微型自动开关，它能随时发现生产线上出现的毛病，成为自动化生产的得力工具。比如，在曲轨生产线上，模胎的位置只要稍微有些偏差，该生产线就会自动停车，信号灯立刻就能指示出在几十部机器中究竟是哪一部出了故障。如果故障出在不太重要的地方，信号灯就

■ 丰田汽车公司的看板制度，就是为了克服各个工序只顾自己的现象，从而做到统筹安排，灵活运用。原件得到充分供应，也避免了中间产品的积压。

会指示可以在不停车的情况下进行检修。如果信号灯持续地闪烁了一分钟左右，说明有的地方出现较严重故障，这时就必须停车修理了。

丰田的许多措施似乎是微不足道的，但他们善于从小处入手，改变工作程序，取得了提高生产效率和经济效益的显著成果。丰田汽车公司还首创了JIT生产方式，并将这种方式与销售网络相互结合。变通的道理就是如此，不一定非得进行大方面的改革。

12.2.2　作业者多能化

汽车因为是世界性产品，过去，需解决的是依靠成批生产降低成本、贸易和资本的自由化、限制废气排放等问题。当今，面对节能时代，面对世界小型车大战，考虑到企业规模上的不利，丰田汽车公司更要求进一步有效地利用人力资源。正如“企业在人”这句话所表示的那样，作为一个生存于国际社会中的企业，其经营资源之一的人力资源的有效利用问题，是企业需要认真考虑的一个大课题。当今，日本的多数企业处于世界政治的影响之下，在不得不从高速成长转变到低速成长的同时，也必须面对随着生活水平的提高而带来的员工价值观的变化问题，技工（作业者）的高学历化问题和高龄化所带来的各种劳动问题，等等。

“作业者多能化”正是丰田独创的对生产现场的作业人员有效利用的一种方法。

比日本较早进入工业社会的欧美所发生的“扩工主义”存在许多劳动问题。作为这些问题的对策，虽然已经发表了许多类似于“职务扩大”、“职务充实化”、“共同作业”、“自主管理活动”等施行措施和事故报告，但仍有必

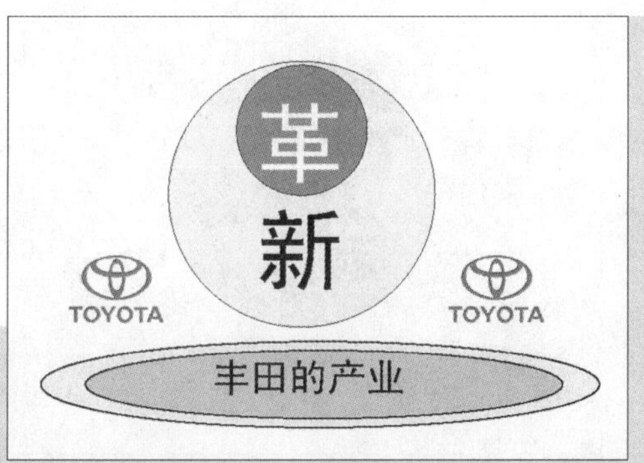

■“作业者多能化”正是丰田独创的对生产现场的作业人员的有效利用的一种方法。

要冷静地分析和研究日本和日本企业所处的环境条件。

日本的环境条件，以“资源、能源小国”、“终身雇用制”为代表，具有许多独特的地方。丰田汽车公司认识到，劳动问题的解决也必须采取日本独特的解决方法。并且各个企业的环境条件千差万别，也必须分别各自寻找自己最合适的对策。而丰田的作业者多能化无疑有助于开展丰田生产方式，提高生产效率 。

由于丰田生产方式是通过“彻底消灭浪费”而提高生产率，降低成本的全公司性的活动，因此，丰田为了消灭浪费，对浪费现象进行了彻底的分析，并进行作业改善，不断修改作业标准。当产量减少时，实行“少人化”制度。在这之前五个人做的工作若减到了原先的 80%，那么就改为由四人做；减到了 20%，就改为由一个人做。听起来似乎理所当然，但实际上做起来并非容易。在许多情况下，需要进行作业改善、配置变更、设备的若干改善等。“少人化”从技工的角度来看，意味着标准时间、作业内容、作业范围、作业组合、作业顺序等的变更。技工为了能够适应这种要求，必须根据职务的改变而接受新的业教育和训练。最理想的是不管哪个作业现场，全体技工都成为对所有工序都熟悉的多能工，丰田把这种技工的职务扩大叫做“作业者多能化”。

这样，由于每月的增产、减产以及内外情况变化所引起的计划的突然变化、部分生产线的停止、人员计划的变更等情况即使发生，也能适时灵活对应。即各工序、工位都能够在必要的时候生产必要的产品。

■ 丰田汽车公司认识到，劳动问题的解决也必须采取日本独特的解决方法。并且各个企业的环境条件千差万别，也必须分别各自寻找自己最合适的对策。

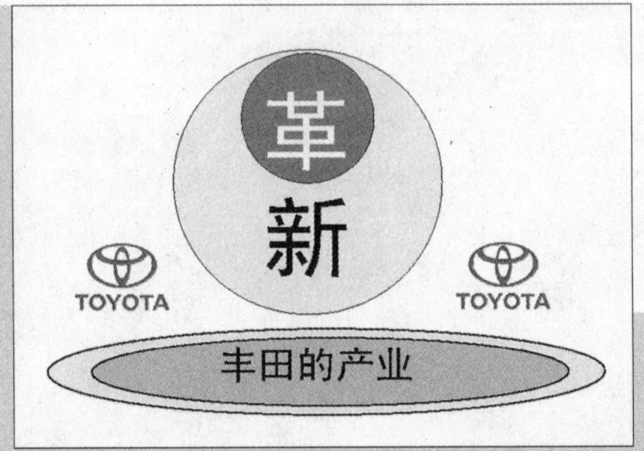

12.3　营销创新

营销大师P. 科特勒先生在2002年曾强调，市场变化的速度快过营销的速度，因此传统的模式、构架以及概念都要加以重新思考。这正是丰田进行营销创新的依据所在。

12.3.1　首创按月付款

神谷在汽车销售公司成立的时候，参照战前的经验和美国的情况，认为建立按月付款的制度是推销汽车所不可缺少的条件。因为神谷在日本的美国通用汽车公司任职的7年中，正是美国汽车工业大发展的时期，他亲身体验为了大量生产、大量销售，去利用消费者的资金是如何有效。于是神谷在产销分离后，就着手建立有效的按月付款金融制度。

神谷在设想建立这种金融制度时受到的另一启发是，1949年丰田汽车公司发生金融危机时所采取的补救金融措施。当贷款银行团向公司提供近2亿日元贷款的时候，作为抵押的就是消费者开出的按月付款的票据。神谷由此想到，按月付款的票据，也就是汽车本身，就具有抵押能力，于是就产生了丰田式按月付款筹集销售资金的金融体系。现今，实行按月付款、汽车保险是极其普遍的事情，但在当时的日本，丰田的做法无疑是一种首创，对以后的汽车业发展，做出了巨大的贡献。

这种按月付款筹集资金的具体办法如下：

丰田汽车工业公司把生产出的汽车批发给销售公司，销售公司对汽车工

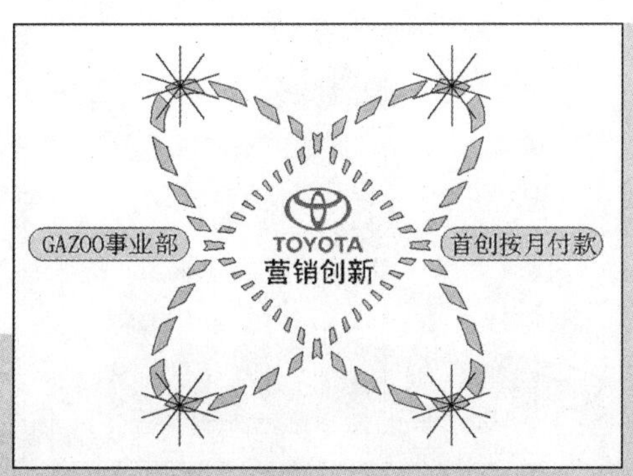

■ 现今，实行按月付款、汽车保险是极其普遍的事情，但在当时的日本，丰田的做法无疑是一种首创，对以后的汽车业发展，做出了巨大的贡献。

业公司支付 60 天期限的期票。然后，销售公司再把汽车销售给特约经销店，这时销售店同样付给销售公司期票，期票的平均期限为 50 天，但根据运输时间的不同也略有差别。最后，经销店用按月付款的办法把车卖给用户，经销店从用户那儿接受按月付款的支票。经销店把这种支票开给销售公司，并要求把以前开出的期票倒换回来，据此销售公司把期票退还给经销店。按这种方法，经销店支付给销售公司的款项，60％是支票，现款只占 40％。

另一方面，销售公司以按月付款的支票作为担保向银行借款，用借款和开给汽车工业公司的期票进行结算。银行则用用户按月付款交来的现金，抵消销售公司作为担保交去的用户所开支票，又用这笔款项抵作对销售公司的贷款。于是，销售公司的贷款就结算消账了。

实行这种办法使丰田汽车工业公司能够较快地将其产品变为现款，为丰田实现今天这样的高额利润铺平了道路。这种办法跟一般以商品为抵押的那种单纯“库存金融”的情况不同，它在实质上发挥着消费者金融的职能。同时，这种方式的广泛应用，还会造成一种良性的循环，即增加销售量——增加产量——降低成本——扩大需求，因而自然地促进了销售。

实施这种方法的最大优点在于：汽车工业公司收回货款没有困难，当然也就没有利息的负担，资金周转非常自如，能够进行无债经营。

神谷说：“如果在设置汽车销售公司后，不立即建立按月付款金融制度的话，丰田汽车也许不一定能够那么畅销，丰田汽车工业公司的再建也将要推迟。要确保一定数额按月付款资金，是费了不少劲的，但我坚信按月付款金融制度对销售汽车来说，是一项不可缺少的措施。”

神谷在使银行界同意按月付款金融体系之后，又和东京海上火灾保险公

■ 实行这种办法使丰田汽车工业公司能够较快地将其产品变为现款，为丰田实现今天这样的高额利润铺平了道路。

司创建了汽车保险制度，以保障对用户的债权。按月付款还未还清期间，用户由于汽车被盗或交通事故，出现不能付款的情况时，不只汽车销售公司要受损失，对按月付款金融体系本身也是个威胁。所以，各销售店都积极开展了为客户办理保险的业务。这样做，不仅方便了客户，而且汽车销售公司及各销售店，都可以附带地取得一定的手续费。丰田汽车销售公司的这种措施，后来也被其他公司的销售店所采用，因而汽车保险很快得到普及，销售单位的收益也随之增加。

12.3.2 GAZOO 事业部

GAZOO 事业部是 2000 年 1 月从业务改进支援室独立出来发展的新部门。它是有效利用因特网对销售店的业务改进支援的新型事业，并且获得了成功。

1996 年 1 月，丰田在国内业务部中设立了销售店支援组织——业务改进支援室。

当时在泡沫经济的影响下，丰田汽车公司也曾苦于无法增进日本国内销售，特别是系统经销商若无丰田汽车公司的销售奖金就会陷入赤字的经营困境，因此，当务之急就是强化销售店的体制和改善其收益状况。被起用而担任该组织领导的是丰田章一郎的长子，丰田喜一郎的孙子丰田章男（常务董事、亚洲本部部长兼中国事务所所长）。丰田章男于 1979 年毕业于庆应大学法学系，其后，在美国的金融机构任职，1984 年加入丰田汽车公司，任职于生产调查部。在这个部门学习了丰田汽车公司的 DNA“丰田生产方式”的思想、实践方法。对于丰田汽车公司来说可谓传家宝刀的“丰田生产方

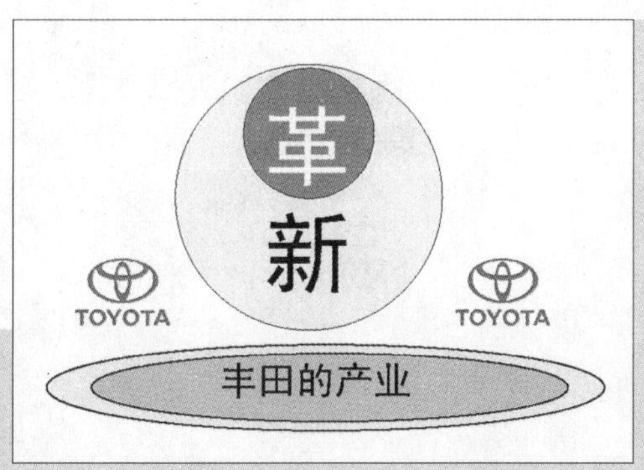

■ 1996 年 1 月，丰田在国内业务部中设立了销售店支援组织——业务改进支援室。

式”，这次将被应用到改进销售店的业务和提高收益，也就是强化其经营体制上。

显而易见，销售店经营体制的弱化直接牵涉到丰田汽车公司汽车销售量的减少，不久就会招致丰田主体的经营恶化。事态已经到了迫在眉睫的地步，丰田汽车公司领导层有着很强的危机感。

在推动改革计划的业务改进支援室中，丰田章男从 19 个部门中召集了年轻人、中坚力量且经验知识丰富的 60 多名精英。他们的任务就是向销售店推广以及实践丰田生产方式的思想——TSL（丰田销售后勤）并取得成果。

在经销商推进改进支援业务过程中，诞生了 GAZOO 事业部，该组织发源于赞成丰田汽车公司的方针的丰田花冠香川连锁店。1996 年 7 月，为了缩短二手车从以旧换新到销售的时间，业务改进支援室的员工在丰田花冠香川连锁店首次试验性地使用电脑网络的销售系统。这是用网络和该销售区域内 15 家事务所相连接的一种简单的系统。为了改进销售店的经营状况，改善现金流量是必不可少的。也就是说，在接受新车订货以后，尽早进货并回收现金。如果能够尽快销售以旧换新的二手车，这一部分的资金周转也就随之好转。当时，在丰田汽车公司的经销商中，从新车进货到二手车的以旧换新，再到展览销售平均要花 45 天的时间，慢的甚至要花 90 天的时间。于是，丰田花冠香川连锁店使用数码照相机对车主的汽车进行拍摄，并将其登录在数据库中。具体来说，就是在商谈并产生以旧换新车辆时，经销商的销售人员使用数码照相机对以旧换新车辆进行拍摄，作为“预定进货车辆”登录在数据库中。通过将该图像在网络中进行传送，即使预定以旧换新的车辆

■ 显而易见，销售店经营体制的弱化直接牵涉到丰田汽车公司汽车销售量的减少，不久就会招致丰田主体的经营恶化。事态已经到了迫在眉睫的地步，丰田汽车公司领导层有着很强的危机感。

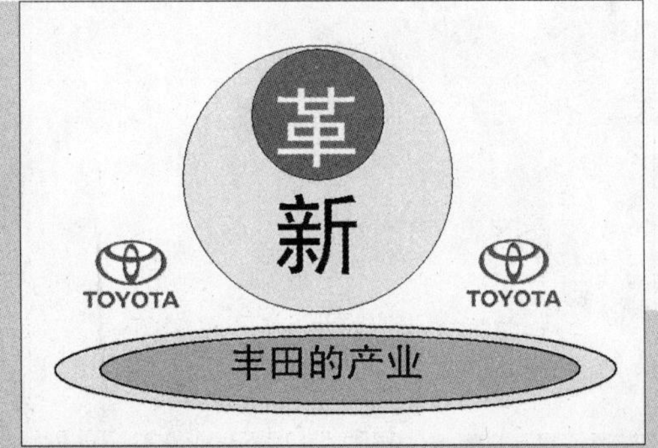

还在车主的手中，也能够将这辆二手车销售给希望购买的顾客。并且，也可以经过编辑登载在广告传单上进行销售。

试验性引进的这种系统取得了惊人的效果。原来要花的 45 天时间现在被缩短了 10 天，销售额取得了比上一年度增长 1.7 倍的好成绩。

GAZOO 事业部所提供的信息有：①汽车超市（新车・二手车的车身修理以及以旧换新参考价格等信息）；②摩托超市（获取新摩托・二手摩托的信息以及购买用品和零部件）；③购物超市（从日用杂货到衣服、食品、家电产品的销售）；④媒体超市（CD、DVD、录像带、电视游戏等各种媒体商品的销售）；⑤图书超市（单行本、文库本、漫画等书籍的销售）；其他还有下载超市、旅游超市、生活理财超市以及 GAZOO 俱乐部等。

GAZOO 在音乐、电影的 CD、DVD 销售中与 TSUTAYA 公司，在书籍销售中与 BOOKOFF 等有实力的公司合作充实网页的内容。今后，预计还将在新丰田卡、手机、24 小时便利店、售货亭等不同行业共同携手开展超越至今为止的行业界限的新业务。

目前，GAZOO 事业部正在为充实服务内容和增加终端设备据点而努力。

12.4　组织革新

每个企业都会在不知不觉中形成一些不成文的惯例和气氛，有些是好的，应该保留的，而有些却需要摒弃。对于不良的惯例、气氛，管理者必须找出原因，并及时制定对策，对企业组织进行合理的、切实的改善，使新的

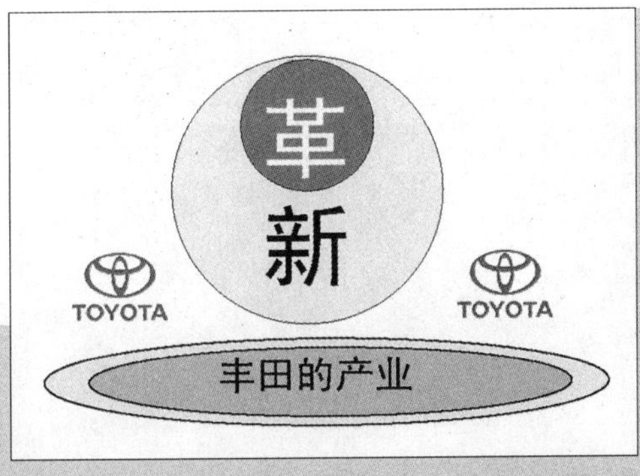

■ 每个企业都会在不知不觉中形成一些不成文的惯例和气氛，有些是好的，应该保留的，而有些却需要摒弃。

组织机构成为企业生存和发展的保证。

丰田汽车公司以在美国建立新联合汽车制造公司为开端，加强了在世界各国的学习、体验，这对于丰田的组织机构改革的确是个很好的契机。派遣到海外的几千名丰田员工在经历并感受了海外的组织机构改革后，回到国内便发现，相比之下日本国内的丰田汽车公司组织机构改革力度还不够。从这个意义上说，全球化的确给丰田带来了影响。组织变革指的是组织重组(organizational restructering)。仗要怎么打，阵容要先排出来，毕竟组织的策略目标需要通过组织来达成。许多企业对组织架构的设置只懂得模仿别人，但对“为何（know why）要这样设置”并不全然了解，造成的现象是组织的设置不能反映企业的战略意图。这是必需的变革之一。

12.4.1 精简组织结构

考虑到市场情形瞬息万变，丰田汽车公司为顺应市场形势经常将组织活力作为一个经营课题加以研究、解决。

1980年，丰田通过与通用汽车公司合资建立了新联合汽车制造公司，在北美开始按国际标准进行汽车生产，促使自己与国际接轨。新联合汽车制造公司通过引进丰田生产系统，的确将其生产效率提高了两倍。在这方面，可以说通用汽车公司受惠于丰田。而丰田以进入北美等海外市场为契机，深切感受到了组织机构改革的必要性。随着在海外进行的生产迅速发展，丰田意识到作为一个全球性企业，必须建立一个最合适的组织结构以及对这种组织结构的形态进行研究探讨。可以说在这个时候，丰田汽车公司接受了国际标准的考验。

当时，日本企业的生产效率与国际相比是比较低的，丰田当然也不例

■ 考虑到市场情形瞬息万变，丰田汽车公司为顺应市场形势经常将组织活力作为一个经营课题加以研究、解决。

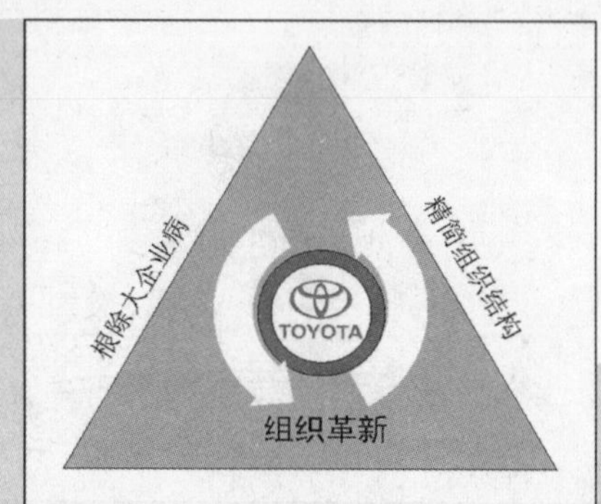

外。丰田从 1988 年以后，实际上对业务部门进行了 3 次改革。

在丰田汽车公司里提交的一些非常实在、新颖的建议和提案，往往会在层层审查中被废弃或搁置，这给管理和经营带来了很大的不便。于是丰田决定在组织层次上进行精简，适当地改变这种较为森严的等级制度。

1989 年开始，丰田汽车公司首先从组织层次上着手，真正开始了对白领薪金制的实际改革。当时正值冷战结束，市场的全球化、信息化、金融自由化急速展开，而此时的日本正处于泡沫经济的鼎盛时期，企业的一般管理费用居高不下，高成本状况也随处可见。丰田的情况也好不到哪里去：泡沫经济时代的扩展导致的设备过剩情况给企业经营带来很大压力；除了设备问题外，庞大的组织也给企业经营带来负面影响；特别是企业经营者对政策决定迟缓的担心和危机感有增无减，一些非常小的事务决定也必须经过金字塔式组织的层层批准。而有一些悬而未决的问题往往因为与其他方案部署相冲突而拖上半年或一年。

丰田对金字塔式的等级组织结构操起手术刀进行改革的措施有：废除课长一职的同时，引入工程项目管理制度；积极推进组织的平面化，实现了决策的快速化。与此同时，大幅度提高人事评定制度中的能力考查所占的比例。以组织平面化为契机，变更基本工资加上加班费的工资体系。于是，丰田自己主动冲垮了年功序列型工资制的一部分。

很多日本大企业的组织结构就像一口大吊钟，毫无活力。有时公司管理人员面对这种结构会觉得无可奈何。部长、副部长之后有次长、课长、课长助理、系长等设置。丰田汽车公司认为，对这样的设置不能希望它有什么机动、灵活性。因此，首先必须进行组织平面化改革，这种组织平面化将资格

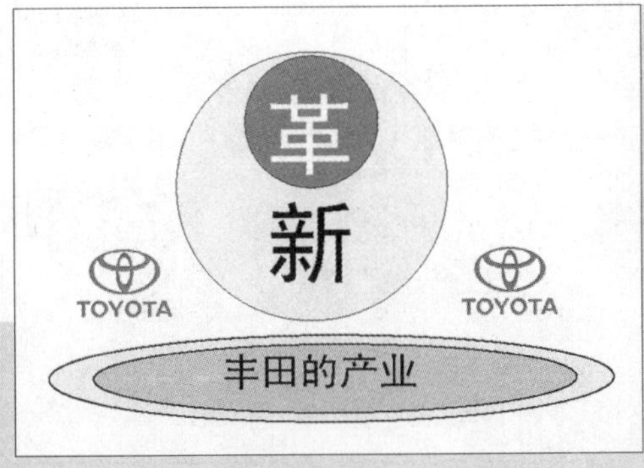

■ 在丰田汽车公司里提交的一些非常实在、新颖的建议和提案，往往会在层层审查中被废弃或搁置，这给管理和经营带来了很大的不便。于是丰田决定在组织层次上进行精简，适当地改变这种较为森严的等级制度。

与职位分开。工资津贴体系也要改变，通过这样的改革，一点一点地打破组织障碍。

实际上，进入 20 世纪 90 年代以来，随着全球化的进展，年轻一代的劳动观念的变化及企业经营环境的剧烈变化，使日本企业被迫重新审视日本式的经营方式。其中，丰田汽车公司已经从 1989 年开始对日本式经营方式的三大组成部分之一的年功序列型工资制度进行了改革。

12.4.2 根除大企业病

丰田汽车公司除了庞大的组织结构外，还存在着一个大问题，即大企业病。这个问题在技术部门尤为显著。丰田曾经引入了一个主查制度，即在开发新车时，每种类型的车配备一名主查员（即总工程师）。这位主查员对概念设计、生产、销售、服务全过程负责。主查员召集并管理有关的技术人员，与他们一起开发新型汽车。

这种制度曾发挥过其积极作用，即制造出了体现全权负责新车开发的主查员个性的汽车，并投放市场。但是随着生产汽车的种类及数量剧增，以及部门规模的增大（仅仅是技术部门的技术人员的数量就达到12 000人），主查制度逐渐显出其局限性来。以汽车车身为例，光是车身就拥有车座、车门、车锁装置、安全性能、商标装饰等方面的多名技术专家，主查员为了寻求他们的一致而用于彼此协调的时间急剧增加。根据调查，技术设计人员用于业务协调的时间已占劳动工作时间的 30%。由于各种会议、事务联系、部门间的业务协调等次数不断增加，这使做出决定的速度大为减慢。显然，这是组织臃肿所带来的弊端。

■ 丰田汽车公司除了庞大的组织结构外，还存在着一个大问题，即大企业病。

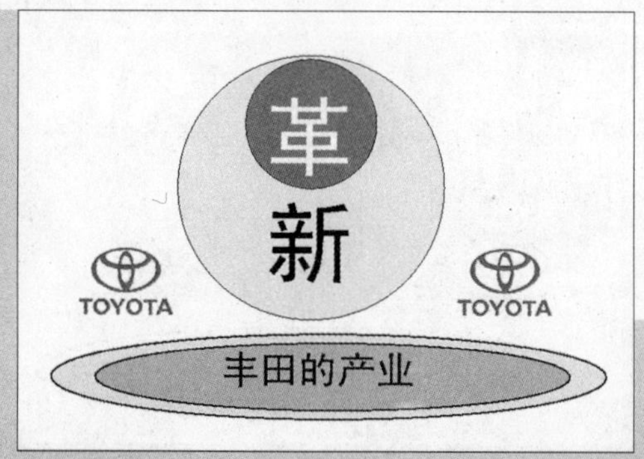

此外，这种弊端有时涉及到技术者个人。例如有的设计如方向盘、汽车雨刷等一用就是几十年。这样一来，就严重挫伤了技术人员的积极性。还有，有时设计部、车身部、引擎部等各部门各自拥有自己的权力，这样主查员的个性就难以发挥，这种情况也时有发生。再如，随着汽车种类增多，本应制作出相应的各具特色的引擎，但由于力量有限，无法针对不断增加的汽车种类生产出相适合的引擎，这样往往就会使用现成的引擎。结果就导致难以发挥汽车个性。

丰田汽车公司意识到官僚体制问题的严重性，如果在改革问题上拖拖拉拉，那么到时候就什么也干不了，改变势在必行。可以说，丰田在日本企业中算是最早着手进行改革的企业。

为进一步提高效率，从 1989 年开始，丰田汽车公司撤销了两层中间机构，重新安排了千名经理的工作。这一做法使基层人员有更多的机会接触高层人物，也能更迅速地贯彻上面下达的任务。丰田在 1989 年进行的结构平面化改革应该可以说是丰田进行结构改革的第一步，它为丰田面向 21 世纪构筑了坚实的基础。

1990 年春，丰田又开始着手实施名为“未来 21 世纪计划”的组织机构计划，由此也开始了关系到在 21 世纪企业生死存亡的改革探索。

经过这次改革，丰田汽车公司由原来的 49 个部减为 27 个部，部长间的联系也能够顺利进行了。此外，原来主查员必须与 12 个部长进行协调，现在则降为 6 个。而员工们所负责的业务范围扩大，这使公司员工能从汽车整体角度去思考问题。在组织改革方面，丰田从很早便确定了方向。确立的改革方向对于丰田来说是一个重大的转折点。

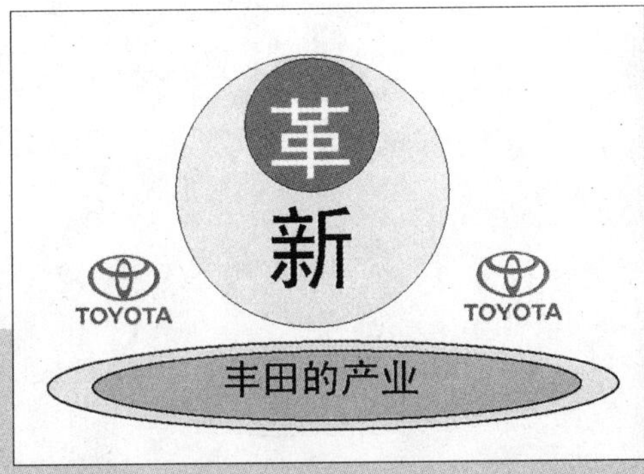

■ 丰田汽车公司意识到官僚体制问题的严重性，如果在改革问题上拖拖拉拉，那么到时候就什么也干不了，改变势在必行。可以说，丰田在日本企业中算是最早着手进行改革的企业。

丰田喜一郎解释说："我们感到患了大公司病，高层管理人员已很难把他们的想法转达给工人。因此，我们采取了治疗办法。俗话说，'高大的人很难充分发挥其才智'，我们想重新证明，让顾客满意是我们的第一职责。"

12.5 制度革新

任何一个企业，如果在其发展的过程中，不能及时对自身的制度进行必要的改革，那么，陈腐制度所带来的消极影响将制约企业在技术、销售等方面的发展，这是毋庸置疑的。丰田作为一个老企业，之所以能历经数十年而依然傲然屹立于世界汽车制造企业之林，就在于它能适时适地地进行制度革新。无论是它的"好产品，好主意"革新，还是首创的"按月付款"制度，都促进了丰田在经营管理方面的大幅度的进步。

12.5.1 好产品，好建议

凝结于"好产品，好主意"这一口号中的是丰田企业风范和作风。公司员工通过自己的"创造性思考"对现场的工作提出改善提案，得到了参加广义"现场管理"的机会。

走进丰田汽车公司内部，人们很容易注意到：在丰田的工厂里，到处悬挂着"好产品，好主意"的标语。"好产品来自好主意，好产品也产生好主意。"好产品，是丰田汽车的最终目标，研究如何制造和改进产品使其成为好产品的好主意是生产好产品的起点，而销售的好产品则是丰田好主意实现的途径，也是贯彻丰田"用汽车去创造一个富裕的社会"宗旨的手段，因此

■ 凝结于"好产品，好主意"这一口号中的是丰田企业风范和作风。公司员工通过自己的"创造性思考"对现场的工作提出改善提案，得到了参加广义"现场管理"的机会。

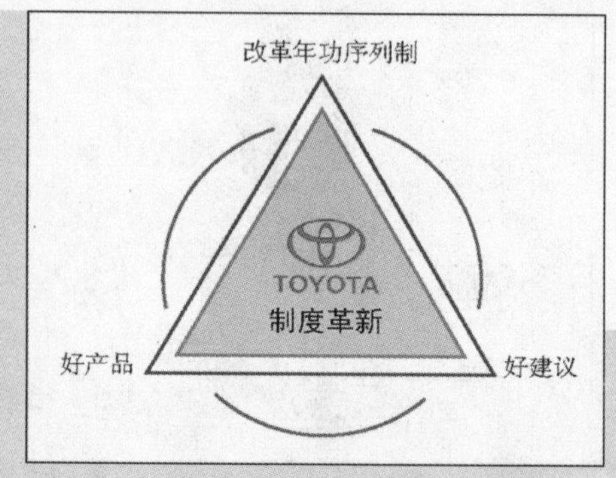

丰田汽车公司十分重视销售工作。该制度就是每个员工在日常的工作中，提出自己所发现的提高生产率、降低成本等建议的制度。

在这一制度正式出台的1951年，合理化建议数量仅789条，而到了1974年5月，合理化建议就累计突破100万条；近年来，这一数目已经上升到每年数百万条，建议的内容也已由最初的改进机械器具扩展到降低成本、保证质量、生产技术、产品开发、经营管理等一系列环节。公司还专门成立了创造发明委员会和合理化建议委员会，对发明和建议给予奖励。这些活动使丰田真正实现了“好产品”，合理化建议用在“皇冠”车上使每辆车的成本下降了1.2万日元，并使公司因产品质量返工和赔偿用户损失的金额成倍下降。丰田汽车质量好，价格低，已经成为国际一流的好产品，销售额也直线上升。丰田汽车公司为了鼓励广大员工开动脑筋，为生产各环节提出合理化建议，根据建议的价值给予奖励。这项制度从1951年延续至今。2002年度，丰田共采纳61万条合理化建议，平均每条建议奖励700日元。在丰田汽车公司生产车间中有不少有利于提高生产效率和减轻劳动强度的发明创新，例如自动零部件台车、自动升降坐椅等都是丰田员工头脑中的火花。

不仅合理化建议数量多，被采纳的比率也高达80%～90%。2000年度的采纳率实际达到了99%，几乎都被采纳。迄今为止被采纳的合理化建议中，获得科学技术厅长官奖的员工也很多。

12.5.2 改革年功序列制

丰田汽车公司是最早宣布要对传统制度进行开刀的日本大企业。

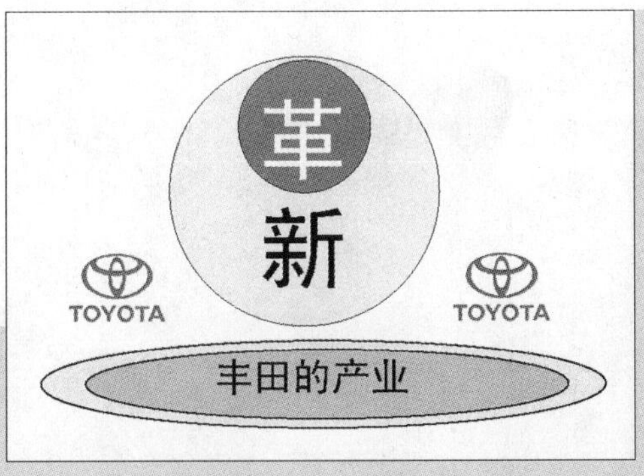

■ 丰田汽车公司为了鼓励广大员工开动脑筋，为生产各环节提出合理化建议，根据建议的价值给予奖励。

年功序列制是日本“和”的观念在日本特殊条件下应用到企业管理范畴的结果。在日本刚刚开始工业化的时期，技术基础薄弱的日本企业为了稳定职工队伍，纷纷采取定期提薪、发奖金和晋升等手段，而企业里的员工为了能够有安定的生活保障，也愿意遵守这种制度。这实际上使员工个人与企业的利益一致化了，员工队伍对企业产生强烈的归属感，对企业忠诚服务并关心企业的兴衰。

2003 年，丰田汽车公司意识到，企业正处在一个全球竞争激烈的环境中，为了鼓励员工不断完善自我，必须取消原来论资排辈的工资制度，采取符合国际标准的薪资制度。12 月，丰田汽车公司开始与工会进行协商，准备将工人工资与年龄脱钩，并向绩效工资制转变。

丰田这次着手改革年功序列制的举措，曾经一度使人怀疑丰田是否在利润率上出了问题。然而在 2003 年上半年，丰田创纪录的 70 亿美元的利润收益，使它足以在此项指标上位居世界第一。可见，与其说丰田的改革出于危机，不如说它是丰田根据时情所做出的主动调整。

其实，为了在物质利益上与员工“共同成长”，丰田的确非常注重员工待遇的设计和安排。在丰田，员工的工资标准较之同行企业要高，福利待遇更好。按照资历，新员工可以住便宜的员工宿舍，5 年以上工龄的员工可以得到低利息购房贷款。公司对员工未来及生活的负责影响着员工，因而很容易使“丰田人”观念深入人心。

另外，在丰田，业务能力和技术熟练程度的提高与员工年龄的增长也成正比，工龄越长贡献越大，因此工资也逐年增加。也就是说，新员工进入企业后，在相当长的一段时期内工资待遇按照资历逐年平稳上升，不产生明显

■ 丰田汽车公司是最早宣布要对传统制度进行开刀的日本大企业。

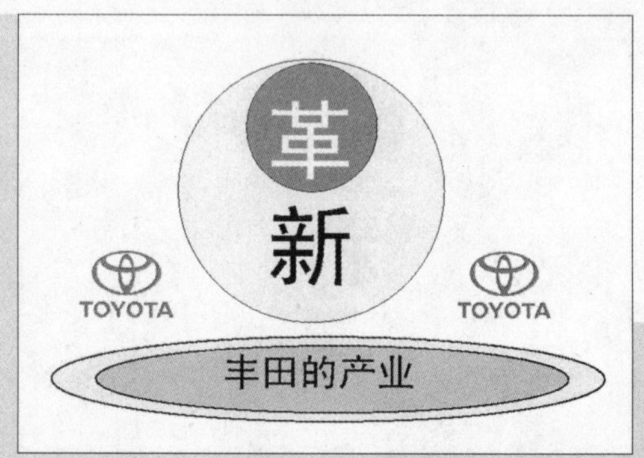

的个人差异，这使他们感到收入有保障。此外，在干部提拔使用和晋升制度中也规定了必须具备的资历条件，达不到规定的资历就不具备成为晋升候选人的条件，这对任何人都是一样。因此，这种竞争使得职工之间互相协作配合，并以企业的发展繁荣为根本目的。

然而，随着经济环境的变化，它逐步暴露出种种弊端。丰田汽车公司现任总裁张富士夫曾经不止一次地指出："年功序列制妨碍了自由的横向的劳动力市场，出现了论资排辈和高层人员人浮于事的现象。更重要的是，它助长了职工的依赖心理，导致对丰田创新精神的抑制。"

其实，丰田对"持续改进"的追求始于现任董事主席奥田硕。1993 年，这位非丰田家族的丰田总裁上任时，就发誓要把创新和变革精神植入这家日本最大的汽车制造企业的体内。而在此之前，丰田一向慎言变革。

在奥田硕上任时，丰田汽车公司的市场正被竞争对手蚕食，销售增长缓慢。长期在海外工作的他敏锐地意识到，丰田内部管理问题不断，外部也正面临残酷的全球竞争。于是，引入西方管理机制，取长补短，把丰田改造成真正的全球化公司，便成为奥田硕的首要目标。

为了这个目标，奥田甚至不惜跨越"禁区"，打破在日本被奉为"神话"的终身雇用制，以革除丰田的官僚作风和低效率等"大企业病"。

丰田正在努力发展出一种杂交的管理方式，把日本传统和西方传统中的优秀因素整合到一起，同时避免这两种传统的弊端。

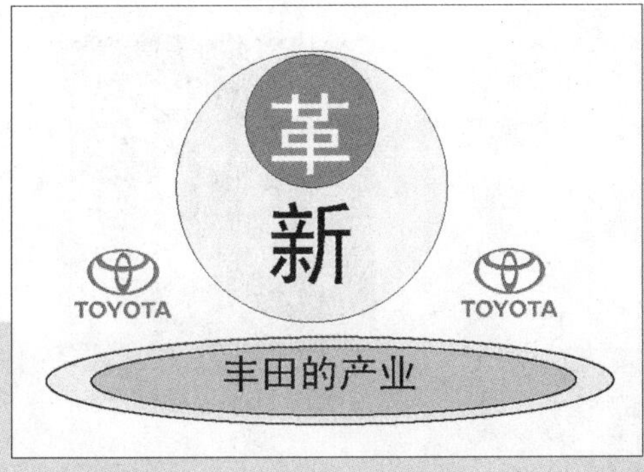

■ 为了这个目标，奥田甚至不惜跨越"禁区"，打破在日本被奉为"神话"的终身雇用制，以革除丰田的官僚作风和低效率等"大企业病"。

案例1：通用汽车公司的技术革新

20世纪70年代后期，通用汽车公司越来越明显地感受到来自外国，尤其是日本的竞争威胁。因此，它开始在自动化方面进行大规模的长期投资，这一举措奠定了其迅速发展的基础。70年代后期，通用汽车公司花费了400亿美元用于企业现代化建设和设备更新。它一改过去利用自身力量从事科技开发的做法，而是通过与其他公司合作或是收购其他公司来获取最优秀的科技成果，从而增强自身的科技竞争力。1984年，它花费了25亿美元兼并了电子数据系统公司，1985年又用了52亿美元兼并了休斯航空公司，其后又花了几十亿美元实现土星工程。

通用汽车公司购买休斯公司的目的是为了加速汽车的电子化进程，同时也能更直接而且更迅速地接触到美国工业中最新的科技。“休斯”的科技优势协助它生产出新的汽车，这种汽车不仅在驱动力、省油以及安全性方面超过了竞争对手，而且还具有先进的通讯和娱乐系统。“休斯”提供给它的生产和装配的整套系统，降低了生产成本，改进了产品性能，同时加速了通用汽车公司领导者的决策过程，使其对变化的市场做出更快速的反应。购买休斯公司使得许多世界第一流人才归通用汽车所有。这些高科技人才使通用汽车公司成为一个由先进技术推进的公司。时任公司总裁的史密斯曾说：“得到休斯公司就像把加州工学院和麻省理工学院结合起来一样。”他认为，购买休斯公司的战略将使通用汽车公司能更好利用国防、电子和航天工业的多样化以防止汽车工业的衰退，同时也为其在技术上向先进转变提供了机遇。

■ 通用汽车公司购买休斯公司的目的是为了加速汽车的电子化进程，同时也能更直接而且更迅速地接触到美国工业中最新的科技。

通用汽车公司Logo

电子数据系统公司是目前全世界最大而且最先进的电脑服务公司。该公司的优势在于控制自动化生产所用的软件的研究、开发和生产，同时也是工业通讯网络的世界领导者。通用汽车公司兼并了这家公司，使自己不仅能够将语言、影像以及各种数据传送到所有公司的办公室和工厂中，而且能传送到公司的经销商和供应商手中。电子数据系统公司的电子专家将世界上最先进的技术应用到整个通用公司，提高了整个公司办公自动化的水平。

降低成本，提高生产效率，最重要的是借助尖端科技。通用汽车公司认识到这一点并在俄亥俄州的曼斯菲德工厂花费了 25 亿美元改善冲压流程。此项由原西德和日本引进的技术大大地缩短了更换模具的时间。未引进此项技术之前，换模具要用一整天的时间，但现在只要几分钟就可以了，而且即使一年生产 1 亿辆汽车也不会出现劣质品。

通用汽车公司在降低成本和改善质量方面所获得的收益主要源于新的设计、生产、装配，以及工厂内新的工作关系、新的工厂设计的完美结合。将这一切融合在一起的计划由土星工程来完成。该工程旨在设计生产一种全新的美国汽车，以此来证明美国处在全球激烈的竞争中，能够在成本和质量上经受任何挑战。

在 1981 年至 1987 年期间，通用汽车公司用于科技方面的费用高达 550 亿美元。它在科技开发方面的做法是革命式的。虽然由于突进式的技术改革，造成了一些不应有的损失和决策上的失误，比如更新设备之初事故较多。另外，由于大量的投资造成小型车成本居高不下，使得计划刚刚实施之初竞争力并不理想。但是，通用汽车公司在科技上的投资给企业增添了后劲，使其不仅在竞争中逐步夺回了重要地位，而且在科技发展中始终处于领

通用汽车公司Logo

■ 土星工程旨在设计生产一种全新的美国汽车，以此来证明美国处在全球激烈的竞争中，能够在成本和质量上经受任何挑战。

导的地位。

案例 2：克莱斯勒的组织改革

克莱斯勒汽车公司是美国一家实力雄厚的老牌垄断企业，成立于 1923 年，它仅次于通用汽车公司，在美国汽车行业中稳坐第二把交椅。然而 20 世纪 50 年代以后，福特公司迎头赶上，并取而代之，使得克莱斯勒退居为美国第三大汽车制造商。从此，它与通用、福特三家之间形成鼎足之势，三分天下，共同占领了美国汽车市场的 95%。尽管它在汽车业三巨头中只身居老三，但在全国实业界中仍不失为出类拔萃之辈。它在美国国内汽车市场的销售比重曾达到 16.2%，拥有资产 70 亿美元，员工逾 16 万之众，先后在西欧、南美、南非和澳大利亚等 19 个国家和地区以及国内的 13 个州投资办厂。

然而 20 世纪 70 年代以来，克莱斯勒汽车公司却屡遭不幸，从 1970 年至 1978 年 9 年间竟有 4 年亏损，1978 年到 1981 年亏损额有增无减，一年高似一年，4 年累计达 36 亿美元，到 1978 年末亏损已高达 48 亿美元之巨。而同期通用汽车公司盈利高达 615 亿美元，与其形成鲜明的对比。

艾柯卡就是在克莱斯勒财源告罄、负债累累、蚀本惊人、买卖冷清的情况下走马上任的。

上任不久后，艾柯卡就发现公司庞大的管理机构极其混乱，公司许多部门纪律松弛，人心涣散，员工无所事事。例如他的秘书在上班时间内不时打电话和人聊天。一个商业机构里，如果秘书们无事可做，闲极无聊，不断打

■ 克莱斯勒汽车公司是美国一家实力雄厚的老牌垄断企业，成立于 1923 年，它仅次于通用汽车公司，在美国汽车行业中稳坐第二把交椅。

电话与人聊天以消磨时间，那么这个机构就毫无工作效率可言了。经过深入的了解，艾柯卡又发现该公司最高管理层的人对整个公司并不十分了解，更不知道本公司的亏损原因何在。同时，整个公司部门多、分工细，部门与部门之间互不关心，缺乏沟通。公司的35名副总裁每人都有自己的一伙人，他们不顾大局，只维护本部门中的少数人的利益。偌大的公司居然连委员会、部门的联系制度都没有，各个部门各自为政、画地为牢，连公司工程部的负责人和制造部的负责人几乎都没有联系。

发现这些问题，艾柯卡感到震惊。为了解决公司面临的困境，艾柯卡四处活动，打通上下关节，为公司争取了15亿美元的联邦政府贷款保证，公司这才赢得了喘息之机。随后，艾柯卡开始进行管理组织机构的大手术。他首先关闭了全公司53个工厂中的20个工厂，裁掉7.4万名员工，高层管理者每人减薪10%。

艾柯卡认为，企业的一切工作可以归结为三个方面：人员、产品和利润。首先是人的问题，即克莱斯勒的所有问题也可以归结为一个根本问题，即缺乏一个密切配合的领导班子。艾柯卡开始对公司的班子进行大清理。在3年之中，35个副总裁就被裁掉了33个。与此同时，艾柯卡开始组建一支新的“球队”。先于艾柯卡到克莱斯勒的哈德罗·斯伯里奇给了艾柯卡很大的帮助，帮艾柯卡挖掘了公司里许多有能力的人才，他自己则负责研制公司3年后将上市的汽车模型。艾柯卡本人也从福特公司带来了许多销售、财务和采购方面的人才。他请来了福特公司优秀的财务管理人才杰拉尔德·格林沃尔德筹建财务控制机构；请为人随和的加尔·劳克斯负责销售，同承销商改善关系；请福特公司已经退休的保尔·伯格莫塞来克莱斯勒负责采购，搞

■ 艾柯卡认为，企业的一切工作可以归结为三个方面：人员、产品和利润。

好与供应商的关系。为了解决质量问题，艾柯卡把福特公司已经退休的质量工程师汉斯·马赛厄斯请来担任质量顾问，整顿公司整个制造系统的纪律；为乔治·巴茨专门设立了一个监督质量的部门，还成立了一个“质量小组”，专门听取工人的意见，让工人参与制造和设计的改进工作。对于销售，艾柯卡采用了一个大胆的做法，他放弃了克莱斯勒原有的两个广告代理商，改用他在福特时期的老主顾凯尼恩-埃克哈特公司。这家公司确实替艾柯卡想出了不少推销的新招。

在克莱斯勒的头两三年里，艾柯卡还解决了公司体制上的一个大问题——清除庞大的“销售库”。艾柯卡说服承销商买下了全部库存的汽车，公司再重新根据订单来生产汽车，从而把生产和销售连接起来。艾柯卡还将公司原先经营的汽车租赁业务改为卖车子给租车公司，这样不仅杜绝了拍卖旧车的亏损，还起到了招揽顾客的作用。

重组了公司的组织机构后，他又为公司建立了内部各部门之间相互沟通情况的制度与渠道，解决了各自为政乃至产、供、销脱节的问题；引进了精明能干的财会人才；而且在通用和福特之前率先引用电脑检索系统；大力宣传推广公司的产品，并从福特公司手中把他认为是最有效的广告公司夺过来。这些改革为都艾柯卡改造公司提供了基础条件。

■ 在克莱斯勒的头两三年里，艾柯卡还解决了公司体制上的一个大问题——清除庞大的“销售库”。

第十三章

丰田的国际扩张

很多制造企业发展到一定阶段，为了降低生产成本、扩展国际市场的目的，自然而然地就会将视线转向国际市场，并在开始国际扩张之后，逐步加快将生产线向海外转移的步伐，这几乎成了众多著名企业必经的发展模式。

同其他制造商相比，丰田更早地明白世界才是它的市场。为此，丰田在世界上许多国家都开设工厂。继在美国、秘鲁、南非、泰国设厂之后，丰田 1991 年在中国办厂，1993 年在英国办厂，2001 年在法国办厂。目前丰田在全世界开办的汽车制造厂总数已达 56 家。

13.1　热销北美

北美是丰田汽车公司第二大销售市场，一直以来，丰田以气贯长虹的态势提升自己的北美生产能力。丰田汽车公司的北美战略就像一部成名史。连竞争对手厂家的领导也承认这种战略的正确性。

位于辛辛那提的丰田制造北美有限公司成为丰田北美生产和收购的指挥中心。1998 年，该公司生产了 100 多万辆汽车。1999 年，丰田汽车公司从北美市场夺取了 4.6 万亿日元的销售收入，占公司营业总收入的 36%。

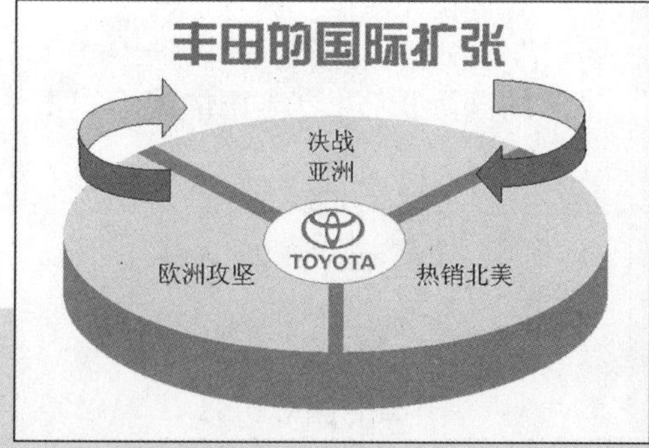

■ 同其他制造商相比，丰田更早地明白世界才是它的市场。为此，丰田在世界上许多国家都开设工厂。

丰田汽车公司正是倚仗“Lexus”系列产品与福特公司展开了旷日持久的争夺美国最热销汽车头衔大战。在主打北美高端豪华轿车市场的“Lexus”系列产品中，ES 300 和 LS 400/300 车型是精锐先锋：这两款车型通过丰田汽车公司潜心打造的销售渠道进行销售。打着丰田旗号的品牌有：高端“Avalon”豪华车型、“Camry Solara”车型和“Camry”车型以及“Celica”体育车型和“Corolla”经济车型。除此之外，丰田汽车公司在北美市场销售的新款式汽车还有：“Sienna”微型面包车和各种 SUV 运动型多功能车及其他轻型车辆。其中著名的轻型车品牌包括：“RΛV4”、“4Runncr”、“Tacoma”和“Tundra”等。2000 年，丰田汽车公司和通用汽车公司联手创办的 NUMMI 合资企业则又出了新款“Prizm”轿车。

尽管如此，为了获得 15%的全球市场占有率，提高丰田汽车公司在北美这个销售市场上的占有率是势在必行。1998 年，丰田汽车公司在包括美国和加拿大的北美市场的销售突破了 150 万辆大关，现在的市场占有率为 10%左右。

特别是在美国市场，尽管丰田汽车公司的本地生产晚于日产汽车公司和本田公司，但现在已经超过这两家公司，并直逼美国三大汽车巨头。2001 年 8 月，丰田汽车公司的销售份额与占美国三巨头之一的戴姆勒-克莱斯勒集团（在美国为克莱斯勒部门）仅差 0.4 个百分点。在如此畅销的背景下，2001 年，丰田汽车公司在美国的销售量比上一年度增长约 8%，超过 174 万辆，首次超过了日本国内销售的 171 万辆。

丰田汽车公司通过开展细腻的销售和圆满的服务以及在纽约股票交易所上市等，提高了其知名度，丰田车爱好者也在不断地增加。同时，为了扩大

■ 丰田汽车公司正是倚仗“Lexus”系列产品与福特公司展开了旷日持久的争夺美国最热销汽车头衔大战。

市场占有率，丰田汽车公司又开始实施以吸引当地年轻人为目的的“起源计划”。该计划在当地的丰田销售店内，专门设置了“起源角”，在宣传“雅酷”（本名为 Platz）、“赛利卡”和“MIl2 Spider”（同 MR-s）三种车款的同时，通过英特网进行双向交流等方法支持促销。

其实，在 1998 年，当丰田在美国市场的销售初见成效的时候，丰田汽车公司在墨西哥开设工厂不再那么遥远了。丰田汽车公司在巴西已经拥有生产据点，因为巴西和墨西哥有优惠关税协议，如果在巴西建立起生产据点的话，不仅是大北美自由贸易区，就是与南美之间广泛开展各种业务也是可能的。那么，丰田的优势地位将会更加难以动摇。而实际上，20 世纪 60 年代，丰田汽车公司曾在墨西哥做过短暂的进口销售，因为某些阻碍而撤出。但对于已经加入北美自由贸易区并决定从 2004 年开始撤销汽车关税的墨西哥，丰田汽车公司决定再次打入该国市场。因而到了 2001 年 5 月，丰田汽车公司又成立了从事销售的“墨西哥丰田汽车销售（TMEX)”公司，并从 2002 年第二季度开始，将在美国最畅销的“佳美”轿车投放到墨西哥市场。

在不断占领北美市场的同时，丰田汽车公司还努力致力于提高当地生产比率。为此，丰田汽车公司等 5 大企业发表了以提高当地生产比率为核心的自主计划成功避免了制裁。其中，丰田汽车公司所制定的“新型国际商业计划”立下了汗马功劳。根据该计划，要将在北美的当地生产能力从 1994 年的 73.5 万辆增加到 1996 年的 90 万辆，争取 1998 年达到 110 万辆。其中，在美国的丰田汽车制造肯塔基公司（TMMK）的生产能力在 1998 年达到 50 万辆（1994 年实际生产 28.5 万辆），在加拿大的丰田汽车制造加拿大公司

■ 丰田汽车公司在巴西已经拥有生产据点，因为巴西和墨西哥有优惠关税协议，如果在巴西建立起生产据点的话，不仅是大北美自由贸易区，就是与南美之间广泛开展各种业务也是可能的。那么，丰田的优势地位将会更加难以动摇。

（TMMC）也要在1998年达到20万辆（1994年实际生产8.6万辆）。同时，在北美新建年生产能力为10万辆左右的工厂。

该计划虽然将推进当地生产作为其支柱之一，但丰田汽车公司的目标与其说是促成政府间协议的达成，还不如说是在于“为了适应1美元：80日元的日元超级升值时代”。

在扩大当地生产的同时，为加强成本竞争力，提高零部件等的当地采购率，丰田对于在北美当地生产的排气量为2 200CC和3 000CC的发动机、气缸排、缸盖、连杆轴承、曲轴轴承等几乎主要的零部件都在当地进行生产。在加拿大及美国生产的“花冠”轿车用的发动机，从组装到机械加工都实现当地化的同时，除大型冲压零部件的精度要求严格，实现当地化比较困难以外，约300件左右的中、小型冲压零部件都在1998年转为当地采购。

经过努力，丰田汽车公司成功地达到北美自由贸易协定（NAFTA）所规定的当地采购率要达到62.5%以上的规定，享受到了关税方面的优惠，实现了新型国际商业计划，加入国际企业的行列。

2003年美国三大老牌汽车公司在美国市场上节节败退，丢失了不少市场份额，丰田汽车公司成为最大的受益者。2003年可以说是丰田汽车公司在美国市场上获取大丰收的一年。

北美地区2003年的销售获得了46年来最好的成绩。销售额增长了6.3%，售出车辆186万多辆。丰田轿车销售量也打破纪录，达到869 000辆。丰田的主力产品佳美（Camry）以413 000辆的销售业绩连续第二年位居轿车销售之首。即使在一直为美国品牌主导的包括多功能休闲车SUV和轻型卡车方面，丰田在北美2003年也有相当大的收获。轻型卡车的销售量增

■ 该计划虽然将推进当地生产作为其支柱之一，但丰田汽车公司的目标与其说是促成政府间协议的达成，还不如说是在于“为了适应1美元：80日元的日元超级升值时代”。

长 7.5%，为737 000多辆。丰田以及丰田属下的凌志公司的多项产品如多功能休闲车 Highlander，4Runner，Sequoia，凌志 RX300、470 等都受到美国消费者的青睐。

此外，丰田汽车公司在北美工厂的产量也创下历史纪录，生产汽车 128 万辆，生产引擎 112 万台。美国汽车网站之一“Edmunds. com”总编辑对美国之音表示，日本公司在这几年的进展简直令人匪夷所思，是外国汽车公司中最具竞争力的。

他说：“丰田的市场份额还在扩大之中。今后是否会按照过去五年来的速度增长，还是稍慢一些的速度增长要看美国公司推出的新品牌是否能够赢得市场的欢迎。过去五年来，丰田汽车公司的增长速度对于任何一家美国汽车公司来说都是令人相当畏惧的。”

13. 2　欧洲攻坚

欧洲是丰田汽车公司第三大销售市场，那里是小型轿车的发祥地，有不少国家生产小型轿车。丰田向这个地区的出口是以 1963 年在丹麦设立销售店为开端的。在丰田的全球战略中，亚洲市场（含日本本土市场）以及美国市场是丰田早就进入并获得成功的地区。而丰田汽车进入欧洲市场的时间最为迟缓。这是由于在欧洲共同体各国之间的贸易往来是互相免税的，而从共同体以外的国家进口的小型轿车则收相当高的关税。

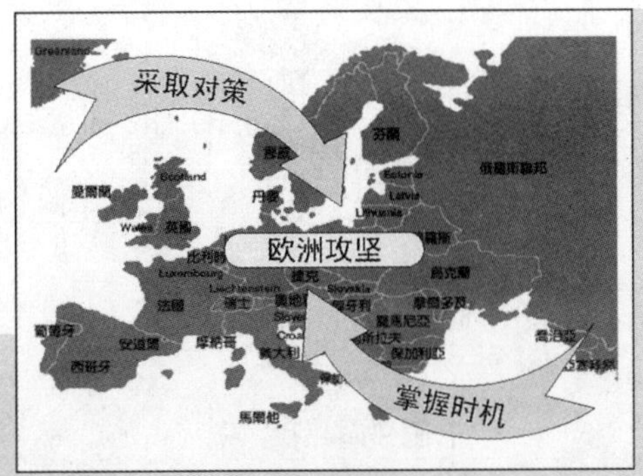

■ 欧洲是丰田汽车公司第三大销售市场，那里是小型轿车的发祥地，有不少国家生产小型轿车。丰田向这个地区的出口是以 1963 年在丹麦设立销售店为开端的。

13.2.1 掌握时机

与其他地区相比，欧洲汽车市场具有完全不同的市场特征：与美国年产1 500万辆的单一市场不同，欧洲是个年产1 500万辆的多元市场。这个多元市场就是指一个欧洲市场又可分为德国、法国、意大利等各国市场。在美国的单一市场中，要实现1 500万辆的汽车销售，可用同一种货币（美元）、同一种语言（英语）进行，可是在欧洲情况就大不一样，丰田现在主要与 16 个国家进行买卖交易，如果加上东欧各国，丰田在欧洲的代理商将遍及 23 个国家。除了语言差异外，还会涉及到约 16 种不同货币。此外会计方法和税收制度等也各不相同。在这种情况下，销售的效率很低。

在市场经营方面，差异就更加明显了。在美国市场，何种车、进入哪部分市场、价格如何定位，所有这些都很容易决定，而在欧洲市场则截然不同。举个例子，丰田的“阿本西斯”车在意大利就可以算是高档车，自然配置也就变得豪华，售价也比在其他国家高。可是到了拥有奔驰、宝马的德国，“阿本西斯”就成了只比普通车稍好一些的非高档车了，那么配置高低、价格定位也就完全不一样了。夸张地说，有时甚至不得不考虑面对 16 国采取各不相同的宣传方式。

当欧盟的成立减轻了这种低下的效率时，对于丰田而言是进入欧洲的绝好机会。假设在欧洲这块有1 500万辆销售量的市场中，丰田能得到 5%，那么就会有 75 万辆的份额。丰田高层还骄傲地宣称：“若是能确保 75 万辆这个数量，那么丰田就能在欧洲市场展开竞争。而且根据‘新国际商业计划’，这 75 万辆的销售量中的 65%若在当地生产，则需具备 55 万辆的生产能力。

■ 当欧盟的成立减轻了这种低下的效率时，对于丰田而言是进入欧洲的绝好机会。假设在欧洲这块有 1500 万辆销售量的市场中，丰田能得到 5%，那么就会有 75 万辆的份额。

目前丰田英国工厂的生产能力通常为 20 万辆，最多只可能达到 25 万辆，所以还需要一个生产能力为 25 万辆的工厂。”

在汽车型号认证方面，在欧盟区域内只要取得一国的认可，那么也就意味着在全欧都获得了认可。在以上 16 个主要国家中，只有在 10 个以上国家的市场取胜才算开始真正具有竞争实力，所以丰田是有意识地向困难挑战。由于欧洲的市场开拓比美国困难得多，所以在积极进取的同时又要小心谨慎，确保安全稳妥。毕竟欧洲汽车市场的要求较高，不仅要求汽车耐用持久，兼顾环保，而且对于汽车设计亦颇为挑剔，几乎可以说再没有比欧洲更加严格、更加挑剔的市场了。因此若能制造出符合欧洲市场标准的汽车，那么在世界任何市场都能符合标准。

与此同时，丰田也注意到了一枚硬币的正反两面。自从欧元统一货币以来，汽车大战也受到了很大影响。这涉及到价格战略。由于引入欧元，成本表示便有用欧元和用当地货币这两种选择。如果用欧元表示，很容易进行价格比较。例如，德国、比利时、荷兰和法国四国相邻，价格比较就相对容易。然而虽然引入了欧元，但目前税收标准尚未统一，所以自然就出现各种价格差别。价格差别一出现，就会出现跨国的商品买卖。假设比利时的价格低于德国，那么德国的消费者就会不断地到比利时来购买。因为出现了这样特意跨越国界到国外去购买汽车的人，曾使大众汽车公司由于指使意大利汽车零售商不要将汽车出售给非意大利居民而被揭发并被处以罚款。

13.2.2　采取对策

丰田在欧洲制定计划，在欧洲进行生产，即依托欧洲，面向欧洲，生产

■ 毕竟欧洲汽车市场的要求较高，不仅要求汽车耐用持久，兼顾环保，而且对于汽车设计亦颇为挑剔，几乎可以说再没有比欧洲更加严格、更加挑剔的市场了。

适合欧洲的汽车。其中第一批是“卡丽娜E型”汽车，接着是“阿本西斯”，然后是NBC（雅丽斯）汽车，就这样，丰田正不断地生产出欧洲人喜爱的新型车。

欧洲市场上丰田车的销售状况是：1997年丰田在欧洲销售数量为471 000辆，市场份额为2.9%。在这之前最高的销售量为1990年的45万辆，所以1997年的销售量成为迄今为止的最高纪录，市场占有率与1996年相比也上升了0.9%，也就是近3%的市场占有率吧。当然这个3%是指在欧洲市场上的平均占有率，具体在各国的占有率差别又较大。

在欧洲市场中，丰田已经赢得大约五六个国家的市场占有率。其中，希腊和爱尔兰的份额居首位，芬兰、丹麦、挪威等北欧国家的市场占有率也很高。除了在以上国家丰田有问鼎第一的实力外，在另一些如比利时、荷兰、瑞典以及稍次一级的瑞士、奥地利等国的市场上，丰田也是竞争好手，能获得5%到7%的占有率。这些数据不能小看，从以下分析就可以得知5%到7%的占有率所具有的重要意义：

欧洲汽车工厂的开工率约为80%，存在约300万辆的过剩的生产能力，所以对于欧洲厂商而言存在如何走出这种困境的问题。日本汽车除了国内市场之外，在美国、欧洲市场上也比较畅销，丰田车也不例外。在欧洲，有德国大众，美国福特、欧宝以及法国的普捷、雷诺，意大利的菲亚特这六大汽车厂商。这六大厂家的欧洲市场（不含本国市场）占有率都在5%左右，大众和福特虽占全欧市场的12%到13%，但除去本国市场外的市场份额也就是5%到6%。对丰田而言，要想在欧洲市场中抢占一席之地，成为被认可的欧洲市场的一员，5%的份额是一个关键。

■ 在欧洲市场中，丰田已经赢得大约五六个国家的市场占有率。其中，希腊和爱尔兰的份额居首位，芬兰、丹麦、挪威等北欧国家的市场占有率也很高。

日本汽车企业 1976 年出口到欧洲共同体的日本车为 70 万辆，其中丰田为 22 万辆。出口对象国有荷兰、英国、比利时、西德、法国等。其中荷兰最多，有33 060辆，占该国登记车辆总数的 2.8%。同年，丰田汽车公司用凌志“LS200”豪华轿车打入了欧洲豪华轿车市场。同时，丰田新款经济型小型轿车“Yaris”取代了销售业绩萎靡不振的“Starlet”品牌轿车。“Yaris”车型以其强大的1升发动机而声名卓著，用户层面主要是青年和女性。该车型用最新开发的模块化生产方式制造，具有零部件少、组装便捷和经济实惠等特点。此后的一年，日本出口到欧洲共同体的轿车为760 050辆。

1999 年末，欧洲取消了日本向欧盟出口汽车数量限制的禁令。这个消息使丰田汽车公司在欧洲发展的希望大增。目前，丰田汽车公司瞄准欧洲市场的主要品牌是“Avensis”和“Corolla”两种款型车。此外，丰田汽车公司还在欧洲销售“Picnic”和“Land Cruiser”两种品牌汽车。1999 年，丰田汽车公司从欧洲获得了 1.1 万亿日元销售收入，占公司总营业收入的 9%。

13.3 决战亚洲

21 世纪，由于日本、北美和欧洲的需求势头不旺，所以丰田汽车公司决定加快发展亚洲和拉美市场。其中，亚洲地区被认为是汽车需求量将要扩大的地区，而这些地区需求的汽车又是以小型汽车为主。这些也正是丰田亚洲战略的主要依托点。

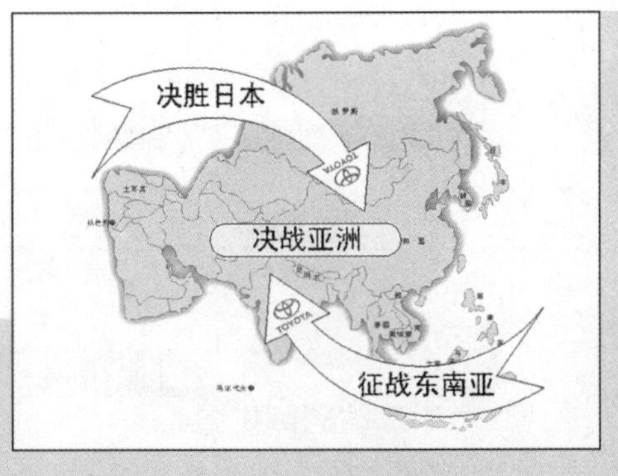

■ 21 世纪，由于日本、北美和欧洲的需求势头不旺，所以丰田汽车公司决定加快发展亚洲和拉美市场。

13.3.1　决胜日本

丰田汽车公司占据了日本市场40%的份额，从中取得了逾6万亿日元的营业收入，占营业总收入的47%。即使在日本经济面临长期下滑、萎靡不振的窘迫局面的时候，日本仍旧是丰田汽车公司最大的单一市场。

丰田汽车公司的销售网络虽覆盖了整个日本列岛，可谓是密不透风，但销售方式既有传统的日式逐家登门推销，也有最近崇尚的美式经销商网络销售。这种混合式销售体制既错综复杂，又混乱不堪。为此，丰田汽车公司正着手理顺销售渠道与市场的联系。丰田汽车公司计划采用让不同用户群体通过各自满意的销售渠道购买自己喜欢车型的方式，对销售流程实施合理化改造。

丰田汽车公司生产的全部款式汽车在日本都有销售。从款式新颖，种类齐全的小型客车，包括“Qualis”车型，侧拉门“Raum”车型，中型“Caldina”车型，在低档车市中的丰田小型轻便卡车和SUV运动型多功能车；到在Lexus基础上打造的“Harrier”牌多用途体育用车，以及“陆地巡洋舰”款式汽车；再到高端系列豪华轿车（Lexus）平台销售时打出的品牌旗号“Aristo”等等。这些车型都颇受用户宠爱。1998年，豪华微型面包车“Gaia”登台露脸，大型新款“Progres”车型也现身于中高档轿车市场。

丰田汽车公司在日本推出的“Prius”款型车尤为别具匠心。这款于1997年12月推出的新型汽车囊括了各项年度汽车大奖。“Prius”车型是全球第一款大规模生产的合成型汽车，该车不仅打破汽油车行驶里程纪录，也是环保汽车的前卫标杆。即使20世纪70年代爆发的石油危机再度卷土重

■ 丰田汽车公司占据了日本市场40%的份额，从中取得了逾6万亿日元的营业收入，占营业总收入的47%。即使在日本经济面临长期下滑、萎靡不振的窘迫局面的时候，日本仍旧是丰田汽车公司最大的单一市场。

来，丰田汽车公司手中也已有与之抗衡的制胜法宝。

13.3.2　征战东南亚

在与日本毗邻的东南亚市场，丰田汽车公司也在描绘更加壮观的蓝图。继中国台湾的商务用车工厂、泰国的第二工厂计划之后，丰田决定在菲律宾和印度尼西亚建立新的工厂。20世纪50年代，丰田集团的销售子公司丰田汽车销售公司（丰田汽车销售公司）开始把出口作为销售重点。1949年，丰田汽车销售公司与中国台湾和泰（HoTai）公司建立起销售业务联系。1954年，又在泰国建立了销售网点。

在东南亚市场，丰田汽车公司生产了以高级轿车“皇冠”、小型轿车“花冠”为首，以及被称为TUV（丰田通用汽车公司型汽车）的亚洲专用多用途车、商务车等各种类型的汽车。其中，丰田通用汽车公司汽车约占到了丰田汽车公司在东南亚所生产的全部车款中的50%，通过先期投放亚洲专用车，丰田汽车公司开拓市场的战略发挥出了很好的成效。负责亚洲地区的长谷川康司专务董事甚至断言：“在东南亚主要国家的市场占有率已经超过了20%，我们的目标是30%。”不仅限于这些品牌，对于以富裕阶层为目标的“凌志”品牌，石坂副总经理也豪迈地表示：“年销售量要从现在的20万辆增加到25万辆，在东南亚目标直指30%的市场占有率。”

与此同时，丰田汽车公司也加强了与大发工业公司和日野汽车公司等集团公司的合作。因为大发和日野在亚洲都拥有自己的据点，为了避免在今后出现重复投资，丰田和它们对于集团的设备、零部件和销售等方面，能够共有的就改为共有。比如说，委托日野汽车公司的羽村工厂（位于东京都羽村

■ 在与日本毗邻的东南亚市场，丰田汽车公司也在描绘更加壮观的蓝图。继中国台湾的商务用车工厂、泰国的第二工厂计划之后，丰田决定在菲律宾和印度尼西亚建立新的工厂。

市）生产的1吨皮卡车集中在泰国的丰田工厂，又将在丰田泰国工厂生产的小型卡车“黛娜”移交给日野泰国工厂。

1998年，丰田进行大规模投资，使菲律宾工厂达到年生产6万辆，印度尼西亚工厂达到年生产15万辆的能力。并计划将在亚洲的生产能力由1994年的39.6万辆大幅度增加到1998年的60万辆。通过一连串的投资，丰田汽车公司在海外的生产能力由1994年的122万辆（包括拆散生产）增加到1996年的150万辆，到1998年增加为200万辆。

2000年，丰田汽车公司在印度尼西亚、泰国、菲律宾、文莱和越南5个国家获得了市场占有率第一的地位。特别是在虽处于经济低迷但市场规模仍然超过泰国的印度尼西亚，其市场占有率达到30.2%，再次确保了30%的大关。即使在国产车的市场占有率超过80%的马来西亚，除了国产车，丰田车仍处于压倒性的优势。

■ 2000年，丰田汽车公司在印度尼西亚、泰国、菲律宾、文莱和越南5个国家获得了市场占有率第一的地位。

第十四章

丰田的美国征程

与丰田齐名的另一家日本企业索尼公司可算是国际化水平最高的企业，早在20世纪四五十年代，索尼创始人之一盛田昭夫就发现美国是一个天然市场，生意蓬勃，就业率高，人民上进而渴望新事物，因此，他首先选定美国作为其海外发展的市场。事实上，由于受到本国资源缺乏因素的制约，美国也是所有日本制造企业最向往的市场。丰田不同于其他日本企业的是，它早早就做好了开始美国征程的准备。

14.1　初战受阻

在20世纪60年代以前，“日本制造”往往是“质量差的便宜货”的代名词。但是丰田汽车公司决策层领导神谷认为，打入全球大汽车市场——美国的时机已经成熟。1957年8月25日，对丰田来说，是值得纪念的日子。因为在那天，两辆小轿车——“皇冠牌小丰田轿车”和“皇冠牌高级轿车”首次登程赴美。到10月，丰田汽车销售（美国）有限公司（丰田汽车销售公司，USA）终于在美国挂牌成立。

神谷之所以作出这一决定，是因为自1955年起，欧洲车大量闯入美国

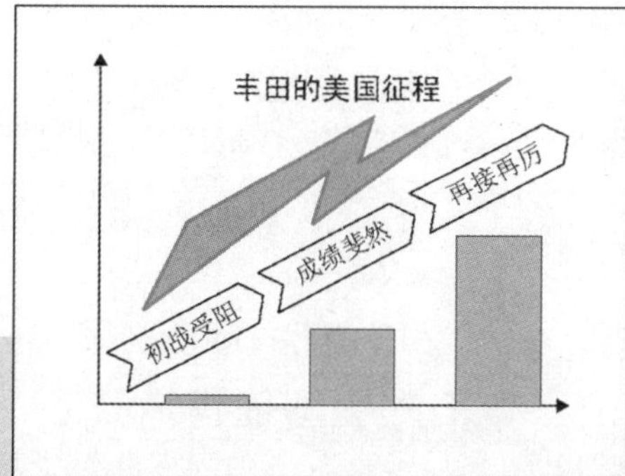

■ 1957年8月25日，对丰田来说，是值得纪念的日子。因为在那天，两辆小轿车——“皇冠牌小丰田轿车”和“皇冠牌高级轿车”首次登程赴美。

市场，达到近10%的市场占有率，其中最多的是西德生产的大众汽车。神谷在1955年那次赴美时看到那里的欧洲小型车的情形，就预计到美国也正在出现小型汽车的市场。随着欧洲车保持急剧增长的势头，美国也许会采取一种限制进口的措施，到那时，向美国出口尚未取得成果的日本车肯定会被彻底排挤掉。于是，神谷回国后就提出向美国出口皇冠牌轿车的举措。虽然反对的人不少，然而，神谷的决心却是坚定的，他回国仅仅3个月，就把向美国出口的样品车装上了船。

1957年10月，丰田汽车工业公司和销售公司各出资50%，在美国开办了美国丰田汽车公司。同时还利用当地的代理广告商，一个月以3万美元的预算，自由使用宣传工具，开始刊登广告和进行其他宣传。

谁曾想到，这样经过一番准备之后卖出的皇冠牌汽车，在不到一个月的时间，就暴露出了缺点，陷入了困境。功率不足、车体过重、发动机过热等弱点陆续出现。这项举措演绎为一场彻头彻尾的灾难。“皇冠”轿车虽然风靡日本，但在美国人眼里，这种汽车却是设备简陋、功率疲软的破烂货。丰田汽车公司使出浑身解数想在竞争高度激烈的美国汽车市场搏出一块立足之地，结果却落得个全线溃败。1958年，丰田终于停止了皇冠牌轿车的对美出口。1960年，丰田汽车公司被迫放弃美国市场，对美出口业务也全部终止。

由于日本车的马力太小，根本无法驶上美国的高速公路。看上去丰田有些急于占据美国的进口车市场。出现问题后，丰田汽车公司便开始尽心尽力地钻研到底什么样的汽车才适合美国市场。一日不造出这样的车子，美国丰田汽车公司便一日不得安宁，需要背负倒闭的危机。对丰田而言，这真是一

■ 由于日本车的马力太小，根本无法驶上美国的高速公路。看上去丰田有些急于占据美国的进口车市场。出现问题后，丰田汽车公司便开始尽心尽力地钻研到底什么样的汽车才适合美国市场。

丰田的美国征程

场背水之战。

14.2 成绩斐然

尽管进军美国市场的丰田车难逃美国人的冷眼，但是丰田汽车公司向来不是一个肯轻易认输的企业，它卧薪尝胆五年整，重新制定了市场策略。

1960 年，丰田又把改变型号的光冠轿车运往美国。可是，这种车行驶时时速一旦超过 104 公里，发动机就会发热，特别是制动装置很不好用。一连好几年，丰田汽车公司几乎没有什么收获可言。在这期间，神谷经受了一生中最大的痛苦。

1965 年，丰田汽车公司带着复仇雪耻的心情，重新杀回美国。这次，丰田汽车公司用来赢回美国汽车消费者的武器是最新款式的“花冠”车型。“花冠”车型的内部空间比大多数超小型汽车更加宽敞，发动机也更强劲有力，而且价格还要比大众甲壳虫便宜 200 美元。

1966 年，丰田又向美国出口了 RT40 型光冠轿车。这是丰田汽车公司出口史上具有划时代意义的事件。RT40 型光冠轿车是丰田汽车公司在 1964 年研制出来的，在国内销售势头不错，1965 年出口到澳大利亚也获好评，所以才出口到美国。而且，1965 年至 1973 年，丰田在出口方面居国内同行业的首位。

1967 年，丰田汽车公司又把1 600cc 的光冠轿车用于对美出口。这种车型在美国市场一炮打响，并为丰田汽车占据了市场的一席之地。不久后，丰田汽车销售公司的美国营销网开始枝繁叶茂。到 1967 年为止，丰田汽车销

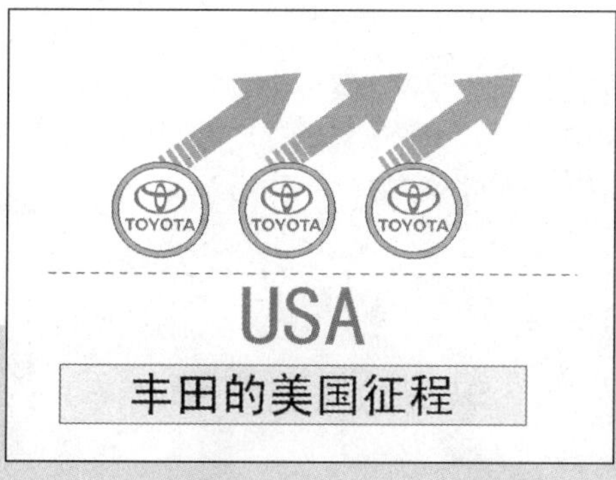

■ 1966 年，丰田又向美国出口了 RT40 型光冠轿车。这是丰田汽车公司出口史上具有划时代意义的事件。

售公司每年要进口 3.7 万辆丰田轿车，美国已成为丰田汽车公司的头号出口市场。

一年以后，丰田新款“花冠”（Corolla）车闪亮登场，到了 1970 年，丰田汽车公司每年尝试向美国出口 20 万辆汽车。

1982 年，新成立的丰田总公司推出了新款车佳美。这款新车最终成为美国最畅销的轿车，其火爆的销售程度恐怕就连已故的丰田喜一郎也无法想象。

14.3 立稳脚跟

具有愈战愈勇精神的丰田人在终于捕捉到打入美国市场的机会后，再接再厉，进一步深耕美国市场，最终在美国牢牢立稳了脚跟。

14.3.1 强强联手

当通用汽车公司登门拜师，虚心求教如何有效生产汽车的方法时，标志着丰田汽车公司的“JIT 生产方式”终于得到世界正式承认。丰田汽车公司不再是通用汽车公司的“信徒”，而是摇身一变成为师者。不久，第一辆新车驶下了加利福尼亚州新联合汽车制造有限公司（NUMMI）组装线。这家建在通用汽车公司废弃厂房基础上的合资企业，是丰田与通用汽车公司两强精诚合作的结晶。现在这种合作关系已经扩大到环境、安全技术、车载信息通讯技术等领域。

■ 具有愈战愈勇精神的丰田人在终于捕捉到打入美国市场的机会后，再接再厉，进一步深耕美国市场，最终在美国牢牢立稳了脚跟。

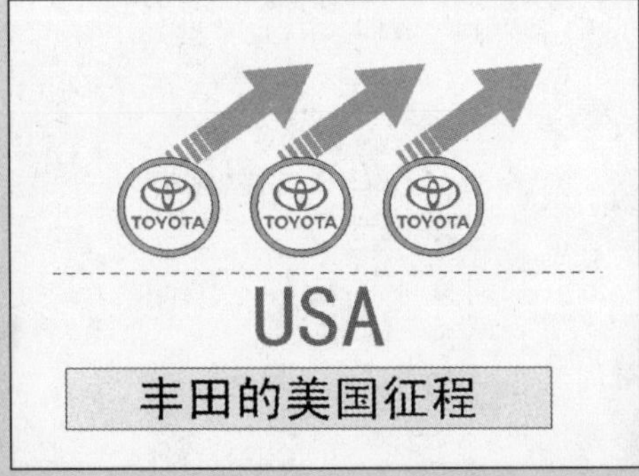

14.3.2　推出豪华车

1985 年，丰田汽车公司总裁丰田英二，派遣一队人马到美国开展火力侦察，试图了解生产系列豪华轿车的市场潜力。

在发起第一次试探性进攻的四年之后，丰田汽车公司在美国成功地推出凌志新款豪华轿车，价位居于美国豪华车型和欧洲豪华车型之间。

这个豪华车开发项目是创造和推出新品牌中的一个典型范例。就这两款车型本身而言，不仅重新界定了豪华车市场的定义，而且也改变了车主对性能和质量期望性观念。另外，丰田汽车公司还创建了一个勤奋敬业的经销商关系网络体系，这个网络体系将按照一套用户服务新标准来销售豪华轿车。

1990 年是丰田豪华轿车的第一个销售年度。在这一年中，以生产经济型轿车闻名遐迩的丰田汽车公司共销售了63 534辆豪华轿车。

14.3.3　本土建厂

20 世纪 80 年代，在货币跌宕起伏，日元汇率走强的风云中，丰田汽车公司踏出国门，开始无所顾忌地在全世界扩展自己的汽车制造能力。丰田汽车公司在美国成立了丰田汽车制造有限公司，并选中了肯塔基州，将其作为建设第一家生产厂的建设用地。1988 年，第一辆在美国制造的“Canary”牌轿车驶下了该厂的生产线。

1994 年 3 月 1 日，丰田又在美国肯塔基州的乔治敦以 8 亿美元建成其第二座工厂。这家工厂的建立从许多方面来看都是一个里程碑。

首先，它将生产 Avalmi 汽车，这种为美国人设计的四门轿车可使 Cam-

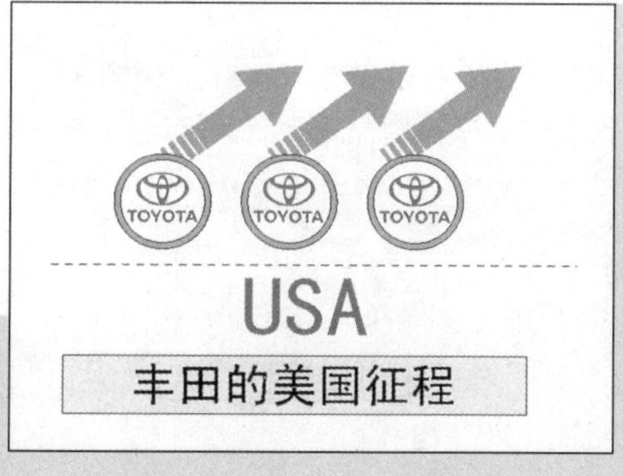

■ 20 世纪 80 年代，在货币跌宕起伏，日元汇率走强的风云中，丰田汽车公司踏出国门，开始无所顾忌地在全世界扩展自己的汽车制造能力。

ry 车主“升级”，乘坐更宽敞、更豪华的四型车。1994 年秋季即将上市的 6 缸 Avalon 定价为25 000美元左右，与凌志 Lexus ES300 差不多。

这座新工厂的建立还表明丰田汽车公司在肯塔基州的总投资已超过 20 亿美元，使其成为日本在美国的第二大汽车制造商，仅次于本田公司在俄亥俄州的发展水平。

另外，这家建于乔治敦的工厂保证丰田将在美国生产和销售汽车，其数量将超过美国的进口车数量，从而使该公司在难以预测的贸易摩擦和日元的汇率变动中有 种有力的保障措施。

近年来，日本汽车厂商在“汽车王国”美国不断发动新的攻势，并取得重大进展。仅丰田汽车公司 2003 年在北美就销售汽车 207 万辆，市场占有率达到了 11.2%，更新了历史最高记录。

■ 近年来，日本汽车厂商在“汽车王国”美国不断发动新的攻势，并取得重大进展。

第十五章

丰田的中国策略

经历了改革开放的洗礼，中国近来的经济表现让人眼睛一亮，中国市场潜藏的庞大商机，相对于其他国家趋向饱和的汽车市场，中国的汽车消费方兴未艾，因此成为全球汽车厂商在新世纪的经营目标。

丰田的负责人曾这样说过："如果在中国市场取得了成功，就意味着丰田汽车公司向全球化走完了最关键的一步。我们的目标是成为中国市场第一。"现在中国对于丰田只能说是一个潜在的市场，目前丰田集团在中国共有 35 个合资、合作项目，总投资 5 亿美元，其中丰田汽车在华投资 9 个项目。

15.1　三级跳战略

20 世纪 90 年代初，中国政府公布的汽车工业产业政策规定："八五"期间不再批准新的轿车生产项目，使得丰田想在中国生产轿车的梦想变得渺茫。为了适应中国政府的政策，奥田硕提出了丰田在中国"三级跳的发展战略"。

三级跳战略实际是丰田汽车公司在中国的第一次战略转变。奥田硕认为

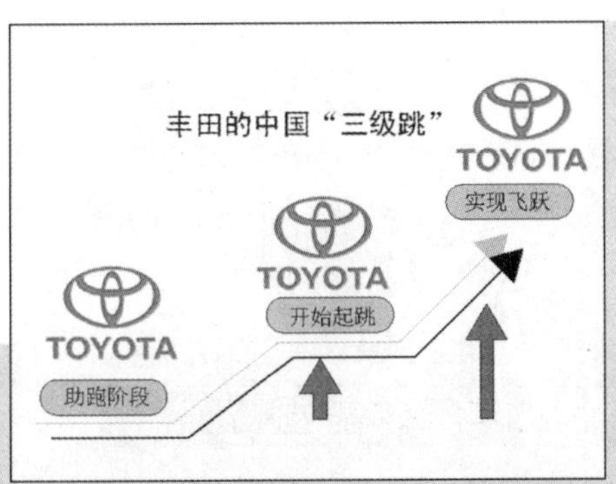

■ 丰田的负责人曾这样说过："如果在中国市场取得了成功，就意味着丰田汽车公司向全球化走完了最关键的一步。我们的目标是成为中国市场第一。"

丰田在中国到20世纪90年代初是第一阶段，是丰田为下一步活动的助跑阶段。第二阶段奥田硕称之为起跳阶段，就是按照中国政府汽车产业政策的要求，从零部件生产开始，为整车生产做准备。作为长远发展的重要一环，丰田还在天津建立了丰田汽车技术中心（中国）有限公司。三级跳中的最后一跳，即在天津生产丰田与中国共同开发的整车。

15.1.1 助跑阶段

俗话说：兵马未动，粮草先行。丰田汽车公司在华企业可能是最具特色的。与日产、本田、三菱、铃木、五十铃、马自达等日本另外六家跻身世界500强的汽车厂商早早在中国设立整车生产企业不同，丰田在与中国合资生产轿车方面动作相当谨慎，直到1998年四川丰田汽车有限公司设立以前，丰田汽车集团所属成员和丰田相关零部件生产厂商在中国的合资和独资企业全部都是零部件制造企业。

丰田汽车公司在中国的市场份额虽然还不高，但公司的优势在于采取和零部件制造商一同进入的方法。如果能够在中国市场发挥他们所擅长的综合实力，有效采用“丰田生产方式”以降低成本的话，应该可以向中国市场推出富有竞争力的汽车。

与此同时，丰田汽车公司也在中国不遗余力地推进开设汽车驾驶学校，以增加拥有驾驶执照的人数等基础设施的建设。当然，在中国的前途也有不容乐观的一面，但是，丰田汽车公司终于向这个尚未开发的巨大的市场发出了挑战。

其实早在20多年前，中国改革开放初期，人们还没开始做汽车梦的时

■ 如果能够在中国市场发挥他们所擅长的综合实力，有效采用“丰田生产方式”以降低成本的话，应该可以向中国市场推出富有竞争力的汽车。

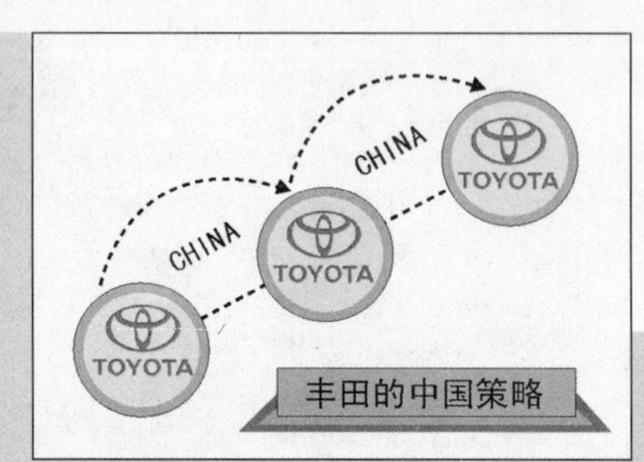

丰田的中国策略

候，丰田就已经在为今天进入中国市场做准备了。丰田在中国的周边地区，陆续培养了几千名汽车专业技术人员，就是为了一旦时机成熟，这些人马上可以进入中国市场发挥作用。这种准备应该是丰田的独家风格，是被时刻的危机感驱使着的。

丰田章一郎曾说："中国在丰田汽车公司未来的海外事业中有相当重要的地位。""中国与丰田真正意义上的交流是从20世纪80代中期开始的。当时，美、日、欧关系日趋紧张，丰田的部分精力被牵扯到了决定其命运的北美和欧洲的工厂建设上面。但丰田还是努力为中国的金杯提供技术支持。"丰田章一郎退出后，丰田迎来了又一个非家族出身的会长——张富士夫。这位负责战略的董事长开始实施"新全球市场开拓计划"，该方针是通过重组、开发和全球化措施对付来自美、欧的挑战。计划的重心就是使自己在中国这个世界上最大的潜在汽车市场上保持应有的竞争优势。丰田汽车公司在欧美市场的进入形式是先建立销售网络，然后完备售后服务体系，再开始本地化生产，但是很遗憾在中国没有实现这种方式的进入。

15.1.2 开始起跳

丰田在华企业集中在天津、一汽和长江三角洲，尤以天津为最。丰田在天津的合资独资企业达13家（加上相关零部件企业共有16家）。丰田在华企业的产品遍布从发动机、齿轮、轴承、铸件等主要部件，到汽车空调、车灯、汽车音响、车座罩等汽车内部和外部饰件的所有领域。天津丰田汽车发动机有限公司是丰田汽车公司与天津汽车工业（集团）有限公司联手创办的一家合资企业，该企业为中国天津汽车公司生产发动机、匀速转向节（Con-

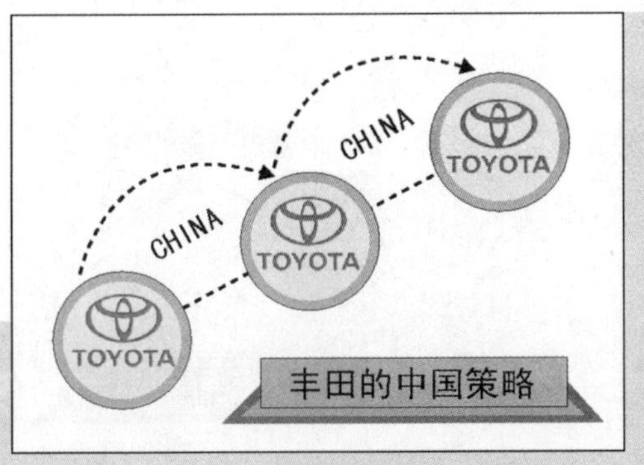

■ 丰田章一郎曾说："中国在丰田汽车公司未来的海外事业中有相当重要的地位。"

stant—Velocity joint）和转向系统部件。1998年末，丰田汽车公司在中国成立的另外一家独资子公司开始生产锻压部件。

这些丰田在华设立的零部件制造企业，生产的零部件提供给丰田汽车在华维修网点和一汽、上汽等中国汽车厂商，还有一部分出口给丰田汽车集团在日本和其他亚太国家的整车生产企业。当然，这些零部件制造企业更是为丰田在华整车生产奠定了基础。

这一时期，在中国大地上奔驰的丰田汽车都是从丰田汽车集团在世界的整车生产企业进口进来，经丰田在华营销队伍销售出去的。众所周知，在没有当地整车生产企业的情况下，由于高额的运输费、进口关税等费用，汽车生产成本要高出许多，销售也相对难得多，但是，丰田汽车公司却克服了种种不利因素，使丰田汽车行销全中国，这其中，丰田杰出的市场营销起到了决定性的作用。

到2002年为止，丰田已经动员集团的力量，在中国建立了30多家合资工厂：丰田收购了大发公司，把天津汽车的技术源头掌握在自己手中，并迅速提供了先进的8A发动机，这使得天津夏利获得了新的市场生命力。丰田还特别在夏利产品的广告中告诉用户：发动机决定汽车的价值。

中国目前汽车市场规模大约为每年70万～80万辆，其中的70％用于出租车业务。家庭轿车还只限于一部分富裕阶层。这块市场还很有限，丰田汽车公司的进入必然更加激化中国市场的竞争。对此，丰田汽车公司表示：“我们目前的目标是10％的市场占有率。”

■ 中国目前汽车市场规模大约为每年70万～80万辆，其中的70％用于出租车业务。家庭轿车还只限于一部分富裕阶层。这块市场还很有限，丰田汽车公司的进入必然更加激化中国市场的竞争。

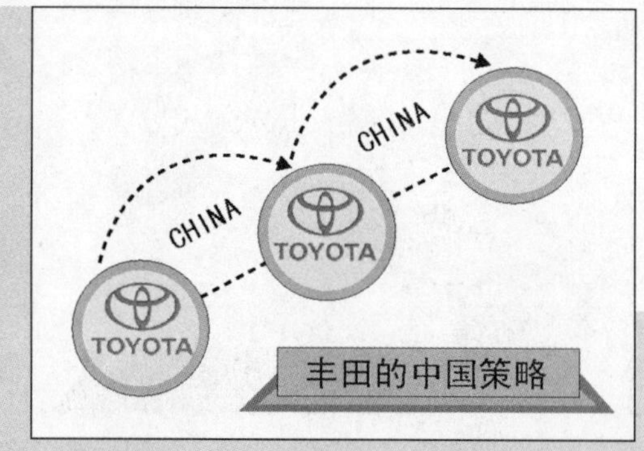

15.1.3　实现飞跃

什么样的方法可以使自己在中国的汽车市场上活得更好？一把钥匙开一把锁的逻辑完全不适用。在这个潜力令人期待但配套设施还很落后的市场中，如何建构自己的投资经营策略，迈向成功？丰田在中国不断寻找着答案。

1998年是丰田汽车公司在华经营发生重大转机的一年。在这一年中，丰田在中国的第一个整车合资公司——四川丰田汽车有限公司成立，为丰田汽车提供动力的天津丰田发动机有限公司也正式投产。这样，在中国已经拥有多年辉煌的丰田汽车公司又迎来了新的机遇，丰田汽车公司也再度成为各界关注的焦点。

2002年6月22日起，中国政府对原产于日本的汽车、手持和车载无线电话机、空气调节器加征税率为100%的特别关税。丰田汽车的奥田硕会长对此问题在记者招待会上发表看法："虽然不会给汽车在销售量上带来很大的影响，但是考虑到中国现在的市场规模及未来的对中贸易，不能说影响不大。"中国和日本开始无休止的贸易争端的时候，日本媒体援引一汽车界人士的话说："如果报复措施长期持续下去，那么，其他国家的汽车就会在中国市场长期占据主导地位。"而这恰恰是日本汽车界最不愿意看到的情况，因为中国的汽车市场实在是太大了，事件虽然在年底之前解决，但是这一事件对日本汽车工业是一个很大的刺激，它客观上促使了日本汽车工业把以出口为主的战略转变到出口和在华生产并举的战略上。

到了2002年8月29日，这位杰出的战略执行者终于在中国找到了未来

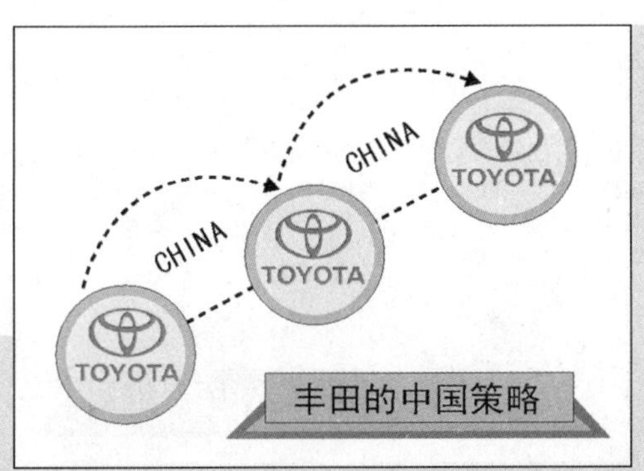

■ 1998年是丰田汽车公司在华经营发生重大转机的一年。在这一年中，丰田在中国的第一个整车合资公司——四川丰田汽车有限公司成立，为丰田汽车提供动力的天津丰田发动机有限公司也正式投产。

继续壮大的动力源。一汽集团同丰田汽车公司在人民大会堂签订了全面合作协议，这表明丰田汽车公司在中国汽车工业重组中的角色从幕后走向台前。在一汽丰田销售公司的分工中，日方负责的是市场研究、预测、产品定位、广告策划、培训等关键工作；中方则负责网络建设，按丰田汽车公司的全球标准建立4S店，继续发展经销商网点。这样的分工表明，丰田其实已经掌握实际上的主导权。2002年10月8日，丰田在中国生产的第一辆轿车VIOS也在天津丰田汽车公司的总装车间下线。

2003年4月9日，中国第一汽车集团总经理竺延风与日本丰田汽车公司社长张富士夫在东京举行的合作协议上签字，标志着中国一汽与丰田汽车公司在中国的长期、全面合作正式启动。根据协议，丰田将与一汽合作推出“皇冠”、“花冠”、“陆地巡洋舰”和“霸道”四款丰田主力车型。目前双方合作总投资额约为30亿元人民币，预期到2010年，年产量将达到30万～40万辆。

2003年丰田汽车在华销售10万辆，占市场份额的2%。按照计划，到2008年丰田汽车公司在中国的经销点将增加5倍，从目前的100多家增加到600家左右。丰田汽车此举意在攫取更大的市场份额，即2010年前占据中国汽车市场份额的10%。丰田将主要通过与一汽集团建立的合资企业扩大营销网络。现在丰田汽车在华的经销点主要集中在北京、上海等大城市，营销网络扩大后丰田汽车的营销触角将伸到中国更多城市和地区。丰田汽车将派遣专人负责培训在华经销点的员工，并考虑将日本丰田经销点的管理人员派驻到中国丰田经销点。

2004年9月6日，由广州汽车集团有限公司和丰田汽车公司联合组建的

■ 2003年4月9日，中国第一汽车集团总经理竺延风与日本丰田汽车公司社长张富士夫在东京举行的合作协议上签字，标志着中国一汽与丰田汽车公司在中国的长期、全面合作正式启动。

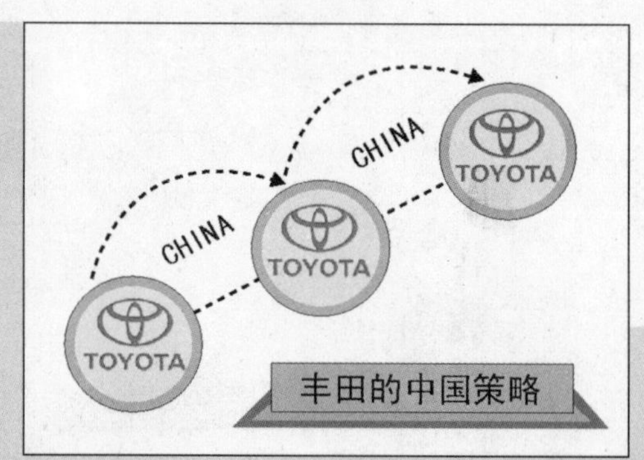

广汽丰田整车公司正式挂牌。至此，广汽丰田整车项目结束了长达一年多的筹备工作，进入正式运营阶段。广汽整车项目年内将动工建设，2005 年开始试生产，从 2006 年起将正式大批量投产。

这几年，整车厂和合资公司一个接一个在中国设立，丰田加快了争夺中国市场的步伐，而广州丰田汽车公司的成立，标志着丰田汽车公司中国布局的结束。目前，丰田在中国已经有天津丰田、一汽丰田、四川丰田，加上广州丰田，四家整车厂将在华北、华南、西南形成三角夹击之势。其帐下的威驰、特锐、霸道、陆地巡洋舰、花冠和即将投产的皇冠、佳美，已经完成了从低端经济型轿车到中高档豪华轿车，从紧凑型 SUV 到高档 SUV 的完整产品序列。丰田的目标是在 2010 年完成占据中国乘用车市场 10%的份额，他们已经开始为这个目标的实现而动作了。

15.2　销售网络

销售网络的建设一向是丰田汽车公司的长项，亦是它进入各个海外市场非常重要的武器，为了能在中国这个潜力巨大的汽车市场“后来者居上”，丰田自然非常重视对销售网络的建设。

丰田在中国花大力气建立销售网络，包括少数一级分销商和为数众多的二级经销商和销售店。丰田对销售店同样采取了“共存共荣”的做法，彼此关系良好，长期合作，双方都比较满意。丰田中国事务所和丰田汽车中国有限公司全面管理丰田的在华销售事宜，丰田在天津、上海、广州、沈阳、成都等地的分事务所管理丰田汽车在当地的销售。

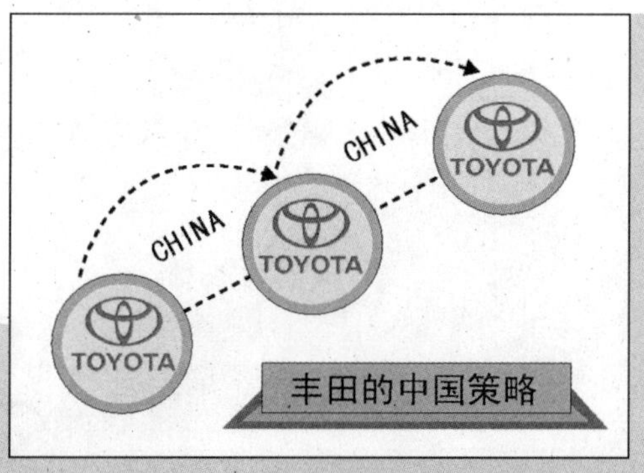

■ 销售网络的建设一向是丰田汽车公司的长项，亦是它进入各个海外市场非常重要的武器，为了能在中国这个潜力巨大的汽车市场“后来者居上”，丰田自然非常重视对销售网络的建设。

中国国土辽阔，跨越寒带、热带、沙漠、丘陵，气候多样，地形复杂，容易出现各种意外情况。丰田汽车公司为了实现其宣传口号“倍增信心上路，全凭丰田专业服务”，在全国各地扩展维修网点并由网点提供优质的服务，提供维修所要的零件。丰田汽车公司希望以自己的努力让用户感到，在向中国提供丰田车的同时，也担负起了已在中国大地行驶着的丰田车的售后服务及设立和强化其网络的责任。

丰田汽车公司在华的第一个机构就是 1980 年 7 月在北京设立的丰田汽车北京维修中心，3 个月后，丰田汽车公司北京代表处才宣告成立。此后，丰田汽车在广州、天津、上海、沈阳等地的维修中心先后建立。1998 年，丰田汽车特约维修服务中心在成都又添两家。先是 11 月 3 日，成都中达丰田 3S 特约销售维修中心正式开业。该维修中心占地约10 000平方米，建筑面积4 500平方米，设备先进，设施完善。接着，11 月 11 日，安利捷（成都）汽车技术有限公司正式成为丰田汽车特约维修中心，取名安利捷（成都）TASS 公司。该公司占地23 300平方米，建筑面积6 900平方米，是一座具有先进管理经验、精湛维修技艺的全新型丰田汽车维修站。

到目前为止，丰田汽车公司已经在中国设立 59 家维修网点（TASS），几乎覆盖了中国的主要城市。1999 年，丰田还将新设 10 家以上的 TASS，在零件供给方面，丰田正在建立 TASS 无库存时的紧急订货系统，以使客户获得快捷的服务。

另外，为使前来维修、保养的车辆能够一次性得到彻底修复，丰田汽车公司在北京、广州分别建立了技术培训中心，集中对全国各地的技术人员和维修人员进行技术培训。这样，丰田在中国的售后服务从网点上和技术上都

■ 到目前为止，丰田汽车公司已经在中国设立 59 家维修网点（TASS），几乎覆盖了中国的主要城市。

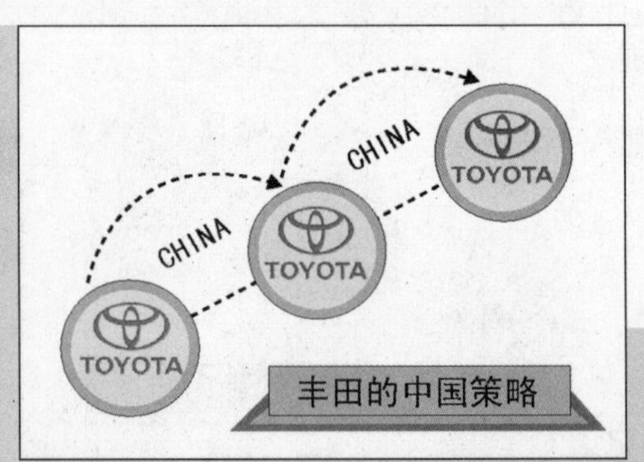

得到了有力保障。

丰田在中国市场付出的努力为其带来了骄人的业绩。目前中国共拥有丰田车50万～60万辆，在所有进口车中名列前茅，而中国本土最大的轿车厂商——上海大众桑塔纳牌轿车的产销量不过刚刚超过100万辆。考虑到丰田的销售量是在经过进口成倍提高成本，并且受到进口许可证限制的情况下取得的，丰田汽车在中国的销售业绩已经是非常了不起了。

15.3　在华车系

丰田旗下产品众多，包括Lexus、收购的大发等品牌。丰田旗下有50多款车型，是世界上车型产品最丰富、产品线最齐全的汽车巨头之一。中国目前的汽车市场规模大约为每年70万～80万辆，其中的70%用于出租车业务。家庭轿车还只限于一部分富裕阶层。不过，尽管从现在看这块蛋糕还很有限，但丰田却不敢大意，因此在制定进入产品的决策上，丰田是煞费苦心的。它所引进中国市场的不仅仅是某一款车，从大的策略上来说，其实是为其“10%的市场占有率”进行布局的。以下是丰田汽车公司目前在中国的产品构成：

15.3.1　Coaster（考斯特）

丰田旗下的一款豪华客车，也是丰田汽车公司最早引进中国生产的产品之一。生产工厂位于四川丰田，销售则由一汽丰田汽车销售有限公司负责。

在引进中国市场后，丰田的汽车专家们针对中国独特的道路状况及自然

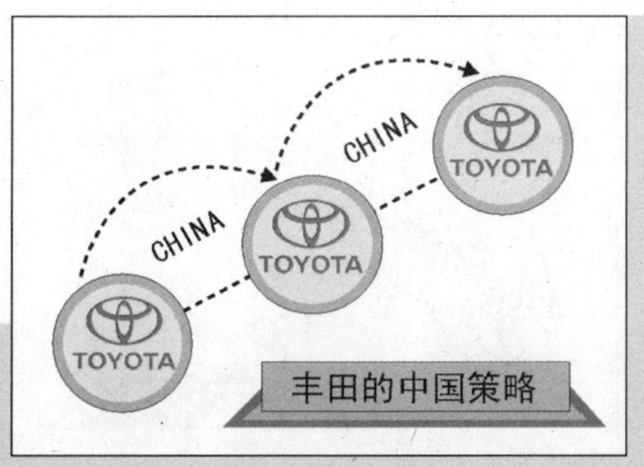

■ 丰田在中国市场付出的努力为其带来了骄人的业绩。目前中国共拥有丰田车50万～60万辆，在所有进口车中名列前茅，而中国本土最大的轿车厂商——上海大众桑塔纳牌轿车的产销量不过刚刚超过100万辆。

环境，对这款车型进行了改进，完成了独创的中国专用设计。在舒适性、安全性、行驶性及耐久性等方面达到严格的丰田品质标准，并备齐豪华、标准两种多色选择。

15.3.2 Hiace

丰田最具代表性及畅销的多座位商用小客车，瞄准的是国内的面包车市场。除了在内地生产之外，这款车在中国台湾工厂也有生产。在内地，Hiace是丰田众多国产车中目前唯一一款没有纳入一汽丰田汽车销售有限公司销售的车型，不过这种局面很快就会改写，广州丰田即将生产的佳美也将由广州丰田自己销售。

15.3.3 威驰

尽管在天津丰田威驰之前，丰田已和当时的天津汽车合作，通过技术转让的方式生产了多款经济型轿车，但2002年10月登场的威驰才是丰田正式在华生产的第一款轿车，丰田品牌在中国市场上强大的号召力在这款定位非常宽泛的车上得到充分的体现。尽管威驰定价在10万～20万元之间，但上市后一度供不应求。

从丰田目前在华的产品策略考虑，由于丰田没有在华推出自己的经济型车型，而中级车市场又已出现了花冠，因此威驰今后的主打市场应该还是国产经济型车和中级车下沿市场。

■ 在引进中国市场后，丰田的汽车专家们针对中国独特的道路状况及自然环境，对这款车型进行了改进，完成了独创的中国专用设计。

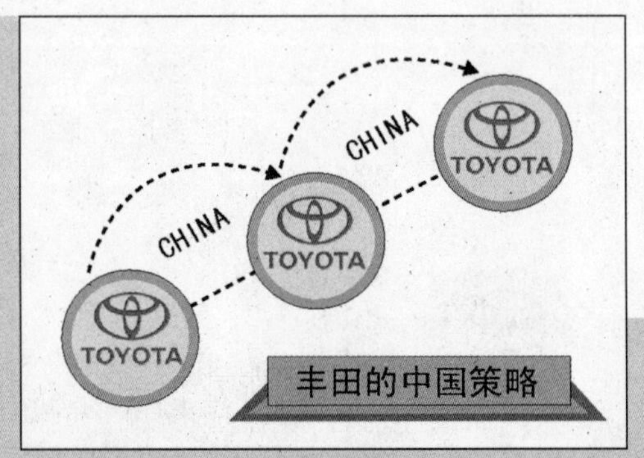

15.3.4　Land Cruiser（陆地巡洋舰）

丰田旗下最负盛名的越野车品牌，在中国市场上具有非常高的知名度。从 1951 年 Land Cruiser 正式诞生到现在已经历了多款车型的更迭，并在 2003 年 11 月份正式引进中国生产，生产工厂位于长春一汽丰越公司，销售则和霸道、特锐等国产越野车一起，归由一汽丰田销售公司负责。由于定位在国产高档越野车市场，这款车型每年的产量有限，价格也比较高。

15.3.5　Labd Cruiserprado（霸道）

丰田陆地巡洋舰的一个分支产品，在继承了陆地巡洋舰强大的越野性能之外，还兼顾了轿车的乘坐舒适性能，是一款具有豪华个性的越野车。它和柯斯达一起在四川丰田工厂生产，产量同样不多。由于定价偏高，这款车型刚刚在中国市场宣布降价。

15.3.6　特锐

丰田收购的日本大发公司旗下的产品。丰田将这款收购品牌的车型引进到中国市场生产，但特锐仍然沿用大发的车标。

特锐在国内定位为城市越野车，是国内仅有的两款国产城市越野车之一（另一款为猎豹飞腾）。但由于定位超前，这款车在国内走势并不好。

15.3.7　花冠

丰田旗下最成功的车型之一，从 1966 年问世至今已经历了 9 代车型的

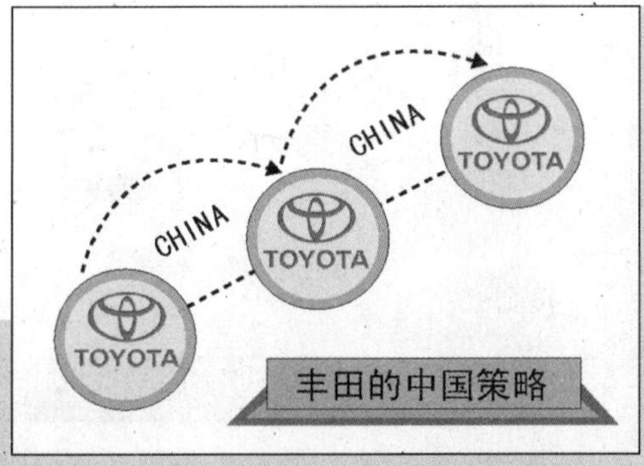

■ 但 2002 年 10 月登场的威驰才是丰田正式在华生产的第一款轿车，丰田品牌在中国市场上强大的号召力在这款定位非常宽泛的车上得到充分的体现。

更迭，产品累计销量超过2 800万辆。这一数据刷新了大众旗下传奇车型高尔夫2 200万辆和甲壳虫2 100万辆销量的成绩，登上最畅销车型榜首位置，在与日产同年推出的同级车阳光的市场争夺中占尽风头。

花冠在日本国内定位在小车市场，但在丰田将其引进到中国市场后，国产花冠俨然以中档车的态势参与国内市场的逐鹿。尽管如此，花冠同样受到国人的追捧，上市半年销量已超过 2 万辆。

15.3.8 佳美

和花冠一样，丰田佳美同样是丰田汽车公司最负盛名的代表作之一。花冠称雄日本国内小车市场，佳美同样是日本国内中档车市场的王者，本田雅阁、日产风度都以这款车为自己最强大的竞争对手。在全球市场上，丰田佳美同样是大众、通用等旗下中档车最主要的竞争对手之一。2006 年，广州丰田将正式推出国产佳美轿车，将有望从根本上改写国内中高档车市场目前的竞争格局，帕萨特、雅阁和君威目前的霸主地位都将受到强有力的挑战。

15.3.9 皇冠

在经过一段时间的沉寂之后，在日本国内，丰田最新款的皇冠已经问世，它将是丰田品牌豪华车市场的扛鼎之作。丰田已准备将这款车型引进到中国生产，明年初正式推向市场。

——部分摘编自《新快报》《丰田中国战略提速完成在华布局 回顾发展史》作者贺江华

■ 和花冠一样，丰田佳美同样是丰田汽车公司最负盛名的代表作之一。花冠称雄日本国内小车市场，佳美同样是日本国内中档车市场的王者，本田雅阁、日产风度都以这款车为自己最强大的竞争对手。

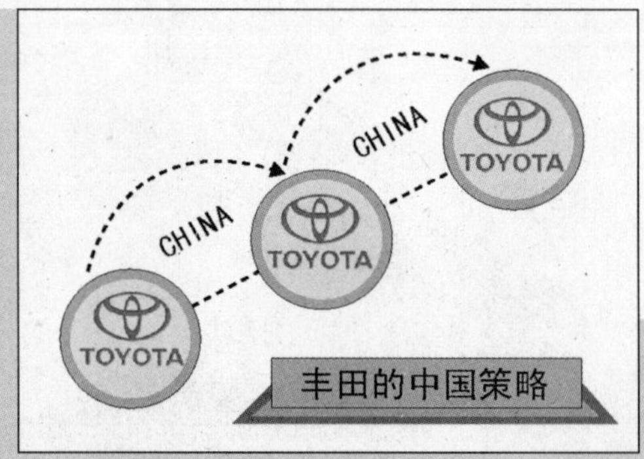

链接：丰田中国大事记

1964 年 4 月，丰田皇冠牌轿车首次向中国出口。

1967 年 11 月，丰田汽车工业公司、丰田汽车销售公司与大发汽车工业公司签订业务合作协议。

1980 年 7 月，第一个服务站在中国北京建成。

1998 年 11 月，丰田汽车公司在中国的第一个整车合资公司——四川丰田汽车有限公司建立。

2001 年 4 月，从这一年起，丰田汽车公司每年出资5 000万日元，力争 3 年之内在北京沙尘暴源头之一的小坝子乡植树造林1 500公顷，以减少沙尘暴，保护北京和天津等地区的环境。

2002 年 8 月 29 日，一汽集团同丰田汽车公司在人民大会堂签订了全面合作协议。

2002 年 10 月 8 日，丰田在中国生产的第一辆轿车 VIOS 在天津丰田汽车公司的总装车间下线。

2002 年 10 月，威驰登场，这是丰田正式在华生产的第一款轿车。

2003 年 4 月 9 日，中国第一汽车集团与丰田汽车公司在东京举行合作协议签字仪式，标志着中国一汽与丰田汽车公司在中国的长期、全面合作正式启动。

2003 年 8 月，丰田增资在天津丰田生产“皇冠”高级轿车。

2003 年 9 月，丰田与一汽大众合资生产的“霸道”Prado 越野车下线。

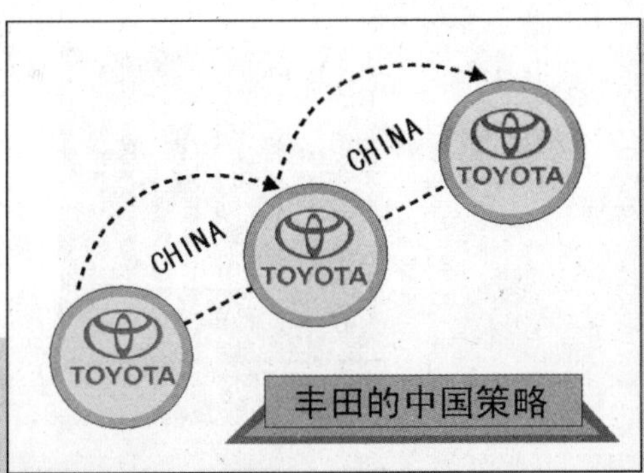

■ 在经过一段时间的沉寂之后，在日本国内，丰田最新款的皇冠已经问世，它将是丰田品牌豪华车市场的扛鼎之作。

2003年9月18日，丰田汽车公司组织北京的媒体记者赴河北省丰宁县小坝子乡进行植树。它还与国内团体合作开展了“21世纪中国首都圈环境绿化示范基地”项目等。

2004年1月，丰田汽车公司社长张富士夫发表了新年致词，指出2004年丰田将在中国投入“花冠”新车型等在全球积极投放新产品的企业战略。

2004年2月23日，一汽丰田花冠（Corolla），在北京举行了上市仪式。

案例：通用汽车公司在中国

一期直接投资15.2亿美元的上海通用汽车公司的项目是美国通用汽车公司的全球一号战略性工程，也是中美合作迄今为止最大的项目，显示出通用汽车公司在中国市场志在必得的决心。

上海通用汽车公司所采用的生产技术、引进的营销模式、投产的产品类型是国际上最为先进的，而且，通用汽车公司在1998年做出重大改组，将原来北美（国内市场）和国际两个业务部的构架改为北美、亚太、欧洲三足鼎立的格局。可见，中国市场的投资已经处在通用汽车公司全球战略的高度，通用将中国市场作为保持其世界汽车行业领先地位的战略要地。

通用汽车公司在3年时间里已经推出7个车型，除了别克轿车、商务多功能车和赛欧3个基本车型外，其余都是在原有产品基础上根据投放市场后顾客的反馈意见重新对汽车的部件、内饰作了调整后的新型号。相比之下，上海大众从普桑到桑塔纳2000的推出整整花了10年时间，4年后才又推出桑塔纳2000的改进型。上海通用汽车公司以满足顾客需求为第一，不断改

■ 2003年9月18日，丰田汽车公司组织北京的媒体记者赴河北省丰宁县小坝子乡进行植树。它还与国内团体合作开展了“21世纪中国首都圈环境绿化示范基地”项目等。

通用汽车公司Logo

进产品，提高汽车性能价格比，从而建立起强大而广泛的品牌认同感和顾客忠诚度。这是通用汽车公司为在中国市场长远发展所积累下来的最大资本和财富。

“柔性化生产”是20世纪末国际上先进的生产理念，是“以顾客为中心”的理念在生产上的延伸，它能够根据顾客需要和市场变化，灵活安排生产计划，在同一条生产线上同时生产不同类型的产品，为“顾客定制”“适时生产”。上海通用汽车公司引进的正是目前世界最先进的柔性化生产系统。当时参与上海通用汽车公司汽车项目建设的一位工程师说：“比起一般的生产线，柔性化生产线也不是贵得离谱，是否引进柔性化生产线主要取决于厂家的经营理念。有长远眼光、立足于本土消费者的汽车企业必然要求自己对市场需求的快速反应能力，这时候投资柔性化生产线绝对是物有所值的。”如今，上海通用汽车公司现已拥有3个灵活、高效的柔性化平台，每个平台都能够在一条主线上实现大小、配置截然不同的中高档轿车、旅行车、紧凑型轿车的共线生产。上海通用汽车公司汽车的生产线已经成为GM全球范围内柔性最强的生产线之一，在世界汽车制造业中也是屈指可数。国际权威评估公司认定：“上海别克的整体质量水平已超过北美同类车型，与欧宝相当，并可赶上绅宝车的水平。”

在上海通用汽车公司进入中国市场之前，国产轿车的销售体系以上海大众公司所建立的上海汽车销售总公司为代表，它通过各省市建立层层的分销商把产品迅速铺向全国的市场。这种营销模式由于经销商处于市场的主导地位，往往只注重售车系统的建设，而与维修和售后服务功能相脱离。厂家对销售终端基本处于失控状态，既没有统一的品牌标志，又很难提供及时的汽

通用汽车公司Logo

■ 上海通用汽车公司以满足顾客需求为第一，不断改进产品，提高汽车性能价格比，从而建立起强大而广泛的品牌认同感和顾客忠诚度。这是通用汽车公司为在中国市场长远发展所积累下来的最大资本和财富。

车维修保养服务，使得汽车厂家的市场信誉及品牌形象大打折扣，并且直接导致市场口碑的恶化。

吸取这一经验教训后，上海通用汽车公司在别克轿车投放市场之前，就开始销售体系的前期建设，引进了国际上流行的单层次拉动式销售模式。公司选择当地最具经济实力、有丰富汽车销售经验的经销商作为合作伙伴，建立“授权销售服务中心”。上海通用汽车公司的汽车经过这些“品牌专卖店”以全国统一的价格直接销售给顾客，顾客也可以到通用汽车公司的专卖店直接向厂家订货，并选择自己所喜欢的轿车类型以及它的配置、颜色和内饰等，由厂家生产出来后再来提货，实行以销定产的拉动式销售。

2001 年上海通用汽车公司提出了“售前服务”的概念，推出“售前、售中、售后”的全方位服务理念，并在全国的各大中城市举行了“齐驾驭，共体验”全国巡游活动。在这次活动中，别克的销售顾问首先将向顾客提供产品的图文、影音资料，并在展厅作实车介绍；而后，根据顾客对自身的需求描述，客观地为其做出车型选择建议及相关咨询；最后，带顾客进行试乘试驾，让顾客在亲身体验后作出购买决定。除了以上的“售前服务”外，通用汽车公司汽车又出新招，推出一站式咨询的“售中服务”，在活动现场为购车者提供上牌、保险、售后服务等购车及用车的全方位咨询服务，甚至安排银行业务员现场回答有关办理分期付款业务的询问，大大方便了用户。

根据专业调查公司对现场消费者填写问卷的统计结果，在 25 个城市中有近 5 万人次参加了活动，其中 3 万人次进行了试车，98%的参与者对这次活动中的汽车售前服务理念给予了高度的肯定。用户对于别克整车的设计、制造工艺总体性能评价在“好”以上（包括“好”和“非常好”）的从试车

■ 2001 年上海通用汽车公司提出了“售前服务”的概念，推出“售前、售中、售后”的全方位服务理念，并在全国的各大中城市举行了“齐驾驭，共体验”全国巡游活动。

通用汽车公司Logo

前的78%上升到试车后的90%，并且持“非常好”观点的人上升20%。“好车不怕试，试了才说好”广告语成为通用汽车公司汽车品质的自信心的一种表现，别克车2001年3、4月份的销量增长与别克巡游的良好效果不无关系。

在售后服务方面，通用汽车公司要求特约售后服务中心不仅提供优质的“维修、保养”服务，还要站在客户角度，为顾客提供购车咨询和服务，充分体现上海通用汽车公司汽车售后服务“可靠、透明、增值”的理念。每家售后服务中心别克系列产品在维修价格上实施高度透明化，维修站用户休息区域内放置各种配件价格和工时价格目录手册，供用户随时查阅；售后服务科定期推出面向所有车主的空调免费检测、工时特惠等特色售后服务；顾客关系小组则以大家庭的形式把别克车主组织起来，定期给别克车主寄送别克杂志，举办汽车维修保养知识的讲座、有奖征文等车主专享的增值活动，并促进车主与企业直接沟通。为衡量和跟踪顾客对产品、销售和服务的满意程度，从顾客处了解产品的优势和不足，达到持续改进的目的，上海通用汽车公司还邀请第三方进行顾客满意度调查。例如，交车后1个月将对顾客进行销售满意度调查，接受服务后1个月内将进行售后服务满意度调查，对产品的满意度调查在车主提车后3个月直到2年内进行。针对顾客满意度的提高或降低，授权销售或售后服务中心相应会受到奖励或惩罚，以提高其不断改进服务的积极性。这样，公司构建出以客户为核心，以品牌形象为价值标准，将品牌、服务与营销机制融为一体的品牌营销模式。

通用汽车公司Logo

■ 在售后服务方面，通用汽车公司要求特约售后服务中心不仅提供优质的“维修、保养”服务，还要站在客户角度，为顾客提供购车咨询和服务，充分体现上海通用汽车公司汽车售后服务“可靠、透明、增值”的理念。

第十六章 丰田的未来发展

存在并繁荣百年甚至千年，是每一个企业的共同愿望。只是，这个愿望对于某一些企业来说，也只能是愿望，但是对于另一些企业来说，却是一种实实在在并一直竭力为之奋斗的目标。它已经成为企业文化的重要组成部分。丰田就是这样的企业，这也是包括丰田在内的这些企业之所以成为伟大企业的根源。

16.1 2010年规划

一个企业不可能没有自己的未来发展目标。1990年，丰田汽车公司更改了公司章程，向船舶、航空器、航天器、信息通讯等全新领域开始了全面进军。尽管在此之前丰田也曾经向汽车产业以外的住宅建设、产业车辆、工业自动化相关系统及设备以及信息通讯企业、航空航天企业等领域进行过投资，但通过这次修改公司章程，丰田明确地向世人展示了它将面向21世纪全面拓展新事业、向一切可能性发起挑战的姿态。

■ 1990年，丰田汽车公司更改了公司章程，向船舶、航空器、航天器、信息通讯等全新领域开始了全面进军。

16.1.1 发表宣言

早在1996年，丰田汽车公司就在时任总经理奥田硕的指导下，制定了以“协调发展”为主题的“2005年规划”，并将21世纪初期定位为“第二次创业期”。其中，在明确了企业活动形态的同时，还指出了公司全体员工为实现这些目标而应努力的方向和决心。这个规划所提出的“协调发展”显示了作为经营目标的两个方面：

(1)“与社会相协调的具体化”，就是指与地球环境、世界经济产业、地区社会以及参与企业活动的人们的协调。

(2)“经营基础的确立”，指销售额的确保、资源的有效利用、适当收益的确保。

这两方面是相辅相成的，结果都是为了实现：①适应世界各地大多数人的富裕生活和安全快捷的移动需求；②力争提供涉及生活各方面的多种多样的价值产品，培育继汽车之后的新一代事业；③为创造新价值和作出社会贡献，应确保发展——作为企业实现协调发展的目标。

但在那之后，立足于世界的政治、经济和社会状况以及环境、信息技术等新一代技术的动向等各种经营环境发生巨大变化，2002年4月1日，张富士夫发表了“2010年规划”。这个“2010年规划”是丰田汽车公司自成立以来，将重点放在“通过产品制造和汽车制造为社会作贡献”的结晶。

这个“2010年规划”将这些热情和公司内部改革的动向相结合，它明确要求必须面对“再利用社会、循环社会的到来”，“ITS（智能交通系统）社会、无处不在的网络社会的到来”，“全球规模汽车普及化的进展”，“已经

■ 早在1996年，丰田汽车公司就在时任总经理奥田硕的指导下，制定了以“协调发展”为主题的“2005年规划”，并将21世纪初期定位为“第二次创业期”。

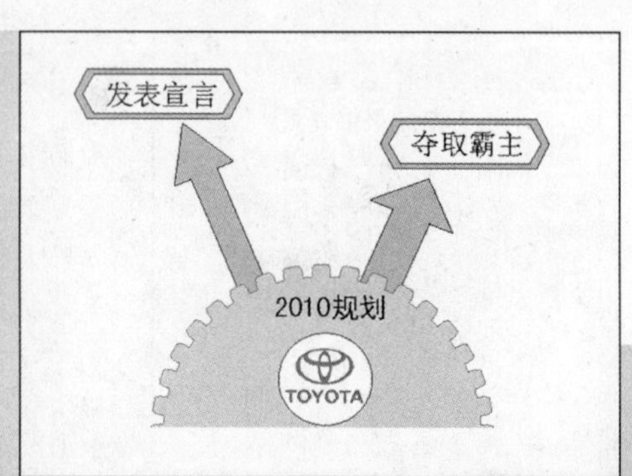

成熟了的人类社会的到来”这4种技术革新在21世纪前半期所应期待的社会形态和企业形象，并在此基础上，对在技术开发、商品开发管理、收益构成这3点上所应做的努力进行了说明。

这个规划从全球最佳的观点出发，针对“全球总公司”的设置等对全球经营体制进行革新，针对全球化对发挥有效的危机管理的平衡结构进行革新，并在全球范围内加速技术革新等，可以说涉及“全球化”的内容非常多。

通过这些内容，可以看出，丰田汽车公司面向世界清楚地宣告，丰田希望能够巩固作为真正领导21世纪的全球性企业的地位。作为其佐证，对于21世纪的社会生活所必不可缺的环境问题，丰田汽车公司也明确表示：“利用对地球友善的技术，力争成为带动地球新生的领导。”另外，这次的规划中还提出了，将在2010年前后实现世界市场占有率为15%纳入视野这样具体的目标。早在丰田英二担任丰田汽车公司总经理时，就提出了以世界占有率10%为目标的构想，现在，这个目标早已经实现了；张富士夫又提出了世界市场占有率15%的口号，并坚信不久后也会实现。

16.1.2　夺取霸主

在汽车产量排行榜中，美国通用汽车公司集团约为900万辆，占据第一位，福特汽车公司名列第二位，而丰田汽车公司仅次于这两家排在第三位。当丰田提出要使其世界市场占有率达到15%时，则是宣布要一举超过通用汽车公司和福特汽车公司等汽车业“鼻祖”，夺取世界霸主的宝座。那么，和通用汽车公司之间的约300万辆的差距将如何去缩小呢，丰田汽车公司今

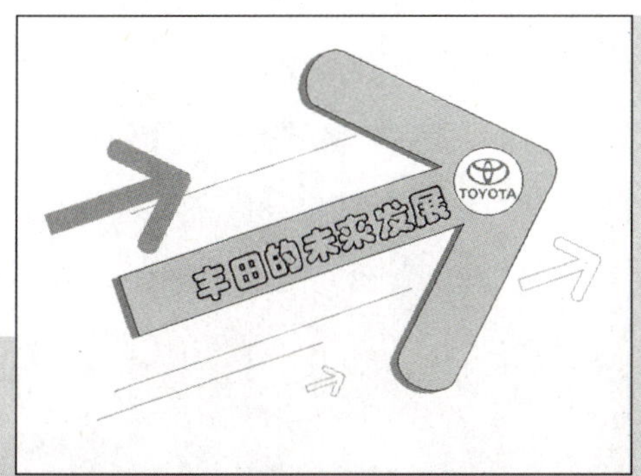

■ 通过这些内容，可以看出，丰田汽车公司面向世界清楚地宣告，丰田希望能够巩固作为真正领导21世纪的全球性企业的地位。

后又将怎样强有力地开展其海外战略呢？

张富士夫自信地宣称："在日本国内，我们已经构筑起了生产量达 300 万辆的创造利润的体制。"日本国内的生产量如果超过这个台阶，利润自然而然也就随之增加。但是今后日本国内销售大幅增长的机会微乎其微，因此，不仅丰田汽车公司，各汽车制造厂家都争先恐后地加强海外战略，这也是自然的选择。

为实现这一目标，丰田汽车公司促进了在消费地区的生产，并把"现地实物主义"的主张带到那里。现在，丰田在世界 25 个国家和地区拥有生产据点，在全世界各地销售自己的汽车。对此，丰田汽车公司负责海外事业的石坂芳男副总经理曾经说："21 世纪的汽车产业将会从汽车制造厂家的世纪转变为消费者的世纪。"

另一方面，日产汽车公司归入法国雷诺集团旗下，三菱汽车工业公司也被并入德国戴姆勒-克莱斯勒集团。20 世纪 90 年代末期，汽车产业的合纵连横不断升温，完全改变了世界汽车地图。丰田汽车公司也紧随其后，进一步加强了与大发工业公司和日野汽车公司等集团企业的联合，并且坚持贯彻自己的"纯血统主义"，和在欧美和亚洲等地进行的扩展事业的基本路线。

为了战胜世界规模的激烈竞争，解决环境和安全等问题，在特定的技术领域和特定的地区和拥有明显优势的外国汽车制造厂家建立起广泛的合作关系变得越来越重要。于是，2001 年 1 月，由丰田汽车公司全额出资的法国工厂开工后，同年 7 月，丰田又和法国标致-雪铁龙集团（PSA）联合，计划从 2005 年开始在捷克共同生产小型车。张富士夫表示："这次与标致-雪铁龙集团的合作项目的成果，即使说使丰田汽车公司握住了打开欧洲市场成

■ 现在，丰田在世界 25 个国家和地区拥有生产据点，在全世界各地销售自己的汽车。对此，丰田汽车公司负责海外事业的石坂芳男副总经理曾经说："21 世纪的汽车产业将会从汽车制造厂家的世纪转变为消费者的世纪。"

功的大门的钥匙也不为过。”这让人感受到丰田汽车公司在新项目上下了巨大赌注的那种非同寻常的决心。

16.2 三大发展方向

在每一个发展阶段，丰田总是要为自己确立未来的发展方向。在未来的10年里，理想中的交通系统、开发环保车以及加强汽车安全研究是丰田重点发展方向。

16.2.1 理想中的交通系统

ITS是英文Intelligent Transport System（智能交通系统）的缩写。它是指一种高度发达的面向21世纪的道路交通系统，这种交通系统是运用最尖端的电子和信息通讯技术来构建的。在我们现实生活中，汽车驾驶导向系统已经实用化，这表现在以往的汽车只具有“行驶，停止，转弯”等机械物理功能和动力，而现在这些汽车上要安装电子、信息通讯等“大脑”和“神经系统”，变得系统化。今后还要进一步对有关汽车的所有硬件环境实施软件化。简言之就是汽车产业实现信息化或者说软件化、服务化。

现在，对于掌握信息领域的王牌的ITS（智能交通系统）领域的研究和开发，各汽车制造厂家都在进行激烈的竞争。其中，在未来寄予很大期望的是实现无人驾驶。

到目前为止，丰田汽车公司在位于静冈县的东富研究所内，设立了实现无人驾驶的IMTS（智能多模式运输系统）专用实验线路，为该产品的实用

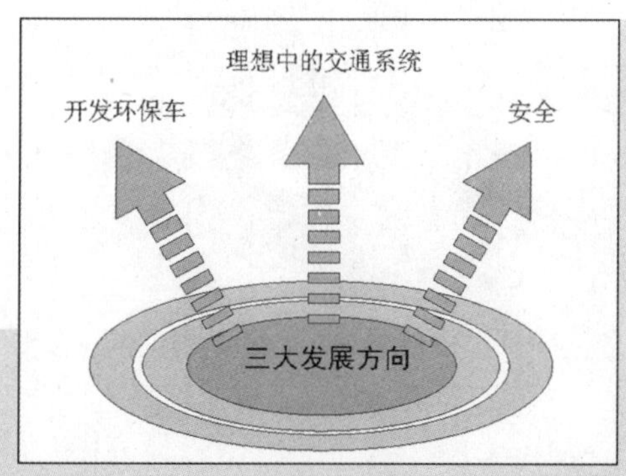

■ 在每一个发展阶段，丰田总是要为自己确立未来的发展方向。在未来的10年里，理想中的交通系统、开发环保车以及加强汽车安全研究是丰田重点发展方向。

化做准备。经过日以继夜的努力，已经找到了实现产业化的路径，现在正与日本全国的铁路公司以及地方政府就引进问题进行具体的协商。

丰田汽车公司为了21世纪交通系统的实现，从很早以前开始，就采取了积极的努力和对策。丰田章一郎先生曾经这样说道："单纯的汽车产业将会逐渐衰落下去。丰田必须从单纯汽车制造企业向综合性的机动企业转变。"丰田因此成为日本国内致力于ITS的旗手。

在1995年召开的"横滨第二次ITS世界大会"上，丰田汽车公司展示了所提倡的新一代智能交通系统"IMTS"。IMTS是智能多模式运输系统的简称。这是通过串数珠的方法将数辆无人驾驶巴士串联起来自动行驶的交通工具，通过利用巴士和ITS（智能交通系统）技术进行运送手段，巴士不断感应埋在道路下面的磁石从而行驶在专用道路上。利用车辆间的相互通信，不用直接连接数辆巴士，也可以让巴士像有轨电车那样编队行驶。车辆的编队数量，可以根据需要决定。这是一种将"轨道系统"和"道路系统"两种交通系统的长处结合起来的新型运输系统，兼备了铁道的大量运输和公共巴士的经济性以及灵活性等优点。

丰田汽车公司在推进适合中距离中量运输的IMTS（智能多模式运输系统）的实用化的同时，也在致力于被称为"蜡笔系统"的新一代交通系统的研究和开发工作。该系统是一种利用被称为"EV通勤者"（小型电动汽车的设备）的短距离个人运输系统。这个系统还参与了爱知县、丰田市和京都市的运行实验。将EV通勤者配备在铁路车站等地方，作为在上班、上学等途中存车换乘电车交通的方式、购物中心以及办公室等限定的范围内自由搁置的城市出租车的使用价值，丰田汽车公司对此进行了多角度的探讨。

■ 在1995年召开的"横滨第二次ITS世界大会"上，丰田汽车公司展示了所提倡的新一代智能交通系统"IMTS"。

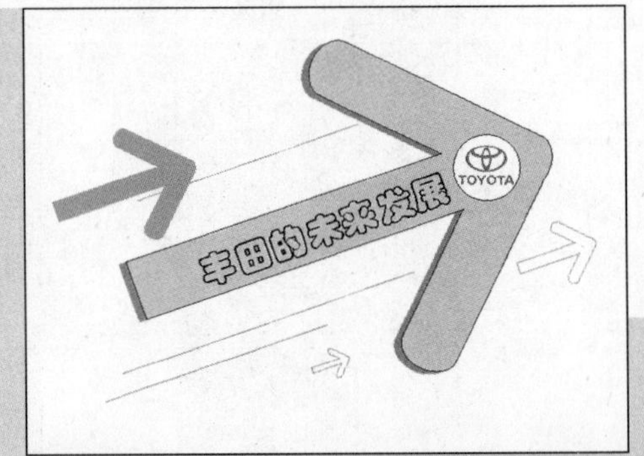

毋庸置疑，ITS（智能交通系统）是实现21世纪舒适汽车社会的关键技术。这是因为，该系统不仅提高了安全性、运输效率、舒适性，对环境保护也会发挥很好的效果。也就是说，能够减少交通事故，减轻交通阻塞。通过提高时速改善燃料消耗率以及降低废气排放量，也将为减少二氧化碳以及氧化氮的排放作出贡献。预计到2015年，ITS（智能交通系统）的日本国内市场规模将达到60兆日元，并创造出100万人的就业岗位。

在丰田汽车公司的未来计划中，丰田高层认为："要在21世纪初的国际竞争中取得胜利，关键就是全球化、环境、信息技术。其中对于信息技术，丰田要把它作为一个工具有效利用。"从中可以看出丰田要使汽车与信息技术相结合的强烈意愿。

在ITS（智能交通系统）的技术开发中，虽然丰田汽车公司领先于世界，但如果基础设施的建设进度缓慢，在实用化阶段，就有可能被欧美军团赶超。如果通过ITS（智能交通系统）控制的无人驾驶巴士自由自在地行驶，仅限于爱知世博会场内的话，充其量只能算"小事一桩"。只有在日本，不，在全世界的主要道路上行驶，这个伟大的"梦想"才得以实现。

16.2.2　开发环保车

在研究开发领域，为了使主任工程师制度得到更加充分、有效的运用，并由此使技术人员提高精神境界，进一步开阔视野，从1992年开始，丰田建立了开发中心体制。关于环境管理体制，1992年，为了在全公司范围内进一步推进环境保护事业，又设立了丰田环境委员会，并制定出了被人们称之为丰田地球环境宪章的《丰田对于地球环境的参与方针》，提出了"制造

■ 在丰田汽车公司的未来计划中，丰田高层认为："要在21世纪初的国际竞争中取得胜利，关键就是全球化、环境、信息技术。其中对于信息技术，丰田要把它作为一个工具有效利用。"

亲近人类与地球的汽车”的公司宗旨，更加积极地投入了保护地球环境的事业。

在2000年2月修改后的“丰田环境宪章”中，明确指出了，推进所有事业活动的零排放，提供拥有一流环境性能的产品，是“在市场竞争中获胜的法宝”。丰田汽车公司在旗下所有的工厂中，提前3年实现了所提出的零排放目标。混合动力车以及燃料电池电动汽车（FECV）的商品化也先行一步。在丰田汽车公司历代领导的强有力的领导下，“生物之梦”不断成长，并在“环保技术”领域内保持领先优势。

“没有环保就没有丰田的未来”，“开展全球性活动，挑战零排放（社会个体实现废弃物的零排放）”，这些都是丰田汽车公司提出的口号，可见其期盼实现自然与人和汽车共存的强烈愿望。不仅如此，丰田也是按这些愿望逐步展开未来行动的。

在1997年的东京汽车展上，“环保的丰田”推出了“普利维斯（Prius）”，这是一款将电动车和汽油发动机进行组合并分别利用的油电混合动力车；而4年后的2001年10月，在以“汽车在变，地球也在变”为基本主题的东京汽车展会上，富士重工业公司和马自达汽车公司等厂家才相继推出了油电混合动力车。就像是等待瓜熟蒂落一样，一向谨慎的丰田汽车公司仅限于“普利维斯”，在首次推出的两个月后才开始市场销售。像日产汽车公司和本田公司这样的日本国内竞争对手自不必说，连世界各地的汽车厂家也受到了强烈的冲击。在低公害环保车的商品化开发中，丰田汽车公司抢占了先机。

不仅如此，丰田汽车公司开发的独特的汽车驱动方式也引起了全世界的

■“没有环保就没有丰田的未来”，“开展全球性活动，挑战零排放（社会个体实现废弃物的零排放）”，这些都是丰田汽车公司提出的口号，可见其期盼实现自然与人和汽车共存的强烈愿望。

广泛关注。迄今为止，混合动力车几乎都是通过发动机驱动发电机，电机利用这些电力来带动车轮旋转的“系列型”，并且只限于小型客车。而“普利维斯”轿车则不同，在启动和减速时仅靠电机带动行驶，正常行驶时，则靠改变发动机动力和电机动力的比例来行驶，并且剩余的能量和制动时所产生的热量能够转换成电力进行充电。这样，燃料消耗率达到每升汽油行驶 28 公里，比同一级别的“花冠”轿车高出两倍。同时也减少了二氧化碳的排放量，为防止地球温室效应作出了贡献。

这种全球首次批量生产的混合动力车 1997 年度获得了“年度汽车”奖，投放市场后，每年的销售量约达到17 000辆，大大超出了当初改革的第一步。2001 年 4 月，丰田汽车公司大幅扩充了位于新加坡的零部件供应据点的功能。

在投放欧美市场之前，“普利维斯”轿车在美国和加拿大巡回宣传行驶达12 000公里，在欧洲各大城市巡回宣传行驶达 1 万公里。在欧美各地被评价为“燃料消耗率低”、“安静顺畅、行驶有力”，甚至被喻为令人受宠若惊的“环境大使”。巡回行驶的结果是在美国市场的实际销售量比预计要好得多。

16.2.3 安全

车辆的安全是汽车制造商最优先考虑的事项之一。丰田正进行有关安全的各种各样的研究开发，力求在任何条件下都能保证最高的安全系数和舒适度。所有丰田车牢不可破的安全性源于世界一流的安全技术。

丰田追求的安全型汽车，不论是在万一发生撞车事故时保护乘坐人员的

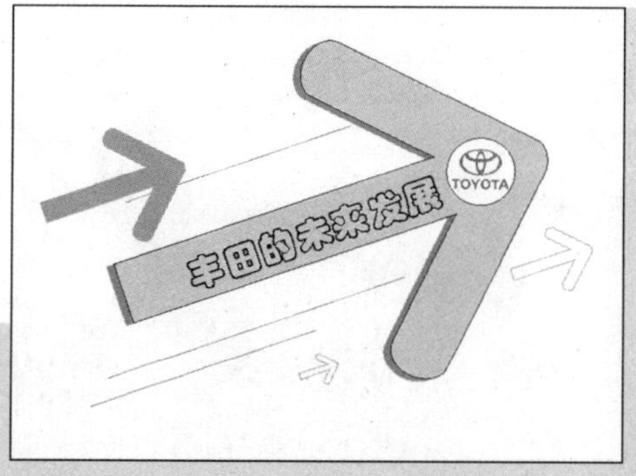

■ 这种全球首次批量生产的混合动力车 1997 年度获得了“年度汽车”奖，投放市场后，每年的销售量约达到17 000辆，大大超出了当初改革的第一步

“碰撞安全”方面，还是在防患于未然的“预防安全”方面，都可以在高层次上确保其最佳效果。

丰田运用先进的电子技术积极援助驾驶员安全行车。其开发的防侧滑系统（VSC），防抱死刹车系统（ABS），“辅助刹车”系统等技术已经装载在各款丰田车上。

此外，2003 年 2 月，丰田还首次在 Harrier 车上装载了融合预防安全技术和具有革新意义的“雷达自动检测、制动器与紧缩性安全带连动型安全系统”。

16.3 改进生产线

进入 20 世纪 90 年代以来，日本的制造业正在向构建以人为中心的生产线方面不断前进。其背景在于自动化生产线在适应新车种的生产之前，至少需要两个月的时间对生产线和机器人进行改进，因此不能完全适应汽车多品种少量化的生产方式。

汽车产业以往的生产线是有利于使用较少人力，致力于自动化的，但是在汽车的组装中，还是有一部分工作要由人工来完成。完全靠机器来进行组装汽车是不能最终完成组装任务的。所以从这个角度来说，汽车的组装工作还是要通过人手来完成的。在泡沫经济鼎盛时期，人们热衷于自动化。但从那时起，人们就开始重新审视自动化问题，觉得不能一味追求自动化。自动化有时反而会增加工作的复杂程度，从而增加负担。对此，丰田高层开始考虑解决的办法，人工与自动化矛盾的原因在于人类和机器之间如何进行有效

■ 进入 20 世纪 90 年代以来，日本的制造业正在向构建以人为中心的生产线方面不断前进。

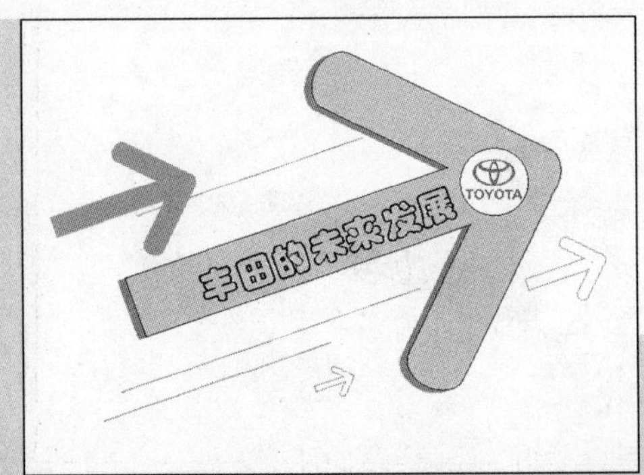

分工。例如往室内搬运重的物件、装上紧螺帽等需要大转矩这样的操作时，就由机器来做或让机器进行帮助。而在识别零部件种类等人类擅长的领域内则用人力进行为好。这样的人类与机器之间的和谐关系，如果能够在生产线上得以实现，那就再好不过了。

如果想让生产线进行无人作业，那就需要非同寻常的大量资金。例如机器有时即便有一些损坏，如螺丝损坏等，生产线也还是向前运转的。为了避免这种情况，如果希望在生产线上安装早期测试并自动停止生产线的装置的话，就需要耗费巨额的资金。

因此，以人为中心的生产系统被重新认识，确保劳动力的问题也将被提上议程。丰田现在面临的问题，就是创造适合超龄者与女性劳动者的工作岗位。这种问题目前在东南亚国家尚未明显地出现，但在欧美国家中，工程师们正在考虑这一问题。这种适合超龄者或女性劳动者，以人为中心的使工作得以简化的工作方式也适合海外的劳动者，也就是说丰田现在努力进行的生产系统的改革具有广泛的普遍性，即使放在世界任何地方都能适用。

对于有效利用人力的生产线的建设来讲，有意识地安排轮班交替工作是很重要的。这就需要按生产力集中化的原则，将人员很好地进行分组。例如在从事只用手腕而容易疲劳的工作中，就应该经常轮班工作。这是因为随着电子化的日益发展，工作的疲劳程度和工作的难度也随之提高。对于这样的工作，丰田已经开始尝试让工作人员改变工作姿势或是组织轮班人员进行疲劳性的工作。

此外关于工作时间，除了定期休息外，一定要让工作人员一个月休假两次。这样如果在某时间内，只有某个人能从事工作，那么一旦这个人休假，

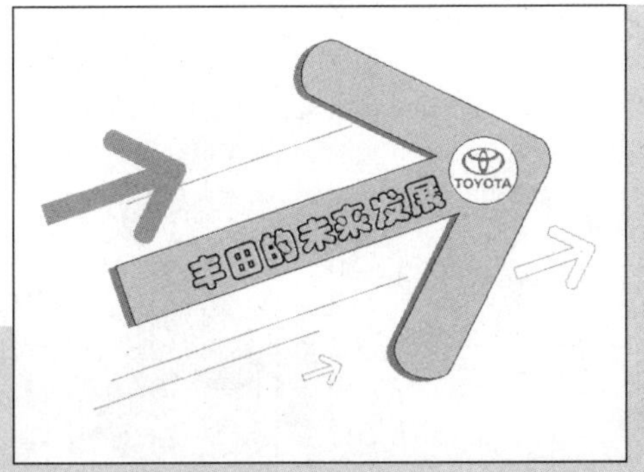

■ 对于有效利用人力的生产线的建设来讲，有意识地安排轮班交替工作是很重要的。这就需要按生产力集中化的原则，将人员很好地进行分组。

就是一件很麻烦的事。所以这时就需要轮班工作人员能够很容易组织安排，那么这就是工作容易进行的充分条件。总之，轻松、容易的工作被证实能够减轻工作人员的负担。可以说丰田汽车公司针对工作人员采取的对策，也对丰田生产系统的全球展开起到了作用。

链接：丰田汽车公司大事记

1896 年，丰田佐吉发明了自动织机。

1918 年，丰田佐吉组建丰田纺织有限公司。

1926 年 11 月，丰田自动织机制作所成立。

1933 年 9 月，丰田自动织机制作所设立汽车部。

1934 年 9 月，第一台 A 型发动机制造完成。

1936 年 4 月，AA 型轿车开始投产。

1936 年 7 月，4 辆 GI 型卡出口中国东北部（第一次出口）。

1937 年 8 月，丰田汽车工业公司成立，丰田利三郎成为第一任社长。

1941 年 1 月，丰田喜一郎就任丰田汽车工业公司社长。

1947 年 10 月，SA 型轿车投产，丰田汽车公司累计生产汽车 10 万辆。

1950 年 4 月，丰田汽车销售有限公司成立。

1950 午 7 月，神谷正太郎就任社长。

1950 年 7 月，石田退三就任丰田汽车轻工业公司社长。

1955 年 1 月，皇冠车上市。

1957 年 8 月，向美国出口两辆皇冠样车。

■ 可以说丰田汽车公司针对工作人员采取的对策，也对丰田生产系统的全球展开起到了作用。

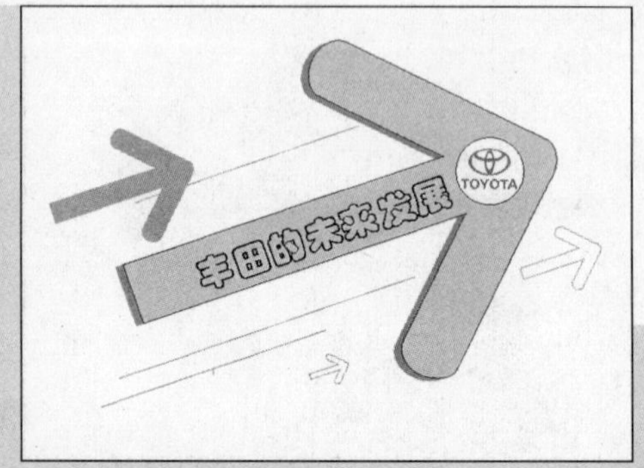

1957 年 10 月，丰田汽车美国销售公司成立。

1962 年 2 月，丰田汽车销售公司成立出口总部。

1962 年 6 月，国内工厂生产汽车累计达 100 万辆。

1962 年 9 月，丰田南非公司成立。

1962 年 9 月，丰田汽车南非有限公司开始投产。

1965 年 11 月，丰田荣获“戴明”奖。

1966 年 10 月，丰田汽车工业公司、丰田汽车销售公司与日野汽车有限公司签订业务合作协议。

1967 年 10 月，丰田英二就任丰田汽车工业公司社长。

1967 年 11 月，丰田汽车工业公司、丰田汽车销售公司与大发汽车工业公司签订业务合作协议。

1969 年 9 月，累计出口 100 万辆汽车。

1972 年 1 月，国内累计生产汽车1 000万辆。

1974 年 4 月，开始从国外采购零部件。

1974 年 10 月，丰田财团成立。

1979 年 5 月，累计出口汽车 100 万辆。

1980 年 7 月，第一个服务站在中国北京建成。

1980 年 12 月，国内年产汽车 300 万辆。

1981 年 6 月，丰田章一郎就任丰田汽车销售公司社长。

1982 年 7 月，丰田汽车工业公司与丰田汽车销售公司合并成丰田汽车公司，丰田英二任社长，山本重信任副会长，丰田章一郎任社长。

1984 年 2 月，在美国的丰田与通用公司的合资公司 NVMMI 成立。

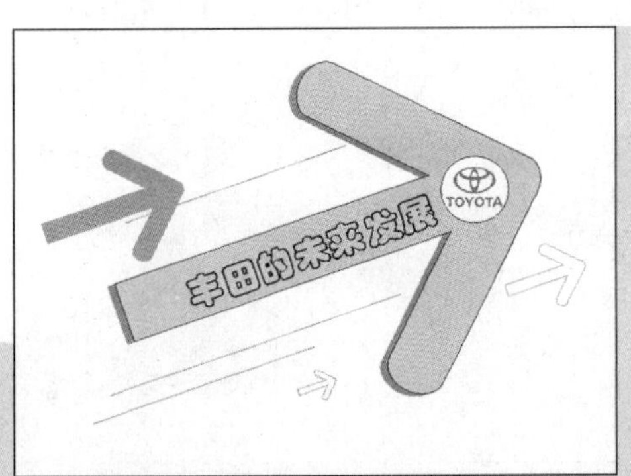

■ 1982 年 7 月，丰田汽车工业公司与丰田汽车销售公司合并成丰田汽车公司，丰田英二任社长，山本重信任副会长，丰田章一郎任社长。

1986 年 1 月，丰田汽车国制造公司（现在的丰田肯塔基汽车制造公司）在美国成立。

1987 年 1 月，丰田汽车加拿大制造公司（TMMC）在加拿大成立。

1988 年 5 月，第一辆“佳美”车在美国的丰田汽车制造公司现在的 TMMK 的生产线上诞生。

1988 年 12 月，国内汽车登记量达 200 万辆。

1989 年 6 月，N. V 丰田汽车欧洲市场服务公司（TMSE）在比利时成立（现为 N. V 丰田汽车欧洲市场工程公司 TMME）。

1989 年 9 月，丰田汽车公司欧洲设计办事处（EPOC）在布鲁塞尔开设。

1992 年 3 月，DVO 店开始营业（和 VW 合作，经营 VW 产品）。

1992 年 9 月，丰田达郎就任丰田汽车公司社长。

1992 年 12 月，丰田汽车英国制造公司（TVVK）开始投产。

1993 年 9 月，国内汽车累计产量达8 000万辆。

1995 年 8 月，奥田硕就任为丰田汽车公司社长。

1996 年 10 月，丰田北美汽车制造公司 TMMNA 成立。

1997 年 7 月，虚拟风险公司 VVC 成立。

1998 年 7 月，天津丰田汽车发动机有限公司在中国开始投产。

1998 年 10 月，巴黎展览室“相约丰田”开幕。

1998 年 12 月，丰田印第安纳汽车制造公司 TMMI 和西弗吉尼亚丰田汽车制造公司 TMMWV 开始投产。

1998 年 12 月，国内汽车累计产量达9 720万辆。

■ 1995 年 8 月，奥田硕就任为丰田汽车公司社长。

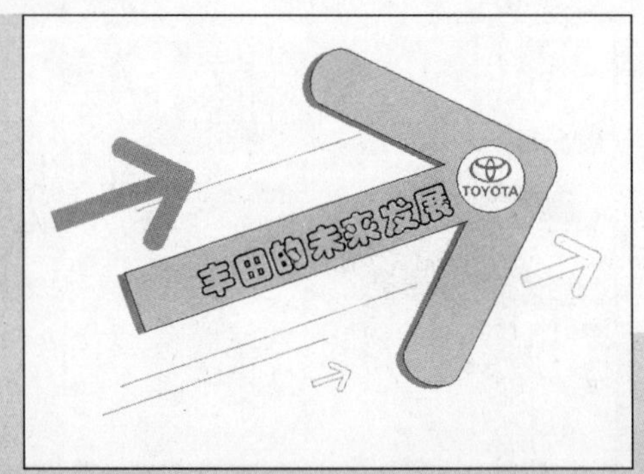

1999 年，在纽约和伦敦证券市场分别上市，日本国内累计汽车产量达到 1 亿辆，印度 TKM 建成投产。

2000 年，中国四川丰田汽车有限公司建成投产。

2001 年，法国 TMMF 建成投产。

2002 年，F1 参战 中国 天津丰田汽车有限公司建成投产。

2002 年，丰田汽车公司的营业额达到172 947亿日元（约合人民币12 970万元），营业利润达到16 668亿日元，在日本企业中首次突破了 1 万亿日元大关。

2003 年 1 月 7 日，丰田北美公司发布一款名为 FINE-S 的氢燃料电池概念车。

2003 年，丰田汽车公司在全球市场上首次超过了福特公司，晋升为世界第二大汽车公司。

2004 年 1 月，丰田汽车公司社长张富士夫发表了新年致词，展望丰田 2004 年全球战略，提出“没有环保就没有汽车的未来”这一理念，同时指出 2004 年丰田将在中国投入“花冠”新车型等在全球积极投放新产品的企业战略。

2004 年 7 月，丰田旗下所有的混合动力汽车总共销售了 25.2 万辆。

2004 年 11 月 3～7 日，丰田公司在第 38 届东京车展展出了双座马达驱动车（电动汽车）“Comsw”。

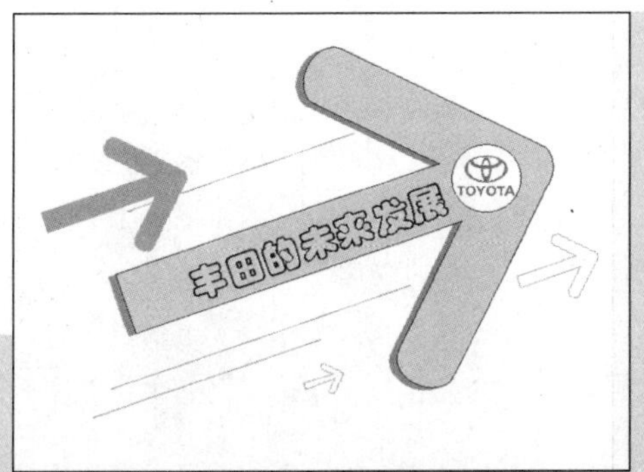

■ 2004 年 1 月，丰田汽车公司社长张富士夫发表了新年致词，展望丰田 2004 年全球战略，提出“没有环保就没有汽车的未来”这一理念。

声明

“点击行业巨头”丛书在写作过程中，作者查询、参考了众多国内外的相关图书、文章资料，并在参考文献和文内列明所引用资料的出处与来源。但是由于资料来源广泛而繁多，仍然有一些资料未来得及查明及标注出处，特此表示歉意。

对于部分直接引用的相关图文资料，我们一直在努力寻找版权拥有者并向其支付稿酬，但由于各种原因仍未联系到部分版权拥有者，希望版权拥有者看到本声明后及时与我们联系。在此表示深深的谢意。本书的一些观点来自丰田的官方资料及相关专家的著述，在此一并表示感谢。

最后，欢迎关于本书的各种交流与合作。

联系人：陈先生

联系电话：13910679981

电子邮箱：g_j100@163. com